開発のミクロ経済学

一橋大学経済研究叢書 50

黒崎 卓 著

開発のミクロ経済学
——理論と応用——

岩波書店

経済研究叢書発刊に際して

　経済学の対象は私たちの棲んでいる社会である．それは，自然科学の対象である自然界とはちがって，たえず変化する．同じ現象が何回となく繰返されるのではなくて，過去のうえに現在が成立ち，現在のうえに将来が生みだされるという形で，社会の組立てやそれを支配する法則も，時代とともに変ってゆくのが普通である．したがって私たちの学問も時代とともに新しくなってゆかねばならぬ．先人の業績を土台として一つの建造物をつくりあげたと思った瞬間には，私たちは新しい現実のチャレンジを受け，時には全く新しい問題の解決をせまられるのである．

　いいかえれば経済学者は，いつも摸索し，試作し，作り直すという仕事を，性こりもなく続けなければならない．経済研究所の存在意義も，この点にこそあると思われる．私たちの研究所も，一つの実験の場である．あるいは，所詮完全なものとはなりえない統計を，すこしでも完全なものに近づけることに努力したり，あるいは，その統計を利用して現実の経済の動きの中に発展の法則を発見しようとしたり，あるいは，分析の道具そのものをみがくことに専念したり，あるいは，外国の経済の研究をとおして日本経済分析のための手がかりとしたり，あるいは，先人のきわめようとした原理を追求することによって今日の分析のための参考としたり，私たちの仕事はきわめて多岐にわたる．こうした仕事の成果を，その都度一書にまとめて刊行しようというのが本叢書の趣旨にほかならない．ときには試論の域を出でないものがあるとしても，それは学問の性質上，同学の方々の鞭撻と批判を受けることの重要さを思い，あえて刊行を躊躇しないことにした．ねがわくば，読者はこの点を諒承していただきたい．

　本叢書は，一橋大学経済研究所の関係者の筆になるものをもって構成する．必らずしも定期の刊行は予定していないが，一年間に少なくとも三冊は上梓のはこびとなろう．こうした専門の学術書は，元来その公刊が容易でないのだが，私たちの身勝手な注文を心よくききいれて出版の仕事を受諾された岩波書店と，研究調査の過程で財政的な援助を与えられた東京商

科大学財団とには，研究所一同を代表して，この機会に深く謝意を表したい．

　1953年8月

一橋大学経済研究所所長
都 留 重 人

はしがき

　経済発展と貧困からの脱却は，経済学が生れてから今日まで一貫して重要な課題であった．第二次世界大戦後にアジア，アフリカにおいて新興独立国が多く生れると，この課題に応えるための経済学の一分野として「開発経済学」が確立した．開発経済学はその後，貿易理論や国際金融理論，産業組織論やゲーム理論などの成果を取り入れて拡張してきた．本書はこの拡張する開発経済学の中でも特に，途上国農村における市場や制度のミクロ経済学的分析を取り上げる．ミクロ経済学的分析とは，制約，インセンティブといった人々の選択に関わる諸条件を数学的に厳密にモデル化し，そのモデルに基づいて実際の途上国経済を分析しようとするアプローチを指す．

　このようなアプローチは，理論的に厳密であるだけでなく，開発援助の現場における当事者の反応について客観的に分析して，政策実施の助けを提供するという実践上の利点も持つ．とりわけ，マクロ経済の成長よりもミクロ的な側面や制度的関与を開発の中心課題に移しつつある近年の世界銀行等の開発戦略を考慮すると，このようなミクロ経済学的アプローチの重要性は以前にも増して強まっていると言えよう．

　したがって本書は，開発経済学全般のテキストブックというよりも，開発経済学の一分野に関する試論的性格を持った研究書である．各章においては数理モデルの展開が重要な位置を占めるため，中級レベルのミクロ経済学の知識と数学的最適化の手法が必要になる箇所が多い．また，アジア農村の実際のデータを用いた筆者による実証分析もできるだけ加えてあるため，読者には計量経済学の基本知識があることが望ましい．とはいえ，これらの技術的詳細を飛ばしても本書のメッセージが伝わるように，各章の初めと終わりの部分および序章と終章の書き方には留意した．そのような飛ばし読みをした上で，関心あるモデルについて詳しく目を通すような読み方も歓迎したい．

　筆者が本書のテーマに出会ったのは，アメリカのスタンフォード大学留

学中に受講したファフシャン(Marcel Fafchamps)教授の 'Modeling Economic Development' という講義であった．当時，アジア経済研究所の海外派遣員として南アジア経済を分析するためのツールを模索していた筆者にとって，この講義で示された様々な数理モデルとその背後にある低開発の構造に関するアイデアは実に魅力的であった．ファフシャン教授にはその後博士論文の指導教官としてご指導を賜り，オックスフォード大学に移られてからも現在まで筆者の研究を見守っていただいている．本書を完成させる上での最大の恩師である．

本書に収められた実証部分に関しては独立の論稿としてすでに公表したものも多いが，理論モデルを中心に展開する本書の構成を考慮して，抜本的な改訂を行った．単行本としての草稿全体に目を通して詳細かつ建設的なコメントを多数下さった平島成望(明治学院大学)，澤田康幸(東京大学)，寶劔久俊(アジア経済研究所)の3氏には特に頭が上がらない．3氏の出された大きなコメントにはどこまで応えられたか心もとないが，細かい点に関してはかなりの改善ができたと思う．また，本書の構想を最初に示した北海道大学大学院での集中講義では，農学研究科農業経済学講座の学生諸君から多いに刺激を受けた．一橋大学大学院経済学研究科でのゼミテンの協力も，本書の完成には欠かせなかった．学会や研究会・セミナー発表等で貴重なコメントを頂いた方も多岐にわたる．これらの方々すべてに心からお礼申し上げたい．

最後に，本書の編集を担当して下さった髙橋弘氏と居郷英司氏，そして筆者の研究生活を支えてくれた家族に感謝の意を表したい．

2000年11月

黒崎　卓

目 次

はしがき

序章 不確実性，不完全情報，経済発展——————— 1
    1 「開発のミクロ経済学」へのいざない 1
    2 「開発のミクロ経済学」の誕生 3
    3 リスクと不完全情報 6
    4 南アジア経済の特徴 7
    5 本書の構成 10

第1部 ハウスホールド・モデル

第1章 ハウスホールド・モデルの基本——————— 17
    1 はじめに 17
    2 ハウスホールド・モデルの誕生 18
    3 基本モデルの構造 20
    4 分離型モデル 23
    5 非分離型モデル 28
    6 シミュレーションによる分析 32
    7 基本モデルの拡張 37
    8 結び 43

第2章 異時点間動学モデルと不確実性下の消費平準化—— 45
    1 はじめに 45
    2 完備市場の下での動学的最適化 46
    3 信用市場の不完全性と流動性制約 53
    4 不確実性下の非分離型動学ハウスホールド・モデル 59

5　不確実性下の消費平準化の諸相　66
　　　6　結　び　74

第3章　非分離型ハウスホールド・モデルの推定 ——— 77
　　　1　はじめに　77
　　　2　非分離型モデルの推定と分離性の検定　78
　　　3　パキスタン・パンジャーブ州農家の作付決定モデル　83
　　　4　結び——ハウスホールド・モデルをどう使うか　97

第2部　農業契約のモデル

第4章　戦略的行動の下での契約
　　　　——小作制度の理論を題材に ——————— 103
　　　1　はじめに　103
　　　2　リスク回避を想定した分益小作制度のモデル　105
　　　3　地主・小作双方にモラルハザードがあるモデル　112
　　　4　分益小作制度に関する最近の研究動向　119
　　　5　パキスタン・北西辺境州における小作制度　122
　　　6　結　び　131

第5章　灌漑水取引の効率性と経済余剰の分配 ——— 133
　　　1　はじめに　133
　　　2　灌漑水の私的取引に関する既存研究　134
　　　3　エージェンシー・モデルによる接近　143
　　　4　協力的バーゲニングのモデルへの一般化　147
　　　5　非協力的バーゲニングへの
　　　　　拡張と効率性，権力構造　150
　　　6　結　び　153

第6章　生産要素の取引とインターリンケージ ——— 155
　　　1　はじめに　155

2　農村信用市場の特徴と信用割当　156
　　3　インターリンケージの基本モデル　160
　　4　インターリンケージのある場合の
　　　　農産物価格と利子率　164
　　5　結び——農村の権力構造と農業契約　169

第3部　市場取引の効率性

第7章　農産物市場の統合————175
　　1　はじめに　175
　　2　競争的均衡の下での価格統合　176
　　3　計量経済学的実証モデル　179
　　4　パキスタン・パンジャーブ州の事例への応用　184
　　5　結び——途上国農産物市場の効率性と開発政策　193

第8章　リスク・シェアリング————197
　　1　はじめに　197
　　2　リスク・シェアリングのモデル　198
　　3　リスク選好・時間選好が同質な場合の実証
　　　　——パキスタンの事例　209
　　4　リスク選好・時間選好が異質な場合の実証
　　　　——インドの事例　218
　　5　結び——消費の平準化と経済発展　226

終　章　開発のミクロ経済学と開発政策————229
　　1　開発のミクロ経済学理論の展望　230
　　2　開発のミクロ経済学による南アジア農村の経済分析　235

　参考文献　239
　索　引　253

図 目 次

図 1-1　完備市場における生産決定の消費からの「分離性」　24
図 1-2　不完備市場における生産決定の消費からの「非分離性」　29
図 2-1　完備市場下の動学モデルにおける生産決定の消費からの「分離性」　52
図 2-2　不完備市場下の動学モデルにおける生産決定の消費からの「非分離性」
　　　(1)：低資産家計の場合　56
図 2-3　不完備市場下の動学モデルにおける生産決定の消費からの「非分離性」
　　　(2)：高資産家計の場合　57
図 4-1　地主・小作の特徴と最適な土地契約　117
図 5-1　水利料率と純灌漑余剰　137
図 5-2　地下水取引の効率性と経済余剰の分配　149
図 6-1　労働と信用のインターリンケージ　162

表 目 次

表 0-1　世銀データによる南アジア経済の国際比較：人口と所得・消費　8
表 0-2　世銀データによる南アジア経済の国際比較：生活の質　9
表 0-3　本書で用いられるミクロ統計データ一覧　11
表 1-1　パキスタン棉花・小麦農家モデルの構造　34
表 1-2　棉花・小麦農家モデルの棉花価格10%上昇への反応　35
表 3-1　パキスタン・パンジャーブ州米・小麦作地帯の標本農家の特徴　85
表 3-2　各家計の作物収量の決定要因　88
表 3-3　基本モデルの推定結果　93
表 3-4　基本モデル推定結果に基づくハウスホールド・モデルの特徴　94
表 3-5　代替モデルの推定結果と基本モデルとの比較　96
表 4-1　家計調査の調査村と標本家計数(パキスタン北西辺境州, 1996年)　123
表 4-2　標本農家の小作地耕作状況　125
表 4-3　計量モデルの変数の定義と基本統計量　126
表 4-4　小作制度選択の決定要因(プロビット・モデルの推定結果)　127
表 4-5　小作制度と小麦生産の効率性　129
表 6-1　インターリンケージと農産物価格・利子率　169
表 7-1　パキスタン・パンジャーブ州米・小麦作地帯の農家庭先価格の決定要因
　　　(小麦)　186
表 7-2　パキスタン・パンジャーブ州小麦卸売価格の空間的統合　189
表 7-3　小麦卸売価格の異時点間の関係と政府介入　191
表 8-1　バナナ経済の利得　199
表 8-2　パキスタンPERIデータに基づくリスク・シェアリング・モデルの推定
　　　結果　210
表 8-3　パキスタンIFPRIデータに基づく村落内リスク・シェアリング・モデルの
　　　推定結果まとめ　213
表 8-4　県内・全国リスク・シェアリング・モデルの推定結果　215
表 8-5　インドICRISATデータによる変数の定義と基本統計量　219
表 8-6　インドICRISATデータによるリスク・シェアリング・モデルの時系列推定
　　　結果まとめ　221
表 8-7　構造的シフター付きリスク・シェアリング・モデル(CRRA型)の推定結果
　　　223

序章 不確実性，不完全情報，経済発展

1 「開発のミクロ経済学」へのいざない

　農村の現場に実際に出かけ，この眼で人々の生活を観察することから筆者の途上国研究は始まった．パキスタンやインドなど南アジアの村を回って驚かされたのはその多様性であった．活気溢れる村の隣に沈滞感漂う村が見いだされることも少なくない．同じ村の中に，市場向けの野菜や果樹作り，酪農生産で一財をなす農家もいれば，昔ながらに小麦や米を中心に作付けして，野菜や乳製品は家計内で消費するためだけの零細規模で生産する農家もいる．農業を続けてはいるものの所得の中心が大都市や中東諸国の出稼ぎ家族からの送金になった世帯は，これみよがしに立派な家に住んでいる．どんな辺鄙な村であっても新しい魅力的な商品が次から次へと現われ，経済機会をうまくつかんだ者たちがその主たる消費者となっている反面，購買力を持たない階層の相対的剥奪感は強まっている．

　これらの多様な経済活動を，消費者，労働者，企業家，資本家などの行動にそれぞれ分けて分析するのが伝統的なミクロ経済学のアプローチである．しかしそのアプローチでは，例えば同じ農民がある時には消費者として何を食べるか決め，別の時には労働者として畑を耕し，収穫の後には企業家としてどの商人にどのような条件で余剰農産物を売るかを考え，万が一の消費に備えた蓄えと来年の種まき用に種籾をどれだけ貯蔵するかを決めるという生活の一連のつながりを見失ってしまう．また，先進国ではそれぞれの経済決定を個人が自分の責任で行うのが普通であろうが，途上国農村では家族や世帯が一つの単位として消費や生産，投資活動を決定することが多い．さらには，世帯と世帯の間はかなり緊密な人間関係で結ばれており，それと無関係に，価格比較のみに基づいて経済活動が行われているとは言い難い．

　一個人あるいは一世帯内の様々な経済活動の併存と相互連関，世帯単位

の意思決定,血縁関係の重要さ,村の中の人間関係を反映した経済取引——これらは,これまで文化人類学や農村社会学が得意にしてきた研究テーマであった.しかし,近年の途上国農村においてこれらのテーマについて考える際に重要なのは,不完全とはいえ市場がほとんどの財やサービスに関して存在し,程度の差はあれほとんどの人々が何らかの形で市場に参加していることが多いという事実である.伝統的制度・組織や価値観と冷徹な市場原理とが共存し,どちらかが他方を完全に代替してしまう状況はほとんど見られない.

この共存状況を,市場の不完全性に着目した「開発のミクロ経済学」によって分析しようとするのが本書である.「開発のミクロ経済学」という言葉は,'Development Microeconomics'(Bardhan and Udry 1999)の訳語として提示したが,まだ市民権は得ていないかもしれない.このタイトルの背後には第一に,近年の開発経済学の重点が,マクロ面からミクロ経済主体の行動原理に基礎を置いた制度や組織の経済分析に移っていることがある(黒崎1995).もう一つの重要な展開は,個々の世帯や生産者の詳細な情報を含んだミクロ統計データが途上国においても整備されるようになり,それに基づく厳密な実証分析が可能になったことである(黒崎1998b).このような研究は,「開発のミクロ計量経済学」'Development Microeconometrics' と呼ばれることもある(Deaton 1997).新しい実証分析を通じて,マクロ面に関心をおいた従来の開発経済学の理論モデルでアプリオリに想定されていた考え方,例えば市場メカニズムが働かない「伝統部門」や「生存部門」などの考え方に多くの問題があることが明らかになりつつある.

ただし開発のミクロ(計量)経済学と一口にいっても,そのカバーする領域は理論面でも実証面でも今や膨大なものとなっている[1].そこで本書は,

---

1) 開発のミクロ経済学をごく簡単に紹介したものに黒崎(2000c)がある.このテーマを幅広く扱った教科書としては,Bardhan and Udry (1999)を挙げておく.これよりも詳細な研究展望としては,マクロ面を扱ったものも一部含まれるが,ハンドブックシリーズの開発経済学,とりわけChenery and Srinivasan (1988)及びBehrman and Srinivasan (1995)が参考になる.Udry (1997)やBehrman (1999)も手際のいい展望論文である.また,途上国のミクロデータを活用した定量分析に関しては,統計・計量経済学分析でDeaton (1997),シミュレーション分析でSadoulet and de Janvry (1995)を推薦したい.

筆者がこれまでに行ってきた研究成果を，理論及び実証ツールの紹介を中心に再編成することに力を注ぎ，網羅的な研究展望は目指さないことにする．したがって，ミクロ経済学的基礎を持った近年の開発経済学のマクロモデル，例えば内生経済成長理論(endogenous growth theory)などについては扱わない．実証研究は，パキスタン農村を中心に一部インドを加えた地域を対象とする．実証結果の解釈においては研究地域の特色を考察することが必要になるが，本書ではこれを詳しく議論せず，既刊の個別論文に委ねる．

序章の残りの構成は以下の通りである．まず第2節では，開発のミクロ経済学が誕生するまでの経緯を簡単にまとめ，開発経済学の大きな流れの中に本書のテーマを位置づける[2]．続く第3節で，重要なキーワードであるリスクの存在と情報の不完全性について説明する．これら2つの存在ゆえに，途上国経済における市場の構造は，Arrow and Debreau(1954)に示された完全競争市場が完備した状況から大きく乖離せざるを得ない．経済発展とは，この乖離状況への対応として様々な制度や組織，人間関係などが重要な役割を果たす状態から，市場メカニズムがより重要な役割を果たす状態へと変容していくプロセスととらえることができよう．しかしそのプロセスは単線的なものでもなければ，スムーズなものでもない．本書の応用部分が対象とする南アジア経済は，この変容がスムーズに進んでいない事例に位置づけられるかもしれない．実証部分を読む上で最低限必要な南アジア経済の特徴について説明するのが第4節である．最終第5節で，本書の構成を説明する．

2　「開発のミクロ経済学」の誕生

1940年代後半から60年代前半までの初期の開発経済学は，途上国の経済構造が先進国とは異質，とりわけ需給均衡のメカニズムが十分に働かない構造であると想定した上で，主にマクロ変数に焦点を当てた．二重経済

---

[2] 開発経済学の潮流を整理する際に主に参考にしたのは絵所(1997)である．

(Dualism：デュアリズム)や偽装失業仮説，均整成長論と不均整成長論などが当時の代表的なアイデアである．古典的なデュアリズムのモデルでは，工業化開始以前の農村労働市場では生存水準を基準に賃金が決まることが前提とされたことが多い(Lewis 1954; Ranis and Fei 1961)．その場合，労働者の数を一人減らしたときに減る生産額(労働の限界生産性)と賃金とが一致しなくなるため，労働の効率的な資源配分の条件が満たされない．この想定から導かれるのは，「途上国の農民は合理的でないから貧しい」という見方である．

これに対し途上国農村の実態に接した研究者たちは，途上国においても農民は賃金や価格に鋭く反応するなど市場を通じた経済インセンティブが働いており，単純な二重経済論は当てはまらないという見方を強めた(Shultz 1964)．労働に関する摩擦のない市場が存在して，雇用者が競争的に労働者の数を決めるという市場メカニズムの下では，賃金は労働の限界生産性に一致し，社会的に効率的な資源配分が実現することが知られている．このような見方が1960年代以降の農業近代化論や人的資本論に発展した．この流れはさらに，開発経済学における「新古典派復興」の大きな潮流を生み出した．言い換えれば，「途上国の農民は合理的であるが，資本が少なすぎるために貧しい」という農民観の台頭である．

新古典派復興の重要な政策的インプリケーションの一つが，経済成長がうまく行かないのは政府が様々な歪みを経済にもたらしているからだという見方である．この見方が実際の開発戦略に反映されたのが，1980年代初頭以来途上国に導入された世界銀行(以下，世銀)・IMF主導の構造調整(Structural Adjustment)融資政策であった．典型的な構造調整政策においては農産物流通や農業金融の自由化政策が進められたが，その背景には，政府の介入さえなくせば途上国農業・農村においても市場メカニズムが十分に機能するという暗黙の前提があった．

開発経済学における流れが今一度変わるのが，1980年代後半である．途上国の経済主体は個別には合理的かもしれないが，その取引環境は不完全情報や顕著な取引費用の存在などのために狭義の新古典派経済学が想定するものとは大きく隔たっているとみなす「開発のミクロ経済学」の登場

である[3]．象徴的な言い方をすれば，「途上国の農民は合理的であるが，不完全情報に晒されているために貧しい」となろう．

　さらに別の言い方をすれば，初期の構造主義者とその後の新古典派復興の二つの議論に共通する問題点，すなわち農業と非農業(工業)，あるいは農村と都市，伝統部門と近代部門といった二分法にとらわれ，工業(都市，近代)部門との対比によって農業(農村，伝統)部門を必要以上に単純化してしまったという問題点を，理論的に精緻な形で克服しようというのがこの新しい流れである．単純な二分法にしたがえば，市場メカニズムが支配的な領域が農村部門において相対的に小さいのは当然だろう．その小さな領域を完全に無視してしまったのが構造主義者の過ち，過度に強調したのが構造調整路線の過ちということになる．むしろ，市場メカニズムと一見様相が異なる取引形態の中に何らかの経済合理的な一貫性を見いだし，政策やその他の環境が変化した時にその取引形態がどのように反応するかを経済的に比較・分析することにこそ意味がある．

　このアプローチは新古典派復興とは逆の政策的インプリケーションを持つ．市場のみに任せた場合の資源配分は社会的に最適なものにはならないのである．また，途上国における様々な伝統的制度や組織は，経済的合理性を持たない時代遅れのものではなく，市場メカニズムの不十分さを補う積極的な意義を持つものとして見直されることになった．そして，これらの考え方をより厳密な形で分析するツール，つまり不完備市場の下での取引の特徴を明示的にモデル化し，その条件の下での各経済主体の最適化行動及び市場均衡を通じた市場条件と経済主体の相互規定として経済発展を分析する枠組みが，「開発のミクロ経済学」として確立したのである(黒崎1995)．

---

3) 言うまでもなく，不完全情報や取引費用の存在といった取引環境は先進国経済にも当てはまる．むしろ，先進国経済を対象として発達した不完全情報や取引費用の分析ツールが一定のタイムラグの後に開発経済学に応用されたというのが，学説史的な流れである．また同じ時期，規模の経済と不完全競争の理論によって開発経済学初期のアイデアを厳密にモデル化するマクロモデルが発展した．この潮流もまた，市場メカニズムが最適な資源配分を実現しないことを示しており，Krugman(1993)は新古典派開発経済学への反革命，すなわち「開発経済学における反・反革命」と呼んだ．

3 リスクと不完全情報

　開発のミクロ経済学において途上国の農村経済を見る際の第一のキーワードは，**リスク(不確実性)の存在**である[4]．途上国経済では一般に農業部門が重要であり農業生産は基本的に天候に依存するため，収量や価格のリスクが存在する．農村内の非農業雇用も農業の産出量次第で多大な影響を受ける．さらに，リスクの負担は低所得者や資産が少ない者にとって重くなるため(黒崎1998a)，リスクの存在は低所得途上国においてとりわけ深刻な問題となる．

　第二のキーワードは**情報の不完全性・非対称性**である．財やサービスの取引に関する情報を集めるにはコストがかかる．例えば，ある労働者が働き者かどうかを事前に見極めるのは難しいし，農業のように収量リスクがあれば，どれだけ働いたかを収穫量から事後的に判断することも難しい．あるいは，売られている種籾が本当に優れた改良品種なのかどうかが買い手にはよく分からないかもしれない．先進国の場合には，学歴や商品の規格化などを通じてこの問題が緩和されている面がある．

　第三のキーワードは**履行強制(enforcement)の不完全性**である．取引相手が合意内容通りに行動してくれるとは限らない．農業生産に必要だからとお金を貸した(信用を供与した)貸し手は，借り手に返済を先延ばしにされてしまうかもしれないし，借り手が農業に投資せずにギャンブルにお金を使ってしまうことを防止できないかもしれない．司法制度や書面契約などはこの問題を緩和する制度であるが，途上国農村にはあまり浸透していないことが多い．

　第四のキーワードは**戦略性**である．無数の参加者による完全競争ではない一対一の取引では，各自は，自分の行動が取引相手の行動に影響を与えることを考慮に入れた戦略的な行動をとる．プライス・テーカーを想定す

---

[4] 本書ではリスク(risk)と不確実性(uncertainties)を全く同義で用いる．両者とも，確率的に生じ，事前にその値が確定しない事象と定義される．言い換えると，確率分布が確定できるもののみを「リスク」，正しい確率分布が分からない不確実な事象を「不確実性」と呼ぶフランク・ナイト流の区別(Knight 1921)は採用しない．

る完全競争市場からは，まさにかけ離れた状況である．

これら4点は互いに深く関連している．不確実性の存在は情報のコストや履行強制の不完全性を高めるし，情報のコストや履行強制の不完全性が顕著であればあるほど戦略的行動がとられやすくなるためである．

途上国経済において農業が重要であることは，ミクロ経済学的に興味深い特質を他にも生み出す．第一に，農業生産は農地を主な基盤として行われるため，土地が生産要素の中で決定的に重要である．地球上に存在する土地が有限である以上，これは農業の発展に絶対的な制約となる．土地はその希少性ゆえに農村で最も重要な資産となる．また，土地とりわけ農地がどのような性質のものであるかは，長年そこを耕してきた農家が一番よく知っているから，土地をめぐる情報の非対称性は深刻になる．第二に，人類が生存していくのに不可欠な食料を生産するのが農業である．したがって農業の生産者は消費活動と密接に関わる．一例を挙げよう．所得リスクへの貧困世帯の対応として，最低限自給用の食料を生産しようと試みることがしばしば観察される．その場合，平均の所得水準が同じように低くても，食料自給のための土地を利用するためのアクセスがあるかどうかで貧困の深刻さには明らかな違いが生じる．

つまり，土地所有や農地利用へのアクセスに代表される社会経済構造の問題が，リスク，不完全情報，不完全履行強制，戦略的行動という4つのキーワードと密接に結びついているのである．そこで，土地所有や教育の水準，カースト順位などの社会経済構造を示す変数を明示的に分析に取り入れることが開発のミクロ経済学の重要な課題となる．この点に十分配慮し，社会経済変数の影響を定量的に明らかにすることが本書の目的の一つとなる．

4　南アジア経済の特徴

前節で見た特徴は，多かれ少なかれ先進国の農村や，東アジアや東南アジアのように急激な経済成長を経験した途上国の農村部にも当てはまる．しかしこれらの問題がより深刻になるのは，人々の所得水準が低く，経済

表 0-1 世銀データによる南アジア経済の国際比較: 人口と所得・消費

	人口			1人当たり GNP		1人当たり民間消費の成長率(%)
	(百万人) 1998年央	伸び率(%) 1980-90	1990-98	米ドル 1998	成長率(%) 1997-98	1980-97
南アジア主要国						
ネパール	22.9	4.5	2.8	210	−0.1	2.1
バングラデシュ	125.6	3.7	1.9	350	3.4	2.1
インド	979.7	3.5	2.0	430	4.2	2.7
パキスタン	131.6	4.6	2.8	480	2.5	2.0
スリランカ	18.8	2.4	1.4	810	3.7	2.8
南アジア全域	1305.0	3.7	2.1	430	3.9	2.5
「東アジア・太平洋諸国」	1817.0	2.6	1.5	990	−2.2	6.8
世界合計	5896.5	2.9	1.6	4890	0.1	3.1

出所) World Bank (1999), Selected World Development Indicators, Tables 1, 2, 3.

の農業への依存度が高く,国民の中に文化的・社会的に多様な集団を抱え,資産の分布が不平等な地域であろう.それが本書で扱われる南アジア経済であると考えられる.

南アジアとは,インド,パキスタン,バングラデシュ,ネパール,スリランカ,ブータン,モルディブの7カ国を指す.これらのうち人口規模が非常に小さいブータンとモルディブを除いた5カ国それぞれと,南アジア地域の合計に関する経済指標を,東・東南アジア諸国(「東アジア・太平洋諸国」[5])との比較で示したのが表0-1と表0-2である.

まず人口と所得・消費から見ていくと(表0-1),南アジアの人口は13億人に達し,しかもそれが近年でも年率2.1%という速さで増加し続けている.経済全体の成長率で見れば南アジアは東・東南アジア諸国に次いで世界でもかなり高い部類に属するのであるが,この高い人口増加率のために,1人当たりGNPや1人当たり消費の成長は東・東南アジアに比べて大きな格差がある.1人当たりGNPの水準は米ドル換算で430ドルで,スリ

---

[5] 世銀の『東アジアの奇跡』報告書(World Bank 1993)以来,中国などの東アジアと東南アジアを合わせて「東アジア」と呼ぶことが一般的になりつつあるが,本書では本来の地理学的区分を尊重し,東アジアと東南アジアを区別して用いる.世銀の用法に基づく場合にはかっこつきで「東アジア・太平洋諸国」と示して,それが本来の東アジア以外の地域を含むことを明確にしておく.

表 0-2 世銀データによる南アジア経済の国際比較: 生活の質

	H: 貧困者比率(%)				平均寿命 (1997)		成人非識字者比率(1997)	
	各国貧困ライン (調査年)		国際貧困ライン (調査年)		男性	女性	男性	女性
南アジア主要国								
ネパール	42.0	(1995/96)	50.3	(1995)	58	57	44	79
バングラデシュ	35.6	(1995/96)	n.a.		58	58	50	73
インド	35.0	(1994)	47.0	(1994)	62	64	33	61
パキスタン	34.0	(1991)	11.6	(1991)	61	63	45	75
スリランカ	35.3	(1990/91)	4.0	(1990)	71	75	6	12

	国際貧困ラインの下での貧困者数推計							
	(百万人)		H(%)					
	1987	1998	1987	1998				
南アジア全域	474.0	522.0	44.9	40.0	62	63	36	63
「東アジア・太平洋諸国」	417.5	278.3	26.6	15.3	67	70	9	22
世界合計	1183.2	1198.9	28.3	24.0	65	69	18	33

出所) World Bank (1999), Selected World Development Indicators, Tables 2, 4, 及び World Bank (2000) [地域別の国際貧困ラインの下での貧困者数推計].
注) ここでの「国際貧困ライン」は購買力平価(PPP)で換算した米ドルで1日当たり1ドル.

ランカ以外は世銀区分での「低所得国」に分類される.

　一方南アジア経済には,平均的な所得で見る以上に生活水準が低い側面もある.世界で約12億人と推計される貧困者の半数近く,約5億2000万人が南アジアに居住しており,貧困者比率は1987年から98年にかけてやや低下したものの,貧困者の絶対数は着実に増加している(表0-2).平均寿命も東アジアや東南アジア諸国と比べると見劣りする.教育レベルで見ると南アジアの遅れはさらに明白となる.非識字者の比率が男性で約3分の1,女性で約3分の2に達するということは,近代産業に必要最低限の知識を持った労働者が相対的に少ないことを意味する.さらに表0-2の数字でもう一つ注意しておく必要があるのは,南アジアでは教育や保健衛生分野でのジェンダー格差が世界でも特に著しいことである.平均寿命は最近の数字では女性が男性をやや上回るようになってきたが,1990年代初めまでは男性の平均寿命が女性よりも長いという世界でも数少ない地域が南アジアであった.そして,低所得と貧困の蔓延,教育や保健衛生面の遅

れ，著しいジェンダー格差の存在という南アジア経済の3つの基本的な特徴が最も強く現われているのが，本書の実証分析で頻繁に扱われるパキスタン経済なのである．

　南アジア経済の農業への依存度は依然として高い．世銀統計によると，1998年のGDPに占める農業部門の比率は南アジア諸国が25%であるのに対し，「東アジア・太平洋諸国」では15%である[6]．一方，国によって都市・農村の定義が異なるために単純な比較はできないが，南アジアの農村人口比率はおおむね75から80%の間にあり，発展途上国全体の中では高い(佐藤・荒井1995)．また，人口移動のパターンも農村から農村への移動が重要であるなど，他の途上国とは異なった特色を持つ(佐藤・荒井1995)．

　つまり，人々の平均の所得水準が低いこと，貧困ライン以下の人口の絶対数も比率も高いこと，農業への経済の依存度が高く人口の多くが農村に居住していることなどが，本書で取り扱う南アジア経済の特徴であり，これらの特徴がリスクと不完全情報の問題をミクロ経済学的に重要なものにしている可能性が強い．国際比較が難しいため表には示さなかったが，南アジアでは社会集団が多様であり，社会の流動性が低いことも情報の不完全性を高めている可能性がある．南アジアの多くの国では，英語を含む多数の言語が一国内に存在し，それぞれの言語集団の間に政治的緊張が生まれやすい．また農村社会は，土地の所有者であるかそうでないかによって，明確に分断されていることが多い．文化的・社会的・経済的に見て著しい多様性が存在するところに，南アジア経済を見る重要な鍵があると筆者は考えている．

5　本書の構成

　本書では，プライス・テーカーとしての個々の経済主体を取り上げるこ

---

[6]　南アジアと並んで貧困者人口が集中しているサブサハラ・アフリカ諸国でも農業のGDP比率は17%である．World Bank (1999), Selected World Development Indicators, Table 12より．

表 0-3 本書で用いられるミクロ統計データ一覧

データ略名と本書での使用	調査主体	調査地	調査年	標本村数	利用した標本の数	データの特徴	参考文献
PERIデータ（第3,7,8章）	PERI	パキスタン・パンジャーブ州，シェーフープラー県	1988/89～1990/91	5村	97世帯，3年（完全なパネル＝59世帯×3年）	農家を対象とした農業経営と家計に関する標本調査．特に農業生産と市場参加に関する情報が充実	Kurosaki (1998)
IDSデータ（第4章）	筆者を含むIDSとの共同研究チーム	パキスタン・北西辺境州，ペシャーワル県	1996/97	3村	355世帯	農家・非農家を対象とした所得・消費・資産等に関する総合的な標本家計調査．複数の小作制度が併存	Kurosaki and Hussain (1999)
IFPRIデータ（第8章）	IFPRI	パキスタン全域	1986/87～1990/91	44村	789世帯×5年	生活水準と貧困問題分析のために相対的後進地域を中心に選出された農村家計に関する総合的な標本調査	Adams and He (1995)
ICRISATデータ（第8章）	ICRISAT	インド・デカン高原の半乾燥農業地域	1975～1984	3村	104世帯×10年	農業生産，消費，資産，労働配分等に関する総合的な農村標本家計調査	Walker and Ryan (1990)

出所）筆者作成．
注）ここでの「参考文献」はデータについての説明が比較的詳しいものを，各1点のみ挙げた．

とから出発し，経済主体間の相互関係，村落・地域内の関係というより一般均衡的な関係へと，分析の視点を広げていく．それぞれの章は，理論モデルとそのインプリケーションの導出に重点を置き，その上で実証モデルや実証方法を展望する．実証に関しては，南アジア地域を対象にした筆者のオリジナルな分析を可能な限りつけ加えた．本書で利用するミクロ統計データの一覧とその特徴を表0-3に示す．「開発のミクロ計量経済学」で

は，家計の生産・消費両面に関する総合的かつ詳細な情報，それもできれば複数年次のパネル情報が必要となるが(黒崎1998b)，そのような調査には膨大なコストがかかるため，利用可能なデータはどの情報に詳しいかという点でそれぞれ異なった特徴を持つ．その特徴を最大限利用するために本書の各章では異なったミクロデータが用いられる．本書で扱う様々な定量分析すべてを可能にするようなデータセットが存在しない以上，この不統一はやむを得ないと考える．

3つの章からなる第1部においては，開発のミクロ経済学の中心となる分析枠組みとして，「ハウスホールド・モデル」(household models)を取り上げる．標準的な経済学では生産者と消費者は別々に分析されてきたが，途上国の農家や，マイクロクレジット政策との関連で注目される自営小企業といった小規模生産者は，生産者であると同時に消費者でもある．ハウスホールド・モデルはこの性格に着目し，一つの経営体の中で生じる生産と消費の相互作用を明らかにしようとするものである．その強みは，市場環境の変化が引き起こす反応を家計内部の主体的な均衡モデルとして分析できる点にある．反面，家計と市場との関係に関してはプライス・テーカーを想定しており，その意味で戦略的行動が捨象された部分均衡的なモデルである．

第1章では，基本的なハウスホールド・モデルを理論的側面とシミュレーションから検討する．途上国農民が価格に反応してどのように生産を調整するかという古典的テーマを取り上げ，農地の貸借や労働，信用・保険サービスなどの市場が整っていない場合には総生産量の価格反応がかなり抑えられることなどを明らかにする．

第2章においては，第1章の静学的なモデルを異時点間(inter-temporal)の動学モデルに拡張する．生産と消費の不可分性と不完備市場とが理論的にどう関連しているかを，数理モデルと数値例を用いて説明する．本章の焦点の一つは，不確実性の存在と様々な市場の不完備という条件の下で，途上国の家計がどのように消費の平準化(consumption smoothing)を図っているかである．

第3章の中心テーマは，信用制約や不確実性の存在ゆえに生産決定が消

費面での家計の特徴に依存する非分離型ハウスホールド・モデルを，どのようにして計量経済学的に推定するかである．既存研究における推定方法について展望した上で，事例研究として，パキスタン・パンジャーブ州の農家データ(PERIデータ)を用いた作付決定モデルを推定する．PERIデータを用いるのは，農家の生産と農産物市場への参加に関する最も詳細な情報が短いパネルで得られることによる．

続く3つの章は，「第2部　農業契約のモデル」としてまとめられている．土地や労働の取引においては，生産リスクの存在，情報の不完全性，履行強制の不完全性等のために取引費用が大きくなり，取引は無数の間でなされる競争的な取引というよりも，顔の見える相手との戦略的な取引という性格が強くなる．このような戦略的行動の分析に力を発揮するゲーム理論的アプローチ，とりわけエージェンシー・モデル(agency models)を取り上げるのが第2部である．

第4章においては，分益小作制度の理論モデルを中心に戦略的行動を分析する．分益小作(sharecropping)とは，借りた農地の地代が米など生産物の一定比率で支払われる小作形態で，途上国農村の遅れた側面を象徴するものとして幅広く議論されてきたが，情報の非対称性と不完全な履行強制あるいは複数の市場の失敗の下では，地主と小作双方にとって最適な契約となり得ることを示す．同一村内に複数の小作制度が観察されたパキスタン北西辺境州の農村世帯データ(IDSデータ)を用いて，実証作業も試みる．

第5章は，これまで主に土地と労働及び信用に関して展開されてきたエージェンシー・モデルを，灌漑用水の取引に応用して，その効率性と経済余剰の分配について検討する．ここではまた，エージェンシー・モデルをバーゲニング・モデルに拡張することも試みる．

第6章では信用市場の不完全性についての考察を深める．生産要素と信用の複合契約(interlinkage：インターリンケージ)によって，逆選択とモラルハザードゆえに機能不全に陥りがちな途上国の農村信用市場の限界がいかに制度的に克服されているかを明らかにする．加えて，インターリンケージが存在する場合の農産物市場価格についてのモデル分析も試みる．また，この章の最後で第2部を総括し，農村経済を分析する上での様々な力

関係(power relations)をミクロ経済学の手法でどのように捉えられるかについて展望する．

2つの章からなる「第3部　市場取引の効率性」では，市場均衡が効率的な資源配分を実現しているかどうかを検証する．その意味では，本書の中で最も一般均衡的なものとなる．

第7章は農産物市場に焦点を当て，空間的一般均衡の必要条件である農産物市場価格の統合(price integration)が成立しているかどうかを検討する．理論モデルと実証手法を展望した上で，PERIデータなどを用いてパキスタン農業に実証モデルを応用する．

第8章が扱うのは，途上国農村におけるリスク・シェアリングの効率性である．途上国の家計は，相互扶助，インフォーマルな信用，各種資産など様々なメカニズムを用いて消費の平準化を図っているが，これらのメカニズムが総体としてどれほど消費の安定をもたらしているのかを明らかにする．パレート効率的なリスク・シェアリングの理論モデルを拡張して，それに基づいた実証モデルを提示する．実証で用いられるのは，パキスタンのPERIデータに加えて，より広範な地域をカバーしたパキスタンのIFPRIデータ，パネルデータとして最も長期間をカバーするインドのICRISATデータである．

以上の本論の分析の後，終章では政策的インプリケーションに焦点を置きつつ，まとめと課題を整理する．本書が十分扱えなかったテーマについてもこの章で展望する．また，本書の実証研究が南アジア農村経済の分析として何を新たに見いだしたのか，南アジア経済の開発戦略という観点からそれがどのようなインプリケーションを持つのかについても議論する．

第1部　ハウスホールド・モデル

第1章　ハウスホールド・モデルの基本[1)]

1　はじめに

　途上国の農家や家内企業といった小規模生産者を分析する上で特徴的なのは，これらの経済主体の多くが企業的経営というよりも，家計と生産会計が区別されない経営を行っており，生産と消費に関する経済決定が一つの世帯の中に統合されていることである．途上国の農家の多くは，農業生産を経営学的に会計記録することは希で，手元の資金を家計の消費や貯蓄，農業生産の運転資本や農業機械等の長期的投資などに弾力的に運用しているのが普通である．また，多くの場合，その生産物の一部ないし全部が自家消費に回り，自らの労働力のかなりがその生産に直接用いられているという意味で，途上国の自営業世帯や農家経済は完全に商業化してはいない．
　このような生産形態を，途上国の経済主体が経済機会に対して効率的に反応しない生存水準経済の特徴の現われと見るのが，初期の開発経済学における構造主義，とりわけ伝統的なデュアリズムの立場であった(Lewis 1954; Ranis and Fei 1961)．例えば，植民地アフリカの農民が生産財価格の上昇に対して市場への販売量を減らすという，一見，経済学的に非合理に見える対応を取った事例(Jones 1960, pp. 107-111)などがその証左として挙げられる．しかしアフリカを含む途上国農村の実態に接したその後の研究者は，途上国においても農民は経済インセンティブに鋭く反応しているという見方を強めるようになる(Jones 1960; Schultz 1964)．
　これらの対照的な途上国農民像を経済学的に整合的に統一する理論的枠組みが，第1部で取り上げるハウスホールド・モデル(household models)である[2)]．ハウスホールド・モデルとは，農家や家内企業といった小規模

---

1) 本章は，黒崎(1993)及び黒崎(1998c)に発表したものを，大幅に書き改めたものである．
2) 「世帯モデル」との訳語もあり得るが(黒崎 1993)，日本語の「世帯」と「家計」という二つの言葉がイメージする領域の双方を含むのがここでの 'household' であることから，本書ではあえて訳さずに「ハウスホールド・モデル」と呼ぶ．他の呼び方としては，「家

生産者の経済行動を，効用最大化のために生産活動と消費活動とを同時に決定するものとして定式化する一連の分析手法を指す．途上国では伝統的なミクロ経済学での企業理論の含意に反するような経済行動がしばしば観察される．そのような行動を，因習や非市場的な制度に縛られた経済的に非合理的な生産決定としてではなく，外部市場の不完全性への合理的な反応として説明するところにこのモデルの真価がある．

開発のミクロ経済学を，このモデルの説明で始める第一の理由は，企業と家計が一体化した経済主体が，経済発展の初期局面において最も重要であり，その性格を正しく位置づけることが経済発展のメカニズムを考える上で不可欠であることである．第二の理由は，やや技術的側面であるが，ハウスホールド・モデルにおける最適化条件の導出という分析ツールが，開発のミクロ経済学の基本になることである．とりわけ，家計内部における主体均衡の結果生じるシャドー・プライスの変化を分析することは，外部市場における一般均衡効果を考慮するための数学ツールと同一であることに留意されたい．

以下，本章では，第2節でモデル誕生の経緯をまとめ，第3節で，基本モデルの構造を示す．完備市場(complete markets)の下で，家計の効用最大化が結果として利潤最大化を意味するケース，いわゆる「分離型モデル」を扱うのが第4節である．これに対し，不完備市場(incomplete markets)の下では，生産決定に家計の消費嗜好や消費者としての賦存量が影響を与えるようになる．このいわゆる「非分離型モデル」について理論的に検討するのが第5節，シミュレーション分析で説明するのが第6節である．第7節で基本モデルの拡張について議論する．

2 ハウスホールド・モデルの誕生

数理モデルの説明の前にハウスホールド・モデルの誕生について簡単にまとめておこう．自給自足的な農家を例に取ると，食料を生産するための

内企業モデル」(household enterprise models) (Behrman 1999)，「企業・家計複合体」(丸山1984)などがある．

労働などの生産要素投入量は，生産利潤最大化というよりは，むしろ家計の食料消費と余暇の需要を主に考慮して決定されるであろう．このような見方は，古くはチャヤーノフによって小農経済の原理としてまとめられた(Chayanov 1923)．チャヤーノフの著作は日本の学会では戦前から注目を集め，その伝統のもとに生まれたのが田中修，中嶋千尋，丸山義皓らによる「農家主体均衡」(subjective equilibrium)論であった[3]．これは，チャヤーノフのアイデアを，効用の最大化をめざして生産面での決定を行うというモデル，すなわち消費者理論と企業理論を統合した数理モデルとして定式化した先駆的研究であり，本書で言うところのハウスホールド・モデルと本質的に同じものである．

これらの研究の多くが日本語で発表されたために，ハウスホールド・モデルの先駆者としての農家主体均衡論の貢献が欧米の学会であまり明確に認識されていないのは残念である．アメリカでチャヤーノフの著作が翻訳出版されたのは実に1966年になってからであり，中嶋の研究もその数年後に英語で紹介されたが(Nakajima 1969)，一部の研究者の注目を集めたにとどまった．現在のアメリカの学会では，この一連のモデルを呼ぶ際に主体均衡モデルという名称はほとんど使われず，ハウスホールド・モデルと呼ばれるのが一般的である．ただし，ハウスホールド・モデルの構造を説明するにあたって，「主体均衡」という表現はしばしば使われる(例えばSadoulet and de Janvry 1995, pp. 149-151)．

日本の農家主体均衡論のモデルは労働市場の不完全性に着目するものが多い．例えば中嶋(1983)は，農業経営体を，家族労働のみによって生産を行う「農家」と，雇用労働を用いる「農企業」の2つのタイプに分けた．とはいえ規模の大小を問わず雇用労働を用いるのが一般的である南アジアや東南アジアの農家にこの分類をあてはめると，すべて「農企業」になってしまう．そこで，生産者を取り巻く様々な市場の構造を幅広く取り入れ

---

[3] 初期の農家主体均衡論の代表的研究に，田中(1951)，中嶋(1956)がある．主要な研究者はその後，主体均衡モデルに関する研究を単行本にまとめており，日本での研究水準の高さを物語っている(例えば田中1967；中嶋1983；丸山1984)．日本での初期の研究に関するレビューとしては田中(1967, pp. 31-35)，その後の研究の概観としては山本(1986)，石田(1996)等を参照されたい．

る方向の研究が発展した．これらの研究は，世銀やスタンフォード大学食糧研究所(Food Research Institute, Stanford University)で集中的に進められ，Singh et al.(1986)としてまとめられた．この研究は，労働市場不在の農家経済分析に関する先駆的研究として，チャヤーノフや中嶋の研究を正当に評価している点が特記されるが(Singh et al. 1986, p. 80)，他方ではハウスホールド・モデルという用語を一般化するのに貢献するという皮肉な結果となった．

現在のハウスホールド・モデルは，農家や家内企業の生産技術を特定した上で，これら経済主体をとりまく様々な市場の不完備性(特定の市場の不在，顕著な取引費用の存在など)を弾力的に取り入れるスタイルに洗練されてきた．次節ではこの基本モデルを，Sadoulet and de Janvry(1995, Chap. 6)の定式化を利用して説明する．

3 基本モデルの構造

基本モデルでは，家計はあたかも単一の経済主体として行動すると想定する．ミクロ経済学としての厳密な扱いは，個人を経済主体と設定し，家計の行動は，世帯員間の関係が反映された個人の行動の集計としてモデル化することである．この拡張については第7節に回し，基本モデルでは一貫して，「独裁者」(dictator)ないし「ソーシャル・プランナー」(social planner)としての世帯主が，世帯員全員の厚生を考慮して，全員の消費と世帯の生産行動を決定すると想定する．

生産面での財はベクトル q で表わし，その中の個別の要素 q_i が正の値をとるなら生産財，負なら生産要素とする．消費財は食料，購入財，余暇などからなるベクトル c である．家計の初期賦存はベクトル E で表現する．余暇と労働に配分される時間賦存量が E の代表例である．価格については，外生的に与えられる市場価格を $\bar{p}$，家計が経済行動を決定する上での指針となる主体均衡価格を p^* で示す．下付き文字は個々の財・サービスを示すのに用い，例えば下付きの a は食料を表わすものとする．

生産要素を含む財・サービスはすべて貿易財と非貿易財に分けられる．

市場が存在し,かつその市場に家計が参加している財が貿易財で,市場が存在しないか,存在してもそこでの取引費用が大きすぎるために家計が主体的に参加していないような財が非貿易財である.貿易財の集合を T で示す.貿易財の価格は市場で外生的に決定される.非貿易財の集合は NT で示し,これらの財に関しては,家計内での供給 q_i+E_i と需要 c_i とが均衡しなければならない.貿易財と非貿易財の分類は,財の性質だけでなく,それが取引される市場の条件(特に輸送費などの取引費用がどれだけ大きいかなど)と個別の家計が置かれている状況とによって内生的に決まってくる.ただしここでは,単純化のために,ある財がある家計にとって貿易財であるか否かは分析する範囲で変化しないものと想定する.いずれにしても重要なのは,ある財が貿易財であるかどうかは,家計によって異なることである.

家計の目的関数は効用関数 $u(c,z^h)$ に集約されると想定する.世帯構成,世帯資産など消費者としての家計の特徴ベクトル z^h に応じてこの関数は変化する.生産技術は,固定生産資本など生産者としての家計の特徴をベクトル z^q で表わせば,インプリシットな生産関数制約式 $g(q,z^q)=0$ で表現される.

以上の想定のもとで,家計の最適化問題は

$$\max_{c,q} u(c,z^h), \quad (1.1)$$

s.t.

$$\sum_{i\in T} p_i(q_i+E_i-c_i) \geq 0, \quad (1.2)$$

$$g(q,z^q) = 0, \quad (1.3)$$

$$p_i = \bar{p}_i, \quad i \in T, \quad (1.4)$$

$$q_j+E_j-c_j \geq 0, \quad j \in NT \quad (1.5)$$

と表わされる.制約条件(1.2)が予算制約式,式(1.4)は貿易財の均衡条件,式(1.5)は非貿易財の制約条件である.この制約つき最適化問題の解はラグランジュ法を用いて

$$L = u(c,z^h) + \lambda\left[\sum_{i\in T}\bar{p}_i(q_i+E_i-c_i)\right] \\ + \phi g(q,z^q) + \sum_{j\in NT}\mu_j(q_j+E_j-c_j), \quad (1.6)$$

を解くことで得られる(λ, ϕ, μ はラグランジュ乗数). 式(1.6)を消費財 c について偏微分をとり, 内点解(interior solution)を想定すれば, 最適化のための一階の必要条件(FOC)として,

$$\frac{\partial u}{\partial c_i} - \lambda \bar{p}_i = 0, \quad i \in T, \tag{1.7}$$

$$\frac{\partial u}{\partial c_j} - \mu_j = 0, \quad j \in NT, \tag{1.8}$$

が得られる. 同様に, 式(1.6)を生産に関わる財 q について偏微分をとり, 内点解を想定した FOC は,

$$\lambda \bar{p}_i + \phi \frac{\partial g}{\partial q_i} = 0, \quad i \in T, \tag{1.9}$$

$$\mu_j + \phi \frac{\partial g}{\partial q_j} = 0, \quad j \in NT, \tag{1.10}$$

となる.

　理論的分析を容易にするためのテクニックが, 主体均衡価格 p^* の利用である. k 財が貿易財ならば $p_k^* = \bar{p}_k$, 非貿易財ならば $p_k^* = \mu_k/\lambda$ と定義することにより, 上の FOC は統一的に,

$$\frac{\partial u}{\partial c_k} - \lambda p_k^* = 0, \tag{1.11}$$

$$p_k^* + \frac{\phi}{\lambda} \frac{\partial g}{\partial q_k} = 0, \tag{1.12}$$

と表現することができる. 式(1.12)は, あたかも主体均衡価格 p^* を所与として利潤最大化を行った場合の FOC と数学的に同一である[4]. したがって, 家計の生産面での決定は, 誘導型すなわち価格を p^* とした利潤関数とその偏微分で得られる供給関数・要素需要関数で, すべての情報が表わされる. これをベクトル表示で,

$$q = q(p^*, z^q), \tag{1.13}$$

と示す. この生産行動によって得られる家計の最大化利潤 π^* が

---

[4] 例えば, q_a が生産される食料で, q_l が投入される労働, 生産制約式(1.3)を通常の生産関数 G を用いて, $g(q, z^q) = q_a - G(-q_l, z^q) = 0$ とすれば, a と l それぞれについての式(1.12)を整理することで, $p_l^*/p_a^* = G'(-q_l)$ が得られる. これは, 労働投入の限界生産性が賃金の相対価格に等しいという利潤最大化の FOC である.

$$\pi^* = \sum_k p_k^* q_k(p^*, z^q), \tag{1.14}$$

で定義できる．

式(1.11)は，あたかも主体均衡価格 p^* を所与として効用最大化を行った場合の FOC と数学的に同一であるから，家計の消費面での決定は，誘導型，すなわち p^* と，完全所得(full income) y^* を所与としたマーシャル需要関数のシステムによってすべての情報が表わされる．すなわち，ベクトル表示で

$$c = c(p^*, y^*, z^h), \tag{1.15}$$

(ただし，$y^* \equiv \pi^* + \sum_k p_k^* E_k$, ここでの k は貿易財・非貿易財の両方を含む)となる．「完全所得」はハウスホールド・モデルのキーワードで，実際の市場取引を経て実現される現金所得だけでなく，市場を経ないシャドー・プライスによる帰属利潤や，時間賦存量など家計の保有する生産要素や財すべての帰属価値を含む概念である[5]．

4 分離型モデル

4.1 モデルの特徴

農家・家内企業が効用最大化問題(1.1)を解くにあたって，完全競争市場が完備している状況から始めよう．各市場での取引費用もゼロであると想定する．その場合，すべての財・サービスが貿易財となるため，$p_i^* = \bar{p}_i$ がすべての i について成立し，NT は空集合となる．

生産面での供給関数，要素需要関数は

$$q = q(\bar{p}, z^q), \tag{1.16}$$

と書ける．この最適解は，FOC(1.12)を満たすから，これを整理して

$$\frac{\bar{p}_i}{\partial g/\partial q_i} = \frac{\bar{p}_j}{\partial g/\partial q_j}, \quad \forall(i,j), \tag{1.17}$$

---

[5] 時間賦存量以外の E については捨象し，労働者としての余暇・労働決定問題における「時間制約式」と，消費者としての消費財需要決定問題における「予算制約式」とを一つにまとめたものとして「完全所得」を理解したほうが分かりやすいかもしれない(Sadoulet and de Janvry 1995, pp. 142-143)．ここでの記述は時間以外の賦存量も入れた一般的なモデルであり，de Janvry et al.(1991)に基づいている．

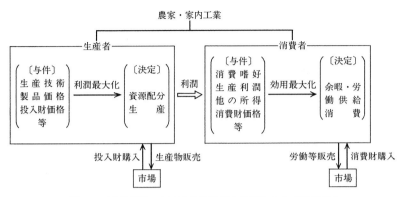

図1-1 完備市場における生産決定の消費からの「分離性」
出所) 黒崎(1993), p.17.

となるが,これはまさしく生産の技術的制約を示す式(1.3)の下での利潤最大化の必要条件である.つまり,完備市場下の家計の生産行動は,通常の企業理論同様,生産物とすべての生産要素を市場で売買して利潤を最大化する行動によって特徴づけられ,消費者としての特徴,例えばベクトル z^h や E から全く影響を受けない.このようなケースを,生産決定が消費嗜好から独立であるという意味で「分離型」(separable)モデルと呼ぶ.

消費者としての最適化行動は,式(1.15)の主体均衡価格をすべて市場価格で置き換えたもので表わされる.この場合,消費の決定は,生産利潤 π^* を通じて生産決定の影響を受けるから,その意味で「逐次型」(recursive)モデルという用語も使われる.つまり,分離型モデルの場合の家計の経済行動は,まず生産面で利潤最大化を行い,その最大化利潤を所与に消費面での効用最大化が行われるという順序で表わすことができ,生産と消費の相互作用は生産利潤を通じてのものに限られるのである.これを模式的に示したのが,図1-1である.

注意深い読者は気づいたであろうが,完備市場の想定は分離性の十分条件であるが必要条件ではない.(1.16),(1.17)式からわかるように,純粋な消費財に関して市場が欠如している場合でも,生産に関わる財・サービスの市場が完全であれば分離性は成立する.また,取引費用が大きいために,ある財の購入価格と販売価格に大きな差がある場合でも,すべての

財・サービスについて家計が市場に参加しているならば分離性が成立する．したがって，購入価格と販売価格の差が大きい場合には，家計をその財の購入家計，販売家計，自給自足家計の3者に分けることが重要になる．購入家計と販売家計では分離性が成立するのに対し，自給自足家計では成立しないからである．

4.2　食料価格上昇の比較静学分析

では，ある家計が生産面消費面両方に含まれる財(食料，余暇・労働など)の市販余剰を持つ場合と，市場から購入している場合とで，どのような家計行動の違いが生じるかを検討しよう．食料価格上昇の比較静学分析を例にする．

本章の冒頭でも述べたように，途上国の小農経営においては価格が上昇すると販売量が減少するという「逆転した価格反応」が観察されることがある．この逆転反応は分離型モデルで説明可能であろうか．主食である食料を生産する小農の食料市販余剰を m_a で示そう．単純化のために第4.2項の比較静学分析においては $E_a=0$ とする．定義により $m_a = q_a - c_a$ であるから，その食料価格への反応は

$$\frac{\partial m_a}{\partial \bar{p}_a} = \frac{\partial q_a}{\partial \bar{p}_a} - \left(\frac{\partial c_a}{\partial \bar{p}_a} + \frac{\partial c_a}{\partial y^*} \frac{\partial y^*}{\partial \bar{p}_a} \right)$$

$$= \frac{\partial q_a}{\partial \bar{p}_a} - \frac{\partial c_a}{\partial \bar{p}_a}\bigg|_{u=const} - (q_a - c_a) \frac{\partial c_a}{\partial y^*} \quad (1.18)$$

と分解できる[6]．右辺の第1項は利潤最大化企業の価格への反応であるから常に正，第2項は価格上昇の純粋な代替効果(負)を引いたものだからこれも常に正となる．第3項の偏微分の部分は，需要への所得効果であるから，食料が正常財であると想定する限り正となる．

したがって，市販余剰を持たない場合 $(q_a - c_a \leq 0)$，3つの項すべてが常に正となる．つまり，市販余剰を持たない農家は食料価格が上昇した場合に生産量を増やし，消費量を減らすから必ず食料購入量が減少する．一方，

---

[6] この導出には，c_a についてスルツキー分解(Slutsky decomposition)，q_a についてシェパードの補題(Shephard's lemma)が用いられている．

市販余剰を持つ農家の場合$(q_a-c_a>0)$，第3項は負となるため全体の符号は確定しない．食料価格の上昇は市販余剰を持つ農家にとって農業利潤の増加を意味するから，食料への消費需要量も増大する．この「農業利潤効果」が入るところが，ハウスホールド・モデルの重要な特徴である．

仮に食料需要の所得弾力性が十分高く，価格に対する食料生産の供給弾力性が低く，食料と他の消費財の間の代替効果が弱い場合には，所得効果が第1，第2項の効果を上回る結果，食料価格上昇に市場販売量減少で対応するという逆転反応が理論的に起こり得る．食料穀物の市販余剰反応が負となる事例は，インド各地で報告されているが(Bardhan 1970; de Janvry and Kumar 1981)，このような反応が完備市場の下ですら決して非合理的でないことを，この比較静学は明確に示している．

では，このような生産面・消費面での反応を引き起こす食料価格上昇は，家計の厚生水準にどのような影響を与えるであろうか．ハウスホールド・モデルの強みの一つが厚生水準への影響を理論的に整合的に分析できることである．家計の厚生水準は，式(1.15)で得られる需要システムを効用関数に代入して得られる間接効用関数 $v(y^*, p^*, z^h)$ で表わされる．食料価格上昇の影響を比較静学分析すると，

$$\left(\frac{\partial v}{\partial \bar{p}_a}\right)^G = \frac{\partial v}{\partial \bar{p}_a} + \frac{\partial v}{\partial y^*}\frac{\partial y^*}{\partial \bar{p}_a} = \frac{\partial v}{\partial y^*}\left[\frac{\partial v/\partial \bar{p}_a}{\partial v/\partial y^*} + \frac{\partial \pi^*}{\partial \bar{p}_a}\right]$$

$$= \frac{\partial v}{\partial y^*}(-c_a+q_a) \tag{1.19}$$

が得られる[7]（ただし左辺の上付き文字 G はすべての主体均衡回復後のグローバルな効果を意味する）．したがって，食料価格の上昇は必ず，市販余剰を持つ農家$(-c_a+q_a>0)$の厚生水準を引き上げ，余剰を持たない貧農や土地なし層$(-c_a+q_a<0)$の厚生水準を低下させる．市販余剰ないし消費量での比較静学では，一部符号が確定しないのに対し，厚生水準への影響については，市販余剰が正か負かに応じて一義的に符号が確定するのである．これは，途上国の農業価格政策に対し，重要なインプリケーションを持つと言

---

[7] この導出には，c_aについてロワの恒等式(Roy's identity)，q_aに関してシェパードの補題が用いられている．

えよう．

4.3 分離型モデルを用いた実証分析の例

　分離型モデルの強みは，生産面が消費面から独立であるため，企業理論の経済学において高度に発達した双対原理(duality)を用いた実証手法を十分に使えることである．つまり，生産面に関するミクロデータから通常の利潤関数ないし費用関数を推計するのが第1ステップであり，ここから生産技術や生産反応に関する情報が得られる．次に農業利潤・自家消費帰属価値などを含む家計の所得ないし消費支出を用いて通常の需要システムを推計するのが第2ステップとなる．ここから食料や余暇などへの需要の弾力性などの情報が得られる．

　Singh et al.(1986)から，この手法を用いた7カ国(台湾，マレーシア，韓国，日本，タイ，シエラレオネ，ナイジェリア)の実証結果の要約を紹介しよう．農業利潤効果を無視した通常の消費者分析で得られる食料消費需要の食料価格への弾力性が -0.82 から -0.04 なのに対し，ハウスホールド・モデルの特徴である農業利潤効果を入れた場合の弾力性は -0.66 から $+0.38$ に増加する．利潤効果を入れた場合の食料消費反応は台湾，マレーシア，韓国，ナイジェリアの事例で正に転じており，市販余剰が大きいために正の所得効果が負の価格効果を上回っていることが示されている．2つのアプローチによる推計値の差が大きい場合には利潤効果の無視は大きなバイアスを生むから，分離性が成立する場合でもハウスホールド・アプローチが必要になるのである．

　同じ研究から食料価格の要素需要への影響や，化学肥料価格，賃金などに対する弾力性などに関する研究の要約も得られる．通常の消費者・労働者理論では一般に符号が確定しない賃金上昇の労働供給への影響を見ると，農業利潤効果を入れた場合，7カ国すべてで労働供給の弾力性が正となった．これは，賃金上昇が農業利潤減少による所得減少を意味するため所得効果が弱められた結果である．

　以上の例からわかるように，分離型ハウスホールド・モデルにおいては財や労働の純販売量が正か負かによって対照的な家計の反応が生じ，生産

面と消費面をつなぐ農業利潤効果を考慮するかしないかで大きく異なった分析結果が得られる．とはいえ手法的には，分離型モデルは通常の企業理論と消費者理論を生産利潤でつないだだけのもので，それほど興味深いものではない．さらに途上国農村の実態は，完備市場の想定からはほど遠い．そこで近年の分析は，不完備市場の特徴を明示的に取り入れたハウスホールド・モデルに焦点が移っている．

5 非分離型モデル

5.1 基本的な非分離型モデル

市場に何らかの不完全性がある場合，ハウスホールド・モデルでは，主体均衡価格がシャドー・プライスとなり，仮に市場が存在しても市場価格から乖離してしまう．多くの途上国農村で作物保険市場が存在しないのは，市場欠如(missing markets)という不完備市場の典型的な事例である．また法的な禁止措置などで市場が不在になる場合もあろう．市場が存在してもそこでの取引費用が大きすぎるために家計が主体的に参加していないケースも市場の失敗の例である．強制調達や販売割当など市場での売買に何らかの制約がある場合には，その制約条件が基本モデルに追加される．

市場欠如の例で説明しよう．労働市場が存在しない場合，農家や家内企業は必ず労働投入量と家族の労働供給量を均衡させなければならない．同様に，ある食料作物の市場が存在しなければ農家はその作物において完全自給体制をとらなければならない．この場合，その生産決定は

$$q = q(p^*, z^q), \quad (1.20)$$

$$p_i^* = \bar{p}_i, \quad i \in T, \quad (1.21)$$

$$p_j^* = \mu_j/\lambda, \quad j \in NT, \quad (1.22)$$

という誘導型で示される．非貿易財のシャドー・プライスを決定するラグランジュ乗数は家計全体の変数やパラメータの関数である．例えば，食料が非貿易財ならば，そのシャドー・プライス p_a^* が家計内での供給量 $q_a + E_a$ と消費量 c_a とを均衡させる値をとらなければならず，したがって，p_a^* は，どのくらい食料を消費したいかを決定づける消費者としての特徴(z^h

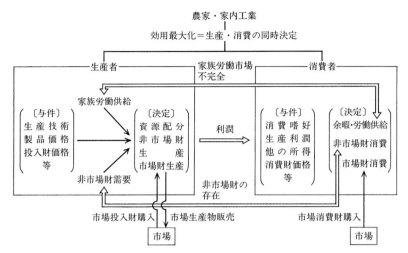

図1-2 不完備市場における生産決定の消費からの「非分離性」
出所) 黒崎(1993), p. 18.

やE)の関数となる．同様に，労働が非貿易財ならば，そのシャドー・プライス p_l^* が，家計の時間賦存量 E_l と，余暇としての消費量 c_l と生産に用いる労働投入量 q_l の和とが均衡するような値をとらなければならない．つまり，生産決定はもはや消費面から独立にはならない．効用の最大化のうえで生産面と消費面は互いにフィードバックしあい同時的に決定される．このようなケースを「非分離型」(non-separable)モデルと呼ぶ．これを模式的に示したのが，図1-2である．

分離型，非分離型ハウスホールド・モデルは，数学的には一国の一般均衡モデルと同じである．すべての財が貿易財である小国の開放経済に相当するのが分離型ハウスホールド・モデルである．非貿易財が存在する非分離型ハウスホールド・モデルにおけるシャドー・プライス p_j^* の決定は，非貿易財が存在する一国モデルにおける非貿易財の価格決定と同一である．この類似性は，CGEモデル(computable general equilibrium models)とハウスホールド・モデルを扱った文献でも強調されている(Sadoulet and de Janvry 1995, Chap. 12)．

5.2 食料価格上昇の比較静学分析

非分離型モデルでは，市販余剰あるいは生産量の「逆転した価格反応」も頻繁に生じる．単純な例として，生産要素が労働だけで労働市場が失敗しているケースを考えよう．食料の市場価格 $\bar{p}_a$ が上昇すると，労働・余暇の主体均衡価格も変化することに注意して，食料市販余剰 m_a の反応 $(\partial m_a/\partial \bar{p}_a = \partial q_a/\partial \bar{p}_a - \partial c_a/\partial \bar{p}_a)$ のそれぞれについて，検討すると，

$$\left(\frac{\partial q_a}{\partial \bar{p}_a}\right)^G = \frac{\partial q_a}{\partial \bar{p}_a} + \frac{\partial q_a}{\partial p_l^*}\frac{\partial p_l^*}{\partial \bar{p}_a}, \tag{1.23}$$

$$\left(\frac{\partial c_a}{\partial \bar{p}_a}\right)^G = \frac{\partial c_a}{\partial \bar{p}_a} + \frac{\partial c_a}{\partial p_l^*}\left(\frac{\partial p_l^*}{\partial \bar{p}_a}\right) + \frac{\partial c_a}{\partial y^*}\left(\frac{\partial y^*}{\partial \bar{p}_a} + \frac{\partial y^*}{\partial p_l^*}\frac{\partial p_l^*}{\partial \bar{p}_a}\right)$$

$$= \frac{\partial c_a}{\partial \bar{p}_a} + \frac{\partial c_a}{\partial y^*}(q_a^* + E_a) + \left[\frac{\partial c_a}{\partial p_l^*} + \frac{\partial c_a}{\partial y^*}(q_l^* + E_l)\right]\frac{\partial p_l^*}{\partial \bar{p}_a}, \tag{1.24}$$

となる．この式を考える上で，鍵となるのは $\partial p_l^*/\partial \bar{p}_a$ の符号である．非貿易財の均衡式 $q_l + E_l - c_l = 0$ から，

$$\left[\frac{\partial q_l}{\partial p_l^*} - \left(\frac{\partial c_l}{\partial p_l^*} + \frac{\partial c_l}{\partial y^*}(q_l^* + E_l)\right)\right]\frac{\partial p_l^*}{\partial \bar{p}_a}$$

$$= \frac{\partial c_l}{\partial \bar{p}_a} + \frac{\partial c_l}{\partial y^*}(q_a^* + E_a) - \frac{\partial q_l}{\partial \bar{p}_a}, \tag{1.25}$$

が得られる．この右辺は正であるから，左辺の角かっこ内が正である限り $\partial p_l^*/\partial \bar{p}_a > 0$ となる．左辺の角かっこ内の符号は，丸かっこ内の最初の項が代替効果で負，二番目が所得効果で正であって，ネットの符号が確定しないため，理論的には角かっこ全体の符号も確定しない．ただし，丸かっこ内は，通常の労働者の事例における賃金上昇に対する余暇需要の変化を示し，所得水準が低い途上国の家計を分析する場合には，代替効果が所得効果を上回るか，仮にそうでなくても所得効果の上回る度合いは小さいと想定できる．したがって，$\partial p_l^*/\partial \bar{p}_a > 0$ を想定するのが妥当であろう．

このメカニズムを，言葉で説明すれば次のようになる．食料価格上昇の生産面での直接的影響は，食料増産のインセンティブを農家に与え，農業労働投入量の増大を農家に要請する．食料価格上昇の消費面での直接的影響は，価格上昇の代替効果で余暇の需要が増大し，食料生産の利潤が上昇

するための所得効果で余暇の需要はさらに増大する．そうなると，世帯内の労働・余暇のバランスが崩れてしまう．そこで，労働・余暇のシャドー・プライスが上昇すれば，生産面では食料増産のインセンティブが減って農業労働投入量需要が減り，消費面では余暇消費需要を減らして労働供給を上昇させるから，世帯内の労働・余暇のバランスが回復される．

つまり労働が非貿易財であれば，そうでない時に比べて，まず食料の総生産量の食料価格への反応が鈍くなる．食料消費量の食料価格への反応に関しては，労働が貿易財である時に比べて新たに付け加わった項はすべて正の符号を持つ．したがって，ネットの市販余剰で見た場合，食料価格上昇に市場販売量減少で対応するという逆転反応が起こりやすくなる．また，余暇への所得効果が強く，食料生産が賃金に対して十分弾力的であれば，生産者は食料価格の上昇に対して労働投入量を減らし生産量そのものを少なくするのが合理的となることすらあり得る．その場合，ネットの市販余剰が価格に負の反応を示すだけでなく，グロスの総生産量も価格に負の反応を示すことになる[8]．

繰り返しになるが，市場の失敗は財やサービスに特定的なのではなく，個々の世帯に特定的である．つまり，地域にその市場が存在しても取引費用が大きすぎる場合，少量の取引は市場参加の非効用が大きくなり，限界的な世帯は市場に参化できない．この場合，その財はその世帯にとって非貿易財として分析される．市場への不参加世帯は相対的に小規模な生産者であることが予想され，その意味で市場の失敗は貧富格差の問題と密接に関連している．また，分離性が成立しないことは生産水準が利潤最大化水準から乖離することを意味するから，個別の家計にとっては合理的な選択であっても，社会的には非効率が生じていることも重要である．

---

8) Sonoda and Maruyama(1999)は日本の稲作農家において，まさしくこの現象が生じており，稲作生産が生産者米価に対して負の反応を起こし得ることを，実証的に示した．

6 シミュレーションによる分析

6.1 シミュレーション分析の考え方

ハウスホールド・モデルに基づいたシミュレーション分析は，途上国における開発の問題を数量的に分析するための政策ツールとして頻繁に使われるようになってきている．第4節で述べたように，「分離型」モデルを想定すれば，モデルの計量経済学的推定は比較的簡単であるが，その推定結果を元に行うシミュレーションから，定性的に予測不可能な新たな知見を得ることは少ない．シミュレーション分析を行う価値が大きいのは，ある政策パラメータの影響が定性的に予測できないような「非分離型」モデルの事例に関して，定性的な白黒をつけ，かつ定量的な予測を返すことができる場合であろう．

しかし第3章で議論するように，非分離型モデルを完全に推定することは，計量経済学的にも，データの点からも難しい．そこで頻繁に行われるのが，既存の断片的な情報から必要なパラメータをカリブレート (calibrate,「目盛りづけ」) してモデルを特定する手法である．

カリブレート法に基づくシミュレーションでは，データからの観察値を初期均衡値と見立て，この均衡値を生み出すような生産，消費両側面の関数を特定する．まず，生産面では供給関数と要素需要関数を導出するための利潤関数あるいは生産関数，消費面では需要システムを導出するための間接効用関数についてそれぞれ関数型を特定する．次に，文献などから適当な価格弾力性，固定要素弾力性などを推測し，これらの弾力性とできるだけ一致するように，かつ，経済理論が課す制約をすべて満たすようにパラメータを特定する．具体例としては次項を参照されたい．この場合，暗黙のうちに分離型ハウスホールド・モデルを想定していることに留意されたい．

いったんモデルがカリブレートされれば，そのモデルにおいて，外生変数やパラメータが変化した場合にどんな影響が生じるかを，様々な非分離性の想定のもとでシミュレーションできる．代表的な研究として，

de Janvry et al.(1991)が挙げられる．なお，カリブレートされた非分離型ハウスホールド・モデルは，財や要素の数が増えるとCGEモデルと数学的に非常に類似したものになる．農業部門構造調整プログラムの下で穀物価格が急激に上昇したことに，モロッコの家計がどう反応したかを検討したde Janvry et al.(1992)の分析は，このことをよく示している．8種類の生産財，8種類の生産要素，11種類の消費財からなるモデルでのシミュレーションの結果，構造調整政策の恩恵は畜産生産が重要な小農家計よりも穀物生産が重要な中規模農家で大きいこと，構造調整政策の副次的効果として飼料作物価格が上昇する結果，畜産生産での飼料作物利用が共有地放牧によって代替されて，児童の放牧労働強化，共有地での過剰放牧が生じることなどが示唆された．

このように，カリブレート法に基づくシミュレーション分析は，分離型モデルで推定されたパラメータに基づいて非分離型モデルの反応を分析するなど論理的一貫性に欠けている面はあるが，市場の失敗の有無で家計の行動がどのように変わるかを，途上国の実態に則しつつ定性的に把握するための指標を与えてくれる．その意味でこの手法は強力な政策分析のツールであり，非分離型モデルの論理を理解する助けとなるものと言える．

6.2 パキスタン棉作地帯の農家の事例

筆者によるシミュレーション分析の例を紹介しよう．このモデルは，パキスタン・パンジャーブ州の南部で典型的な，棉花と小麦を主産物とする農家経済の特徴を抽象化したものである．綿はパキスタン経済を支える柱である．農業部門はパキスタンのGDPのおよそ4分の1を占めるが，棉花はその中でも最も重要な商品作物である．棉花から得られる原綿とその加工品である綿糸，綿布，その他の繊維製品はパキスタンの総輸出の4分の3ほどを占める．したがって，棉花生産農家が市場条件にどう反応するかが政策的に重要な問題になっている．一方小麦は国民の主食であり，自給達成が常に政策課題となってきた(黒崎1994)．

モデルは，第3節で紹介した基本モデル，(1.1)から(1.5)式である．生産面については，土地(固定生産要素z^q)と労働(下付き文字l)，化学肥料(同

表1-1 パキスタン棉花・小麦農家モデルの構造

生産面：一般化レオンティエフ利潤関数(初期均衡値における弾力性)

	小麦価格	棉花価格	化学肥料価格	労働賃金
小麦(食料)供給	0.48	−0.24	−0.11	−0.13
棉花供給	−0.19	0.31	−0.05	−0.07
化学肥料需要	0.48	0.48	−1.08	0.11
労働投入需要	0.20	0.28	0.10	−0.58

消費面：固定支出比率需要関数

	食料(小麦)	余暇	工業製品
支出比率	0.27	0.48	0.25

出所) 筆者作成.

f)を用いて棉花(同c)と主食の小麦(同a)を生産する農家を想定，その生産技術を一般化レオンティエフ利潤関数(Generalized Leontief Profit Function)を用いて，

$$\pi(p^*, z^q) = \sum_{(i,j)=(a,c,l,f)} b_{ij}\sqrt{p_i^* p_j^*} + \sum_{i=a,c,l,f} b_{iz} p_i^* z^q, \quad (1.26)$$

に表わした．次に，黒崎(2000b)でレビューした価格弾性値の既存研究から適当な価格弾力性，固定要素弾力性などを推測し，これらの弾力性とできるだけ一致するようなパラメータ b_{ij}, b_{iz} のセットを数理計画法を用いてカリブレートした．カリブレートの際には，まず経済理論が課す利潤関数の制約をすべて満たすことを制約条件とし，かつ非対角要素よりも対角要素の弾力性が文献からの推測弾力性と一致するようにウエイトを付けた．その上で，推測弾力性の値とカリブレートされたモデルの初期均衡値における弾力性の値との乖離の二乗合計が最小化されるようにプログラムを組んだ[9]．この手続きにより特定した利潤関数の初期均衡値における弾力性の値を表1-1に示す．

消費面については食料(小麦)，工業製品，余暇の3つの財からなるコブ＝ダグラス型の効用関数を想定し，その支出比率を文献からの推測で表

---

[9] 用いたのは GAMS (General Algebraic Modeling System)の非線形最適化のパッケージ(Brooke et al. 1988)である．

表 1-2 棉花・小麦農家モデルの棉花価格 10% 上昇への反応

	完備市場	食料市場失敗	労働市場失敗	両市場失敗
消費面の変化(%)				
食料消費量	4.5	0.0	8.4	0.8
余暇消費量	4.5	5.0	0.7	0.5
工業製品消費量	4.5	5.3	8.4	10.5
生産面の変化(%)				
小麦生産量	−2.3	0.0	−3.3	0.9
棉花生産量	2.7	2.0	2.4	0.5
化学肥料投入量	4.6	6.9	5.5	10.6
労働投入量	2.8	3.7	−1.4	−1.0
シャドー・プライスの変化(%)				
食料価格	0.0	5.1	0.0	10.1
賃金(労働・余暇)	0.0	0.0	7.5	10.3
厚生水準の変化*(%)	4.5	3.7	4.0	3.1

出所) 黒崎(1993),表 1.
注) *「等価変分額の初期所得に対する比率」を示す.

1-1 のようにカリブレートした.カリブレート法により様々な市場条件の生産への影響をシミュレーション分析するためには,市場が失敗する可能性のある財の需給が初期均衡値において均衡しているようにパラメータを組む必要がある.表 1-1 のパラメータ設定は,経営規模 5 エーカーの小規模農家を想定して,小麦の生産と消費量,農業生産への労働投入量と家計の労働供給量についてこの条件が満たされるように制約条件を付けて求めたものである.

　このモデルにおける棉花価格 10% 上昇の影響をシミュレーションした結果を表 1-2 に示す.まず,完備市場を想定した場合,棉花生産は 3% ほど上昇,小麦生産は 2% ほど減少する.この生産調整は労働投入と化学肥料利用双方をバランスよく増やすことで達成される.この想定での生産反応は,いうまでもなく表 1-1 における棉花価格の列の値を 10 倍したものにほぼ等しい.他方,消費面では,食料,余暇,工業製品 3 者の消費がバランスよく増える.新しい均衡値のもとでは,食料生産量は消費量を下回るから農家は市場から不足分を購入,同様に労働供給量は需要量を下回るから農家は雇用労働で不足分を補うことになる.

同じ生産技術，消費嗜好を持っていながら，食料市場が失敗している場合，両作物の生産調整は小さくなる（表1-2，第2列）．これは，棉花価格上昇がもたらす所得の増分に見合う食料需要を自給しなければならないという制約のためである．非貿易財である食料の需給を主体均衡的に維持するためには食料のシャドー・プライスが上昇せざるを得ない．逆に労働市場に家計が参加せず，労働・余暇が非貿易財となっている場合，棉花の生産増はやはり完備市場の場合に比べて小さくなり，消費面では余暇の変化が小さくなる（第3列）．

両市場ともに失敗している場合，両作物の生産量はほとんど変わらず，一見何も農家が対応していないように見える（表1-2，第4列）．しかし，生産面では化学肥料の投入量を増やして労働投入量を減らし，消費面では工業製品の消費を10%以上増やしている．注目すべきは，食料と労働・余暇のシャドー・プライスの大きな変化である．作物の生産供給面は余り変化がない，いわば外的には変化が小さい反面，主体均衡的には大きな変化が世帯の内部を襲っていることをこれは示している．もう一つ注目すべきは，工業製品消費の急増である．農業政策において農村への工業製品供給はほとんどの場合，生産投入財のみが問題とされ消費財は軽視されてきた．もしこの事例で，農家への工業製品消費財供給に制約があったならば表に示したような対応を農家はとり得ない．不完備市場の下では消費財供給が生産面の反応に重大な影響を与える可能性があることを，このモデルはよく示している．

表1-2の最下行に示したのは，棉花価格上昇の農家厚生レベルへの影響を金額評価で近似したものである．ハウスホールド・モデルの強みは，外生パラメータの変化がもたらす影響を，単なる生産面での調整に限らず厚生面でのインパクトを含めて厳密に数量分析できる点にある．とはいえ，家計の目的関数である効用関数の数値そのものは序数的なものであって経済的な意味を持たない．そこで，その数値の変化に現われた厚生水準の変化を経済的に意味のある所得評価に近似する手法として，初期均衡価格体系で評価した所得の増加率相当（等価変分[equivalent variation]）を用いた．完備市場モデルでの厚生増加率が最も高いのは当然として，ここで興味深

いのは，両市場が不備の場合，作物供給量での変化がほとんどないにもかかわらず，厚生面では完備市場の場合の3分の2もの改善を農家が達成していることである．誘導型アプローチに基づいて供給関数と要素需要関数のみを推計した場合，価格変化に対する生産調整とそれに伴う農業利潤変化についての情報は得られようが，消費財価格も変化していることまで考慮した厚生水準の変化についての情報はハウスホールド・アプローチでないと得られない．

7 基本モデルの拡張

以上見てきた非分離型の基本モデルは，主に財市場や労働市場の欠如に焦点をあてた．途上国の文脈で重要な不完備市場には，他に，情報不完全性の問題に由来する信用市場の未発達，保険市場の不在などが挙げられる．これらの市場が不完備な場合にも，家計の生産行動は利潤最大化ではなく消費嗜好の影響を受けて決定される．また，世帯が単一の経済主体ではなく，世帯員間の関係が反映された個人の行動の集計としてモデル化される場合にも，家計の生産行動が利潤最大化ではなく世帯員間の交渉力の影響を受けて決定されることがある．

7.1 信用制約

途上国の農家・小企業の多くが信用市場への限られたアクセスゆえに，短期の運転資本を自ら調達せざるを得ない．特に，小農・零細農においては，農業における季節性ゆえに端境期の資金ニーズをどう満たすかが生産決定・技術採択などに決定的な影響力を持つと思われる．信用へのアクセスが限られていれば，端境期の予算制約が効いて，支出必要額をその時点での資金と信用上限との和に均衡させる必要が生じるからである．

この側面は静学モデルの修正で取り入れることができる．インプリシットに生産期と収穫期を想定し，生産期に投入(消費)し生産期に支払いをしなければならない生産要素(消費財)をまとめて，信用制約財集合 TC として定義しよう．集合 TC は貿易財集合 T の部分集合である．利用可能な

信用の上限額を K とすれば，この信用制約は

$$\sum_{i \in TC} \bar{p}_i(q_i+E_i-c_i)+K \geq 0, \qquad (1.27)$$

を基本モデルに付け加えることで表現できる．この制約条件が効いている場合，信用制約財の主体均衡価格 p^* は，

$$p_i^* = \bar{p}_i\left(1+\frac{\lambda_K}{\lambda}\right), \qquad (1.28)$$

(ただし λ_K は制約条件式(1.27)のラグランジュ乗数)として表わされる．つまり，信用制約が効いている場合，家計の行動を決定するシャドー・プライスは，市場価格を信用制約の分だけ割り増ししたものになり，その割り増しの度合いは消費嗜好や賦存量の影響を受けるから，モデルは非分離型となる．信用制約の存在は，生産期に投入(消費)し生産期に支払いをしなければならない生産要素(消費財)の利用を過小にし，社会的な効率性の損失を生み出すことがここから分かる．また，λ_K は家計にとっての信用制約緩和が生み出す厚生水準上昇を，限界価格で表現したものであるから，これと途上国農村部への信用供与政策の限界コストとを比べることで，効率的な政策介入のための指針を得ることもできる．

　この信用制約つき準静学モデルは，信用市場の不完全性を取り入れる方法としては扱いやすく，実証面にも適用しやすいため，途上国農業の分析に幅広く応用されている[10]．反面，このモデルは，信用制約が本質的に異時点間の動学的問題であること，例えば過小な固定資本投資，不作年・豊作年間の消費調整の困難などの側面が無視されている点で不満が残る．この側面の厳密な議論は，次章の動学モデルで分析する．

7.2　不確実性

　農業生産は天候に依存するためその収量は常に不安定さをまぬがれない．収量の変動は市場価格もまた変動することを意味する．作物保険あるいは収入保険などの市場が不在である場合，生産者は収量や価格のリスクを避

---

10)　例えば，Feder(1980)は，信用アクセスと農家規模の相関に着目し，信用制約が強い小規模農家が高収量新技術の採択で不利になることを示した．Eswaran and Kotwal (1986)は，信用へのアクセスが農業生産組織の選択に影響することを分析した．

けようとすることが予想される．具体的には，農地分散，作物多様化，リスクの小さい技術の採用，労働市場への参加，世帯構成員の出稼ぎなど経済活動の多様化，あるいは分益小作制のようなリスク・シェアリング機能のある契約の採用などの戦術を採ることで，所得の変動を減らすことができよう(第2章第5節参照)．

この側面も信用制約同様，静学ハウスホールド・モデルの修正で取り入れることができる．インプリシットに生産期と収穫期を想定し，生産に関する決定は収量や価格が分からない生産期に行われ，収穫期に確率変数である収量・価格の何らかの値が実現した後で，家計はその実現した価格と所得水準をもとに消費活動を決定すると想定する．この場合，生産に関する決定に関しては，基本モデルの目的関数を効用関数から期待効用関数に置き換えた不確実性下の準静学ハウスホールド・モデルによって分析できる[11]．財・サービスがすべて貿易財で，リスクの所在が収量リスクだけの単純な例を取り上げよう．生産技術制約式(1.3)を，単一の産出財 q_0 が投入財ベクトル q によって産出される生産関数 $G(q)$ で表わし，その生産量は収量リスク θ の存在のために確率的に変動すると想定する．この期待効用最大化モデルは，

$$\max_q \quad E[v(y, p, z^h)], \tag{1.29}$$

s.t.

$$y = p_0(q_0 + E_0) + \sum_i p_i(-q_i + E_i), \tag{1.30}$$

$$q_0 = G(q, \theta, z^q), \tag{1.31}$$

と表わすことができる(ただし E は数学的期待値を取る関数)．間接効用関数 v は，フォン・ノイマン＝モルゲンシュテルン効用関数であって，$\partial v/\partial y \equiv v_y > 0, \partial^2 v/\partial y^2 \equiv v_{yy} \leq 0$ を満たす，すなわちこの家計はリスク回避的ないしはリスク中立的であると想定する．

このモデルの FOC は，

$$E\left[v_y\left(p_0 \frac{\partial G}{\partial q_j} - p_j\right)\right] = 0, \quad \forall j, \tag{1.32}$$

---

[11] 準静学的な期待効用最大化モデルの分析についての標準的な参考書としては，Arrow (1971), Newbery and Stiglitz (1981), Sadoulet and de Janvry (1995, Chap. 5) などを参照．

となる．もしこの家計がリスク中立的，すなわち $v_{yy}=0$ であれば，(1.32)式の中の v_y は定数となって消えるので，FOC は期待利潤最大化のFOC，すなわち $E[\partial G/\partial q_j]=p_j/p_0$ となる．この場合，生産決定は消費者の嗜好などの影響を受けないという「分離性」が成立する．

他方，この家計がリスク回避的，すなわち $v_{yy}<0$ であれば，(1.32)式の中の v_y は，θ の実現値によって変化する．(1.32)式を変形すると，

$$E\left[\frac{\partial G}{\partial q_j}\right]-\frac{p_j}{p_o}=-\frac{1}{E[v_y]}Cov\left(v_y,\frac{\partial G}{\partial q_j}\right)>0, \quad (1.33)$$

が導ける（ただし $Cov(x,y)$ は確率変数 x と y の間の共分散を示す）．最後の右辺が正の符号を持つのは，$v_{yy}<0$ ゆえに，豊作すなわち $\partial G/\partial q_j$ が上昇した場合 v_y が下降し，不作の場合 v_y が上昇するから，$\partial G/\partial q_j$ と v_y の間の相関がマイナスになるためである．

(1.33)式の不等号が成立するということは，期待利潤で見た投入財 q_j の限界生産性がその機会費用を上回っている（投入財 q_j の利用が過少である）ということであり，社会的な非効率を意味する．その非効率の度合いは，関数 v の凹度(concavity)が高ければ高いほど，言い換えればリスク回避度が強ければ強いほど，大きくなる．つまり，(1.33)式の解が期待利潤最大化の水準からどれだけ乖離するかはリスク回避度という消費嗜好によって決まってくるから，分離性が成立しないのである．

期待効用最大化の準静学ハウスホールド・モデルは，保険市場の不完全性を取り入れる方法としては扱いやすく，実証面にも適用しやすいため，途上国農業の分析に幅広く応用されている(Newbery and Stiglitz 1981; Saha et al. 1994; Kurosaki 1998)．反面，この準静学モデルは，途上国の家計にとって保険の代替財が全く存在しないことを想定しており，信用市場や資産の蓄積，あるいは共同体的相互扶助などによって，ある程度は家計が所得変動を事後的に緩和している事実を無視している点で不満が残る（黒崎 1998a）．この側面を取り入れるためには第2章の動学モデルが必要になる．

7.3 家計内資源配分とコレクティブ・ハウスホールド・モデル

近年のハウスホールド・モデルにおいて特筆すべき進展を遂げているのが，家計内資源配分 (intra-household resource allocation) を，コレクティブ・ハウスホールド・モデル (collective household models) によって分析する一連の研究である[12]．コレクティブ・ハウスホールド・モデルとは，世帯があたかも単一の経済主体であるかのように分析するユニタリー・ハウスホールド・モデル (unitary household models) に対する表現であり，複数のメンバーからなる世帯における協調と交渉のプロセスを明示的に取り入れたミクロ経済モデルを指す．

このようなモデルが分析されるようになった背景は大きく4つほど挙げられる．第一に，ユニタリー・モデルの想定がミクロ経済学のモデルとして理論的に不満足なものであることは，当初より指摘されてきた．第二に，ユニタリー・モデルのインプリケーションと反するような現象が，途上国の現場でしばしば観察されるようになった．例えば，一つの家計内で畑を夫が管理するか，妻が管理するかによって，土地の質などを考慮してもなお，同じ作物の限界生産性が異なることが，ブルキナファソなどアフリカの各地で実証されている (Udry 1996; 1998)．もしユニタリー・モデルが正しければ，家計内で誰が管理するかに関係なく，限界生産性が一致するように家計は土地と労働を配分するはずである．

第三に，コレクティブ・モデルの豊富なインプリケーションを実証的に検証するためのミクロデータが，まだまだ不満足なものとはいえ，少しずつ整備されるようになってきた (Deaton 1997; 黒崎 1998b)．Deaton (1997) はまた，家計レベルの消費データしかない場合であっても，家計内の資源配分において例えばジェンダー差別が存在するかどうかについて，計量的に検定するための実証モデルを詳しく紹介している．

---

[12] このテーマを扱った最新の研究としては，Haddad et al. (1997) に所収の各論文を参照されたい．途上国における家計内資源配分の理論的・実証的分析は，国際食糧政策研究所 (International Food Policy Research Institute: IFPRI) が近年力を入れている分野であり，Haddad et al. (1997) はその初期の成果をまとめたものである．最新の研究動向は，IFPRIのウェブ・サイト (http://www.cgiar.org/ifpri/) から得ることができる．また，このテーマを扱ったコンパクトな展望論文として Behrman (1997) も有益である．

第四に，実際に開発政策を実践する現場において，家計内，とりわけジェンダー間の資源配分問題が重視されるようになっており，どちらの理論に基づくかで望ましい政策介入が全く異なってくることが認識されるようになってきた．例えば，貧困緩和のために貧困線以下の家計に一定額の所得移転を行う場合，ユニタリー・モデルに基づけば世帯の誰にお金を渡しても同一の所得効果が得られるはずであるが，コレクティブ・モデルに基づけば夫に渡すか妻に渡すかで異なった所得効果が期待される[13]．

　本書ではコレクティブ・モデルを数学的に示すことは省略する．コレクティブ・モデルの数式化は，本章のモデルと本書第5章で紹介するバーゲニング・モデルとを組み合わせたものと，本質的に異ならないからである[14]．

　実証面からコレクティブ・モデルとユニタリー・モデルのどちらが適切かを検証するためのアプローチがいくつか提唱されている．夫の賃金上昇と妻の賃金上昇が，異なった家計内の対応を引き起こすことに関しては，データの裏づけも得やすいが，厳密には両者を峻別できない．相対賃金の変化は夫と妻の比較優位を変えてしまうからユニタリー・モデルでも異なった対応が生じ得るし，コレクティブ・モデルにおいてのみ生じる交渉力の変化が与える効果も，理論的には比較優位の変化による効果と定性的に同じになる可能性があるからである．夫と妻の交渉力は変えるが，比較優位は変えないような外生的変化，例えば夫，妻のどちらかのみに帰属する所得移転などがデータに含まれれば，2つのモデルを計量的に厳密に比較することができる (Doss 1996)．

　別の考え方として，コレクティブ・モデルの中でも非協力的なバーゲニングのモデル(本書第5章参照)によって家計内の資源配分が特徴づけられ

---

[13] 例えば Quisumbing and Maluccio (2000) は，4途上国のミクロ計量分析により，酒・タバコなどの奢侈財の消費は夫の交渉力が強まるにつれて増え，食糧や教育・保健の消費支出は妻の交渉力が強まるにつれて増える傾向があることを実証している．

[14] 重要な違いを一点挙げれば，第5章のモデルでバーゲニングを行う経済主体は，赤の他人同士であるから，相手の厚生は自らの厚生に直接的な影響を及ぼさないのに対し，家族でもある世帯内のバーゲニングの場合には相手の厚生水準も直接的に考慮する「利他主義」(altruism)が重要になることであろう．利他主義の存在はバーゲニングに由来する非効率を弱める場合がある．ただし，家計内資源配分に対するコレクティブ・モデルのインプリケーションの多くは，利他主義を想定しなくても有効である．

るならば，生産面での家計内資源配分がパレートの意味での最適性を達成しないことに着目した実証モデルも提唱されている(Udry 1996)．ユニタリー・モデルや協力的なバーゲニングのコレクティブ・モデルの下では，生産面での家計内資源配分がパレート効率になることは言うまでもない．したがって，生産面でのパレート効率が夫と妻の管理する生産領域の間で成立していないことが示されれば，ユニタリー・モデル(及び協力的バーゲニングのコレクティブ・モデル)が棄却されることになる．Udry(1996)はブルキナファソの事例で，まさにパレート非効率の存在を示し，その原因として夫と妻の間の協力を阻む情報の非対称性と履行強制の不完全性について興味深い分析を行っている．

　近年の諸研究は，ユニタリー・モデルに対して様々な疑問を投げかけつつある(Bardhan and Udry 1999, pp. 15-18)．さらに途上国の実証研究の多くが，教育や保健支出に関しては，世帯内バーゲニングの重要性を示している(Quisumbing and Maluccio 2000)．したがって，コレクティブ・モデルへの拡張とそれに基づく実証作業は，今後一層の進展が期待される研究分野である．にもかかわらず，本書ではこれ以上コレクティブ・モデルは取り上げない．それは，本書の実証的関心が主に，南アジア農村における生産と，そこから決まってくる支出額合計で見た消費の側面にあるからである．アフリカの農村とは異なり，南アジアの小農経営においては男性が基本的な農作業をすべて取り仕切っており，女性はあくまで補助的な労働者として農業に従事するのが一般的である．したがって，生産面の決定にジェンダー間の交渉関係が影響を与える余地はほとんどないと考えられる．もちろん本書のこのスタンスも仮説に過ぎないから，果たして本当に，本書で扱った実証的側面にジェンダー関係が影響を及ぼしていないかについては，今後さらなる検討を加えたい．

8　結　び

　以上見たように，ハウスホールド・モデルは，途上国の自営業世帯の行動をミクロ経済学的に分析するための基本ツールとして有用である．特に，

各対象地域の市場構造を取り入れた非分離型ハウスホールド・モデルは，途上国の農家や家内企業の行動を説明するモデルとして，理論的にも政策分析の実用的な手法としても効果的である．第一に，この手法を用いた実証分析は一見非合理的な行動も経済合理的に説明することができ，第二に，ある特定の政策の影響を，生産面だけでなく分配面・厚生面についても厳密に分析できるからである．その場合，厚生面でのインパクトは市場参加の度合いに応じて構造的に異なったものになる．例えば，価格上昇などの市場環境変化に対する生産供給反応が一見ゼロにみえるケースでも，家計内部の均衡条件が変化する結果，厚生面での大きな変化が起こり得ることを示し，またその大きさを数量化できるのがこの手法の強みである．

　この手法を用いて実証的な分析を行う場合に分析者が直面する課題は，不完備市場のどこまでを明示的にモデルに取り入れるのか，そのモデルをどう推定するのか，モデル構築過程での想定にどこまで分析結果が依存しているのかをどうチェックするかなど，数多い．モデルの精緻化という点で，本章で扱ったモデルが十分に検討できなかった動学的側面を厳密に分析するのが第2章の課題である．実証分析により開発問題へのインプリケーションを出そうという際に直面する諸問題，すなわちモデルの計量経済学的推定に関わる諸問題を検討するのが第3章となる．それらを総合してのモデルの有用性と限界についての整理も第3章で行う．

第2章　異時点間動学モデルと不確実性下の消費平準化

1　はじめに

　途上国の農家や家内企業などの経済行動は，基本的に動学的なものである．現時点でどれだけ消費するかは，将来に備えてどれだけ貯蓄するかを同時に決定する．その貯蓄も，銀行など近代的な金融機関が末端まで浸透していない途上国農村の場合，箪笥預金や金の保有，土地や家畜への投資，あるいは困っている村人を助けることによって間接的に将来の人間関係への投資を行うなど，実に様々な方法でなされる．

　前章で見た静学的なハウスホールド・モデルは，家計の行動において非貿易財の存在が決定的に重要であることを示した．市場の失敗ゆえの非貿易財の存在は，異時点間の取引が重要になる動学モデルにおいてより深刻になる．そして，どれだけ効率的な異時点間取引の機会が存在するかということ，すなわち農村にまでどれだけ様々な金融サービスが浸透しているかということは，その経済の発展度合いと密接に関わっている．開発のミクロ経済学を分析する本書の第2章を，ハウスホールド・モデルの動学化に充てるのは，まさにこの経済発展との関係が重要であるからに他ならない．

　以下，本章では，まず第2節で不確実性がないか，あるいはあっても状態依存債権市場が完備しており，完全な信用市場が存在しているという完備市場の下での動学モデルを示し，静学モデル同様の「分離性」が成立することを示す．続く第3節では，モデルに信用市場の不完全性を導入し，「非分離型」モデルにおける流動性制約の家計へのインパクトについて議論する．動学モデルでの最適解を直感的に理解するために，第2節，第3節では簡単な数値例も用いる．第4節ではモデルに不確実性と不完全な保険市場を導入する．これら理論モデルのインプリケーションをまとめ，途

上国での現実と照らし合わせて，不確実性下の消費平準化(consumption smoothing)について議論するのが，第5節である．

2　完備市場の下での動学的最適化

家計は時を経るにつれてその構成などが変化するから消費支出の必要も変化する(ライフサイクル)．また，不確実性が存在する場合，所得水準は変動する．したがって個別の家計は，様々なメカニズムを通じて，家計にとって望ましくない所得パターンを調整し，消費を平準化しようと試みる．不確実性がなく，貸借の限度がなく貸借の利子率が同じであるという意味で信用市場が完全ならば，静学モデルと同様に生産と消費の分離性が成立し，生産面は(期待)利潤最大化，消費面は恒常所得(permanent income)モデルで表現されることを示すのが本節の目的である．

2.1　基本モデル

動学的なモデルの基本型として，計画期間が有期限で，連続ではなく期間に分かれた期間分析における家計の最適化問題を考えよう．不確実性がない形でモデルを書くが，これは，不確実性が存在するが，Arrow and Debreau(1954)流の完備市場が「状態依存債権」(state-contingent claims)市場においても成立する場合の解と本質的に同じものである．状態依存債権市場の完備性については第4節でもう一度議論する．

家計の消費面での決定は，まず異時点間の消費資金の配分を決定し，次に各期の消費資金を各消費財に配分するものとする．その場合，後者については第1章のモデルですべて説明されるので，本章の分析からは省略する．つまり家計は，t期において，消費支出c_tと貯蓄・借入S_tとに手元の資金x_tを配分し，そこから効用を$v_t(c_t, p_t, z^h)$という形で得ると想定する[1]．z^hは第1章同様，消費面での家計の特性で，かつ時間によって変化

---

[1] ここの表現では$v(..)$の中にp_tを明示的に示したが，以下，本節では消費財価格については議論しないので，$v(..)$の中のp_tを省略する．なお，p_tの変動については第3章第3節で議論する．

しない要素である．一期ごとの効用関数 v に下付きの t がついているのは，関数自体の形態が時間を追って変化することを考慮したものであり，ライフサイクルに応じた消費嗜好の変化はここに反映される．動学的最適化(dynamic optimization)の用語を用いれば，S_t ないし x_t が状態変数(state variable)ということになる[2]．

家計の生産活動は，投入財 q_t の水準を決定する時期と，それが収入をもたらす時期との間にタイムラグがあることを考慮する必要がある．t 期における投入財 q_t の投入はベクトルの内積で表わした費用 $p_t \cdot q_t$ の支払いを伴う．またその決定は，固定生産要素の存在や技術制約などの理由から $g(q_t, z^q) = 0$ という制約を受けるものとする．翌 $t+1$ 期には t 期の投入パターンに応じて，何らかの産出が得られ，そこから粗収入 π_{t+1} が入ってくる．長期的に生産技術が変化することは考慮せず，$\pi_{t+1} = \pi(q_t, z^q)$ と想定する．z^q は第 1 章同様，固定生産要素など生産面での家計の特性で，かつ時間によって変化しないものとする．z^q も長期的には家計が決める内生変数であって，その異時点間の決定，すなわち長期的な生産投資の分析はそれ自体興味深いものであるが，この節では捨象する．

このモデルの時間の設定は，農業生産のサイクルを意識したものである．低所得途上国で最も重要な産業である農業は，作付決定から収穫までにかなりの時間がかかる．第 1 章では，作付期の消費の必要を無視した(準)静学モデルを示したが，実際の農家の経済活動は，作付期の消費を一期前の収穫を元手にした資金でまかなうというサイクルから成り立っている．このモデルでは，t 期の生産行動に基づいて農業粗収入 π_{t+1} が入り，これと外生的に定まる所得 y_{t+1}（各期の外生的賦存量の市場価値などを含む），そして t 期からの投資・貯蓄が生み出す原資とを合わせた合計として，手元の資金 x_{t+1} が確定，問題が一巡する．

分析を簡単にするために，ライフサイクルに基づく嗜好の変化は捨象して，主観的割引率(subjective discount rate)を δ で表わし，各期の効用は $v_t(c_t, z^h) = [1/(1+\delta)]^t v(c_t, z^h)$ という単純な形を取り，その線形結合が現時

---

[2] 動学的最適化に関する日本語での簡単な紹介として西村(1990)，英語での詳しい基本文献として Stokey and Lucas (1989) を参照されたい．

点での将来時点をすべて含んだ厚生水準 V となると想定しよう[3]．不確実性を捨象し，貸借の限度がなく貸借の利子率が同じ r という値を取るという意味で信用市場が完全であると想定すれば，家計の最適化問題は次のように表される：

$$\max_{c_t, S_t, q_t} \quad V \equiv \sum_{t=0}^{T} \left(\frac{1}{1+\delta}\right)^t v(c_t, z^h), \tag{2.1}$$

s.t.

$$g(q_t, z^q) = 0, \quad t = 0, 1, 2, \cdots, T, \tag{2.2}$$

$$c_t + S_t + p_t \cdot q_t \leq x_t, \quad t = 0, 1, 2, \cdots, T, \tag{2.3}$$

$$x_{t+1} = y_{t+1} + \pi(q_t, z^q) + (1+r)S_t, \quad t = 0, 1, 2, \cdots, T-1, \tag{2.4}$$

$$x_0 = \bar{x}_0, \quad S_T = \bar{S}_T. \tag{2.5}$$

(2.4)式は動学的最適化の用語では遷移式(transition equation)と呼ばれ，異時点間の関係を示す最も重要な関係式である．最後の(2.5)式は，現時点と最終時点での資産の水準を示したもので，外生的に与えられているものとする．$\bar{S}_T$ は後の世代への遺産(bequest)とも解釈可能である．完全な信用市場の想定は，S_t に制約がついていないことで示されている．$S_t < 0$ の場合，その年に貯蓄はなくむしろ消費資金を借り入れていることを意味し，翌年に元本と利子を合わせて $-(1+r)S_t$ の債務を負うことになる．また，$S_t > 0$ であればそれは貯蓄を意味し，翌年に元本と利子を合わせて，$(1+r)S_t$ の債権を持つことになる．貸し借りの利子率が同じ r で示されていることに注意されたい．

なおこのモデルでは，(2.3)式と(2.4)式から S_t を消去し，単一の予算制約式

---

[3] この定式化には，異時点間の代替の弾力性(intertemporal elasticity of substitution)の逆数が相対的リスク回避度係数(coefficient of relative risk aversion)に等しくなることなど様々な想定がインプリシットに入っている．それぞれの想定自体，実証的に検証される必要があるが，本書ではこれらの想定については検証の対象としない 'maintained hypothesis' として扱う．動学的最適化問題における効用関数の想定について詳しくは，Deaton(1992c)，特に Chap. 1 を参照されたい．

$$\sum_{t=0}^{T}\left(\frac{1}{1+r}\right)^t c_t + \left(\frac{1}{1+r}\right)^T \bar{S}_T \le \bar{x}_0 + \sum_{t=0}^{T}\left(\frac{1}{1+r}\right)^t y_t$$
$$+ \sum_{t=0}^{T-1}\left(\frac{1}{1+r}\right)^t \left[\frac{\pi(q_t, z^q)}{1+r} - p_t \cdot q_t\right], \quad (2.6)$$

で書き直すことができる．(2.6)式の左辺は将来にわたる消費及び遺産の現時点での割引価値合計を示し，右辺は将来にわたる広い意味の所得総額(第1項が現時点の手持ち資産，第2項が現在から将来にわたる外生的な所得，第3項が将来にわたる生産活動からの利潤)の現在割引価値である．

2.2 最適解の特徴と生産決定の「分離性」

目的関数を(2.1)式とし，(2.6)式のラグランジュ乗数を λ としよう．消費の限界効用が常に正であり，かつ消費水準がゼロに近づいた時に十分に大きくなると想定すれば，(2.6)式は常に等号で成立し，c_t は必ず内点解となる．この場合の c_t についての最適化の FOC は，

$$\left(\frac{1}{1+\delta}\right)^t v'(c_t) - \lambda \left(\frac{1}{1+r}\right)^t = 0, \quad t = 0, 1, 2, \cdots, T, \quad (2.7)$$

となる．これを t 期と $t+1$ 期について，ラグランジュ乗数を消すことにより，

$$\frac{v'(c_t)}{v'(c_{t+1})} = \frac{1+r}{1+\delta}, \quad (2.8)$$

が得られる．

(2.8)式はオイラー方程式(Euler equation)とも呼ばれる消費者の動学最適化問題の FOC である．右辺は $r > \delta$ であれば1より大きくなるから，消費の限界効用が一定比率で減少することを意味する．すなわち，市場利子率が主観的な割引率よりも高いと感じる「気長な」(patient)消費者であれば，消費を先延ばしにして貯蓄し，後でたくさん消費した方が厚生を高めることができることを示している．$r = \delta$ であれば(2.8)式の右辺は1と等しくなるから，消費の限界効用が不変であることを意味し，そのような消費者は，所得がどのような経路を描こうともそれに関係なく消費が一定である時に厚生が最大となることを示している．同様に，$r < \delta$ であれば

(2.8)式の右辺は1より小さくなるから，消費の限界効用は徐々に上昇する．すなわち，主観的な割引率が市場利子率を上回るような「せっかちな」(impatient)時間選好を持つ消費者であれば，とにかくまずはたくさん借り入れて，早くたくさん消費し，将来その債務を徐々に返していく方が厚生を高めるのである．

次に，生産面，すなわちベクトル q_t についての最適化の FOC を計算すると，(2.2)式のラグランジュ乗数を ϕ_t とすれば，

$$\lambda \left(\frac{1}{1+r}\right)^t \left[\frac{1}{1+r}\frac{\partial \pi}{\partial q_{i,t}} - p_{i,t}\right] + \phi_t \frac{\partial g}{\partial q_{i,t}} = 0, \quad \forall i,$$
$$t = 0, 1, 2, \cdots, T-1, \quad (2.9)$$

が導ける．これを，若干整理すると，

$$\frac{1}{1+r}\frac{\partial \pi}{\partial q_{i,t}} = p_{i,t} + \tilde{\phi}_t \frac{\partial g}{\partial q_{i,t}}, \quad (2.10)$$

となる(ただし $\tilde{\phi}_t \equiv -\phi_t(1+r)^t/\lambda$)．これは，数学的に見て，

$$\max_{q_t} \quad \frac{1}{1+r}\pi(q_t, z^q) - p_t \cdot q_t, \quad (2.11)$$

s.t.

$$g(q_t, z^q) = 0, \quad (2.12)$$

という利潤最大化問題の FOC と同一である．つまり，完備市場の下では，農家や自営業世帯の動学的な効用最大化の一部としての生産決定が，家計の消費者としての特徴である z^h から何の影響も受けず，単純な利潤最大化で分析できることになる．これが動学モデルにおける分離性の成立である．

完備市場の下，分離性が成立している時には，各期の生産利潤を最大化するような q_t^* を(2.6)式に代入して得られる単一の予算制約式の想定の下に，(2.1)式を最大化するという逐次的なプロセスで，この家計の行動は全て説明される．q_t^* を(2.6)式に代入した右辺が，いわゆる恒常所得ないしはライフサイクル所得と呼ばれるものである．この逐次的な解法は，第1章で議論した静学的モデルと同一である．

2.3 数値例

以上の数理モデルの結果を直感的に理解するために，簡単なシミュレーションを行って数値例で示してみよう．一期ごとの効用関数は $v_t = \ln(c_t)$，生産技術は1種類の投入財 q_t が $t+1$ 期に生産関数を通じて $\pi_{t+1} = \sqrt{q_t}$ を生み出しその価格は1，t 期における投入財使用上の制約はなく投入財の価格も1と想定する．

計画期間に関しては $t = 0, 1, 2, \cdots, 29$ の30期を想定し，各年の所得 y_t は最初の10年には0.2という低い値，次の10年は1.2という高い値，最後の10年は0.5という中間の値を取るとしよう．市場利子率は10%，$\bar{S}_T = 0$ とする．家計は，生産面に関しては全く同一であるが，消費面については主観的割引率及び初期資産の2つの面で異なっていると想定しよう．前者については $\delta = 5\%, 10\%, 20\%$ の3者を想定し，それぞれを「気長な家計」，「中間の家計」，「せっかちな家計」と呼ぶ．初期資産については，$\bar{x}_0 - y_0 = 0.5, 20$ の2つの水準を想定し，それぞれを「低資産家計」「高資産家計」と呼ぼう．したがって全部で6通りの家計について最適解を求めればよいことになる．

図2-1は，上段に y_t と一緒に最適な生産計画である q_t^* をプロットしたものである．q_t^* は y_t の経路からも家計の時間選好からも全く影響を受けない．静学的な利潤最大化問題を解いて，$q_t^* = 0.207$ という解が，すべてのタイプの家計，$t = 0, 1, 2, \cdots, T-1$ のすべての期において採用される．これが分離性の成立である．

図2-1の中段には，最適な消費の経路である c_t^* をプロットした．$r > \delta = 0.05$ の「気長な家計」はスムーズに消費が上昇し，$r = \delta = 0.1$ の「中間の家計」の消費は一定，$r < \delta = 0.20$ の「せっかちな家計」はスムーズに消費水準が下降していくことが分かる．高資産家計の経路は，低資産家計の経路を定数倍したものとなり，その定数は家計の主観的割引率によらず同じである．分離性が成立しているため，生産からの利潤は利潤最大化で特徴づけられるわけであるから，初期資産の違いは，(2.6)式右辺の $\bar{x}_0$ をシフトさせるだけなのである．

図2-1の下段には，最適な純貯蓄 S_t^* の経路をプロットした．スムーズ

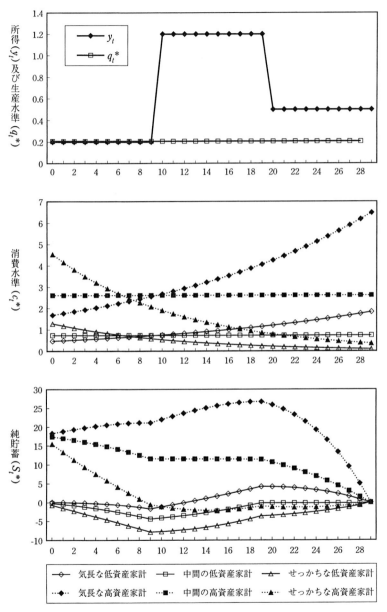

図 2-1 完備市場下の動学モデルにおける生産決定の消費からの「分離性」

な消費の経路に比べて，純貯蓄はプラスとマイナスの間を大きく揺れ動くこと，「気長な家計」ほど純貯蓄が正になる時期，純貯蓄が上昇する時期が長いことが分かる．

3 信用市場の不完全性と流動性制約

3.1 流動性制約のモデル化

　前節で見た完備市場の下での分離型モデルは，あくまで現実の途上国を見るためのモデルの出発点に過ぎない．本節では現実に近づける方向で，モデルを拡張する．途上国の低所得層にとって，利子率の貸借差は大きく，また借入額には上限があるのが普通である．そこで，流動性制約(liquidity constraint)の最も極端な例として，家計は余剰資金を一定の利子率 r で貯蓄することはできるが，借り入れることはできないケースを考えよう．もちろん実際には，r よりもかなり高い利子率を払って一定限度の資金を借りることが可能な場合もあるであろうが，その点を考慮してモデルを拡張しても本節の理論分析に本質的な変化は生じない(Deaton 1991)．借りられる額の上限がゼロのケースがここで検討するモデルである．

　また，途上国の農村部に一定の利子率で貯蓄できる制度が存在するかという疑問もあろう．しかし金融機関が全くない場合であっても，親類や友人に小額の貸し付けを行うことは可能であろう．それが不可能であっても箪笥預金は可能であり，その場合このモデルでは r がインフレ率に相当するマイナスの値を取ると解釈される．あるいは穀類の備蓄が重要である場合，穀類は自然のインフレ・ヘッジ機能を持つ反面，途上国の貯蔵技術のもとでは鼠害等により目減りするから，このモデルの r が目減り率に相当するマイナスの値を取ると解釈できる．

　モデルは前節の(2.1)式の最適化であり，制約条件として(2.2), (2.3), (2.4), (2.5)式に加えて次の条件が課される：

$$S_t = x_t - p_t \cdot q_t - c_t \geq 0, \quad \forall t. \tag{2.13}$$

この制約条件のラグランジュ乗数を μ_t とすれば，c_t に関する最適化のFOCは，

$$\left(\frac{1}{1+\delta}\right)^t v'(c_t) - \lambda\left(\frac{1}{1+r}\right)^t - \mu_t = 0, \qquad \forall t, \tag{2.14}$$

と表現される．ここで重要なことは，制約条件(2.13)式が等号で成立している場合，すなわち流動性制約がバインディングである場合，$\mu_t > 0$ となることである．このことの経済学的意味を考えるために，$\mu_t > 0$ かつ $\mu_{t+1} = 0$ の場合について，オイラー方程式を計算して整理すると，

$$\frac{v'(c_t)}{v'(c_{t+1})} = \frac{1+r}{1+\delta}(1+\tilde{\mu}_t) > \frac{1+r}{1+\delta}, \tag{2.15}$$

が得られる（ただし $\tilde{\mu}_t \equiv \mu_t(1+r)^t/\lambda$）．この最後の不等号は重要である．例えば $r = \delta$ であるため本来は毎期同じ水準の消費を望む家計が，t 期の手元の資産 x_t が低すぎて流動性制約が効いてしまうために，十分な消費の平準化ができず，$t+1$ 期よりも少ない消費に甘んじざるを得ないことを示しているのである．

次に，生産面，すなわち q_t についての最適化の FOC を計算すると，

$$\lambda\left(\frac{1}{1+r}\right)^t\left[\frac{1}{1+r}\frac{\partial \pi}{\partial q_{i,t}} - p_{i,t}\right] + \phi\frac{\partial g}{\partial q_{i,t}} - p_{i,t}\mu_t = 0, \tag{2.16}$$

が導ける．これを，整理すると，

$$\frac{1}{1+r}\frac{\partial \pi}{\partial q_{i,t}} = p_{i,t}(1+\tilde{\mu}_t) + \tilde{\phi}\frac{\partial g}{\partial q_{i,t}}, \tag{2.17}$$

となる．つまり，流動性制約が効いている場合，$\tilde{\mu}_t > 0$ であるから投入財 $q_{i,t}$ の主体均衡価格は市場価格 p_i に流動性制約の分だけ割り増ししたものになる．第1章第7節の静学的枠組みの下で導かれた関係は，動学モデルにおいても成立することが示された．ある時点で流動性制約がバインディングになるかどうかは，家計の資産水準 x_t や主観的割引率 δ といった消費者としての家計の属性によって左右されるから，モデルは非分離型となる．

なお，(2.17)式の場合，t 期の生産決定において分離性が成立するかどうかは，t 期に流動性制約が効いているかどうかのみに左右される．言い換えれば，t 期以外において流動性制約が効いていても，t 期に効いていなければ，t 期の生産決定は利潤最大化の解と同じになる．ただしこれは，

不確実性がないモデルだから当てはまる．不完備な保険市場の下で不確実性があれば，t期以降に流動性制約が効く可能性がある場合，たとえt期に効いていなくても，t期の生産決定が消費者としての特性に影響を受け，分離性が成立しない場合がある(次節参照)．

3.2 数値例

以上の数理モデルの結果を直感的に理解するために，前節と同じ数値例を解いてみよう．まず，前節の解を吟味し，S_t^*の経路がどうなっているかを図2-1の下段でチェックしよう．

図から明らかなように，「気長な高資産家計」および「中間の高資産家計」の場合，すべてのtにおいて$S_t^* \geq 0$が成立するから，流動性制約は，これら2つのタイプの家計ではバインディングにならない．前節で求めた利潤最大化の生産計画$q_t^* = 0.207$がそのままこれらの家計の最適な生産計画となり，分離性が成立する．最適な消費経路もまた，前節の値がそのまま有効である．

これに対し，「せっかちな高資産家計」の場合，信用市場が完全な場合には図2-1に示したように消費が徐々に逓減するような経路を最適と考えるため，せっかくの初期時点の高資産をy_tの水準が低い$t<10$の間に食いつぶしてしまい，S_t^*もマイナスの値になってしまう．借入ができないという流動性制約に直面した「せっかちな高資産家計」は生産と消費の見直しを迫られることになる．

また，低資産家計は主観的割引率の高低に関わらず，y_tの水準が低い$t<10$の時期は前節のモデルにおいては$S_t^*<0$となってしまう．これはx_0が低いために，最初の年の生産費用も借金で補い，その借金をy_tの水準が最も高くなる$10 \leq t < 20$の時期に返さざるを得ないためである．ただし「気長な低資産家計」の場合，気長に貯蓄を心掛けるため，借金の返済は$10 \leq t < 20$の時期の前半に完了し，それ以降は$S_t^* \geq 0$となるから，流動性制約がバインディングとなるのは前半の時期に限られるのに対し，「せっかちな低資産家計」及び「中間の低資産家計」は前節の最適解のままでは全期間を通じて流動性制約に直面してしまう．

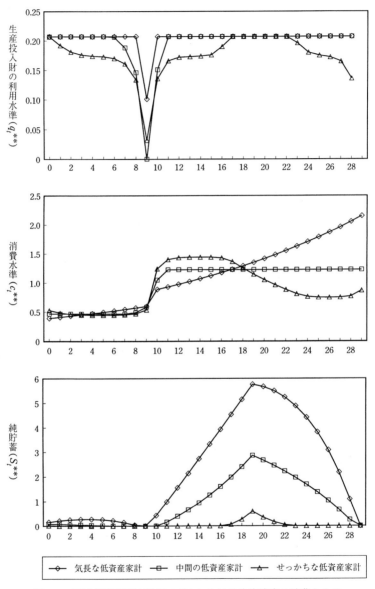

図 2-2　不完備市場下の動学モデルにおける生産決定の消費からの「非分離性」(1)：低資産家計の場合

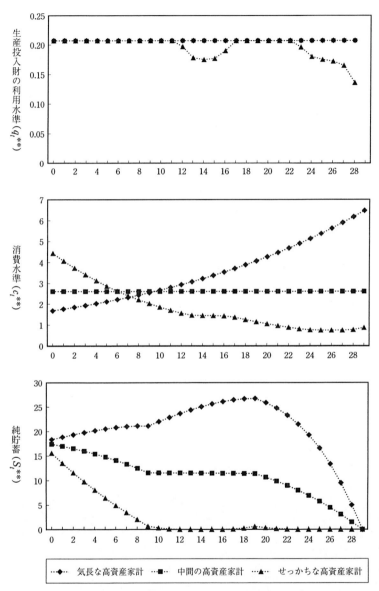

図 2-3 不完備市場下の動学モデルにおける生産決定の消費からの「非分離性」(2)：高資産家計の場合

流動性制約に直面する4つのタイプの家計について,最適化のソフトウェア[4]を用いて,$S_t \geq 0$を満たす中での最適解を求めた結果を,低資産家計について図2-2,高資産家計について図2-3に示す[5]。

低資産家計の場合,消費水準の経路は図2-1とはうって変わって非常に非線形なものとなる(図2-2中段)。とりわけ外生所得が低い$t<10$の時期,流動性制約さえなければ0.7程度の消費を享受できた「中間の低資産家計」も,1.0を超す消費を享受できた「せっかちな低資産家計」もともに消費の水準は0.5前後に減少してしまう。消費水準は,外生所得が増える$t=10$以降,急増し,消費経路もやや平準化される。$t=10$をはさんでの非連続性は,生産においてさらに顕著である(図2-2上段)。生産には1期のラグがあるから短期的投資の性格を持つ。したがって外生所得の増える$t=10$の時期が近づくにつれて,生産投入財を減らす行動が,全ての低資産家計で観察される。貯蓄の経路(図2-2下段)は逆に図2-1より変化が少なくなる。図2-2の下段と上段を比べて分かるように,同じ低資産家計であっても,主観的割引率が高ければ高いほど流動性制約が効いて$S_t^{**}=0$となる年次が増え,その結果最適な生産水準q_t^{**}が利潤最大化の水準$q_t^*=0.207$を下回る年次も増える。

高資産家計の場合,対照的に消費の経路はかなりスムーズであり,「せっかちな高資産家計」のみが$t \geq 10$の時期に流動性制約に直面する。しかしながら,生産水準が利潤最大化の水準を下回る頻度も下回る度合いも「せっかちな低資産家計」より低くなる。図2-3に示されている「気長な高資産家計」と「中間の高資産家計」の消費・生産経路は図2-1と当然ながら同じである。

つまり,信用市場が不完全な場合,手持ち資金から消費と生産資金のすべてをやりくりしなければならないため,流動性制約が効いている家計においては,現時点での消費と生産のトレードオフの結果,利潤最大化の生産計画$q_t^*=0.207$が実行不可能になり,生産投入を減らさざるを得なくな

---

4) 用いたのは*GAMS*の非線形最適化のパッケージである(Brooke et al. 1988)。
5) 図を見やすくするために,全家計に共通するy_tの水準は省略し(図2-1参照),図の縦軸の長さは統一していないことに留意されたい。

るのである．このモデルでは，流動性制約の下での最適解 q_t^{**} に関して $q_t^{**} \leq q_t^*$ が成立するが，どれだけ両者が乖離するかは，家計の初期資産や家計の主観的割引率などによって影響を受ける．これがまさしく，「非分離型」モデルの特徴なである．

分離性が成立しない場合，初期資産水準の影響は，(2.6)式右辺の $\bar{x}_0$ をシフトさせるという直接的効果だけではない．流動性制約が効いている時の生産は利潤最大化の水準から乖離するため，初期資産水準の影響は，(2.6)式右辺の3番目の項，すなわち将来にわたる生産活動からの利潤の水準を低下させるという間接的効果も持つのである．その場合，初期資産水準が低いという意味での貧困家計であればあるほど，流動性制約が効いてくるから，同じ生産技術の下でも生産性が低くなることに注意する必要がある．貧困ゆえに生産面での潜在力を完全に活かすことができずに，貧困が継続してしまうのである(黒崎 1998a)．

4 不確実性下の非分離型動学ハウスホールド・モデル

4.1 モデルの説明

第2節で見た完備市場のもとでの分離型モデルに，不確実性を導入し，非分離型となる条件とその特徴について検討しよう．モデルは，Kurosaki and Fafchamps(1998)による確率的動学的数理計画モデルを修正したもので，本書第3章第3節の実証モデルの裏づけとなるものである[6]．このモデルでは，第2節同様，家計 t 期の消費活動は，消費支出 c_t と貯蓄を含む各種債権への投資・貯蓄 S_t とに手元の資金 x_t(状態変数)を配分することで表わす．これまでと違うのは，S_t が A 次元のベクトルであり，個別の債権を $S_t^a, a=1, 2, \cdots, A$ で表わすことである．$a=1$ はリスクのない預金，$a>1$ は配当が変動する債権に対応し，家計が利用できる各種保険メカニズムを抽象的に表わしている．それぞれの債権の収益率を σ_{t+1}^a で示す．したがって $\sigma_{t+1}^1 = r$ である．状態依存債権市場が不完備で

---

6) 関連したモデルに，Morduch(1990), Rosenzweig and Binswanger(1993), Rosenzweig and Wolpin(1993)などがある．

あることの影響を明確にするために，$a=1$ の債権，すなわち信用市場に関しては完全な市場を想定する．また，技術的なことだが，最適化の期間をここでは無期限に拡張する[7]．

農家の t 期の生産活動は，前節までのモデルを簡略化して作物ポートフォリオ q_t の決定とし，その期に直接的な費用はかからず，翌 $t+1$ 期に t 期に選択した作物ごとに利潤 π_{t+1}(確率変数)のある値が実現して農業所得が決まるという線形の関係を想定する．ただし固定生産要素の存在や技術制約などの理由から t 期の決定はこれまで通り(2.2)式の制約を受けるものとする．

翌 $t+1$ 期には t 期に選択した作物ごとに利潤 π_{t+1} のある値が実現して農業所得が決まり，これと t 期からの投資・貯蓄が生み出す原資とを合わせて手元の資金 x_{t+1} が確定，問題が一巡する．家計はこのプロセスを永久に繰り返すものと想定する．このモデルにおける t 期の最適化問題は，以下のようなベルマン式(Belman equation)の関係を満たす状態評価関数(value function) V を見いだすことと同値になる：

$$V(x_t) = \max_{q_t, S_t^a} \quad v\left(x_t - \sum_{a=1}^{A} S_t^a\right) + \frac{1}{1+\delta} E[V(x_{t+1})], \quad (2.18)$$

s.t. (2.2)式，及び，

$$x_{t+1} = \pi_{t+1} \cdot q_t + \sum_{a=1}^{A}(1+\sigma_{t+1}^a)S_t^a, \quad (2.19)$$

ただし $E[.]$ は第1章第7節同様，数学的期待値をとる関数である．ここで注意すべきは，不確実性の下では一般に，選択変数 (c_t, q_t) に関し，翌期以降の水準を現時点 (t 期)では決定せず，翌期になって不確実性が実現してから水準を最適に決めることを前提とした上で，現時点 (t 期)の選択変数の値のみ最適な水準に決定することである．プログラミングの用語ではこのような考え方を 'closed-loop' 解と呼び，現時点で翌期以降の選択変数の値もすべて決めてしまう 'open-loop' 解と区別する．前節までのモデ

---

[7] 前節までのモデルは，数理計画法における通常の非線型最適化でも解くことができたが，動学的最適化(dynamic optimization)のツールを用いた方が解きやすい．本節のモデルの場合には動学的最適化のツールを用いざるをえない(Stokey and Lucas 1989)．

ルでは両者は同一であったが，不確実性の下では 'closed-loop' 解の方が高い厚生をもたらす．上のベルマン式は 'closed-loop' 的行動をモデル化しているのである．

(2.18)式に表現される最適解が，どのような条件の下で分離性を持つのか，持たない場合には家計の特徴からどのような影響を受けるのかについて検討しよう．関数 V が存在し，微分可能と想定すれば[8]，最適化のためのFOCは，

$$\frac{1}{1+\delta}E[V_x\pi_{i,t+1}] - \phi_t\frac{\partial g}{\partial q_{i,t}} = 0, \quad \forall i, \quad (2.20)$$

$$-v_c + \frac{1}{1+\delta}E[V_x(1+\sigma^a_{t+1})] = 0, \quad \forall a, \quad (2.21)$$

と表わされる(ただし V_x は状態評価関数 V の x_t についての偏微分，v_c は各期の消費の限界効用).

消費面での決定に関するFOCである(2.21)式を $a=1$ の場合に関して整理すると，

$$\frac{v_c}{E[V_x]} = \frac{1+r}{1+\delta}, \quad (2.22)$$

が得られる．これが完備市場の場合の(2.8)式に相当する不確実性の下でのオイラー方程式である．仮に各期の効用関数 $v(c_t)$ が c_t の2次関数で，かつ $r=\delta$ であれば，(2.22)式から $c_t=c_{t-1}+\varepsilon_t$ という有名な関係が導ける(ε_t は期待値ゼロの攪乱項)．つまりランダム・ウォークに代表されるマルティンゲール過程(Martingale process)として，消費が決定されることになる．この単純化した例に関しては先進国のミクロ経済学，マクロ経済学において様々な実証研究がなされている(Deaton 1992c, Chap. 1)．ただし途上国農村において，2次関数の効用関数は，実証的に支持されていない(Bhargava and Ravallion 1993).

消費面に関する(2.21)式と生産面に関する(2.20)式から，分離性が成立するための条件が次のように導かれる．仮に生産に関わる財 i のそれぞれ

---

[8] この想定が成立するための数学的条件とその証明についてはStokey and Lucas(1989), Chap. 9を参照．

に対して，以下のような関係を満たす債権 a (あるいは複数の債権の線形結合)が存在するとしよう：

$$1+\sigma_{t+1}^a = \frac{\pi_{i,t+1}}{\mu_{i,t}}, \quad \forall i, t. \tag{2.23}$$

ここで $\mu_{i,t}$ は，消費と貯蓄，生産を決定する t 期において既知の値である．言い換えると，(2.23)式は，作物ポートフォリオが翌期に生み出す利潤の定数倍となるような収益を生み出す債権 a が存在することを示している．この場合，(2.23)式を(2.20), (2.21)両式に代入して，整理することで，生産面に関して

$$\frac{\partial g/\partial q_{i,t}}{\partial g/\partial q_{j,t}} = \frac{\mu_{i,t}}{\mu_{j,t}}, \tag{2.24}$$

という関係が得られる．(2.24)式の左辺は生産財 q_i と q_j との間の限界変形率(marginal rate of transformation)を示す．つまりこの式は，(2.23)式を満たす状態依存債権の市場が完備していれば，生産者としての限界変形率が $\mu_{i,t}/\mu_{j,t}$ という外生の値に一致すること，言い換えれば家計の生産決定が消費者としての家計の属性の影響を全く受けずに決定されることを意味している．これが，不確実性の下でも完備市場が存在すれば，分離性が成立するということである．

しかし現実の途上国経済において，各家計が直面する生産リスクのそれぞれに対して，相関係数がプラス1あるいはマイナス1の値を取って変動するような収益を持つ債権が存在するとは考えにくい．一つないしはいくつかの生産リスクに対する債権が存在しないという意味で状態依存債権市場が不完備であれば，(2.24)式は成立せず，代わりに

$$\frac{\partial g/\partial q_{i,t}}{\partial g/\partial q_{j,t}} = \frac{E[V_x \pi_{i,t+1}]}{E[V_x \pi_{j,t+1}]}, \tag{2.25}$$

が成立する．(2.25)式の左辺は限界変形率，右辺は状態評価関数 V の手持ち資産に対する偏微分と生産利潤との積の期待値を比率にしたものであり，家計の生産決定が，変動する作物利潤と V_x の関係によって決定されることを意味する．

仮に家計がリスク中立であれば v_c は定数になり，したがって V_x も変動

しなくなるため，(2.25)式は通常の期待利潤最大化の条件(2.24)式と同じになる（分離性の成立）．しかし家計がリスク回避的であり，保険市場が不完備であれば，V_x の形態は，保険市場の不完全な度合い，v_c に示されるリスク回避度，その時点での資産蓄積額などの関数となる．したがって最適な作物ポートフォリオは消費嗜好や消費者としての特徴によって影響を受け，モデルは非分離型となるのである．

ここで注意しなければならないのは，リスク回避の必要性を決定するのはリスク回避度という消費嗜好だけではなく，事後的に消費を安定化させるメカニズムの有無も重要であるということである．世帯構成や生産技術・生産資産，財・サービス市場への参加などでは一見同一の家計であっても（したがって選好としてのリスク回避度もそれほど変わらないと思われる家計であっても），例えば地主から消費目的の信用を受けることのできる小作はそうでない小作よりも高利潤・高リスクの生産計画を選ぶことができるであろう．地主小作関係とリスク回避に関しては第2部でさらに議論する．

4.2 流動性制約と予備的動機の貯蓄

保険市場が欠如していても，よく発達した信用市場が存在すれば，不完備市場の下での生産と消費の非分離性に由来する社会的非効率は，ある程度軽減される．一時的に所得が落ち込んだとしても，完全な信用市場の下では，将来の平常年の所得で返すことを約束して消費資金を借り，消費の落ち込みをかなり小さくすることができるからである．完全な信用市場を想定した(2.22)式から得られるマルティンゲール過程の下では，ある年に所得が偶然の理由で一時的に変動した場合，その消費への影響は(2.6)式の右辺に示される恒常所得の変化の分だけである．仮に当初の期待所得から見て t 年の所得が 50% マイナスになったとしても，その落ち込みが一時的なショックである限り，恒常所得の減少はせいぜい数% かもしれず，その場合には信用さえ得られれば消費を減らすのもせいぜい数% ですむのである．

しかし，現実の低所得途上国においてこのような状況は存在しないであろう．信用市場での利子率の貸借差は大きく，また借入額には上限がある

のが普通である(流動性制約).

　ここで考える必要があるのが,将来の所得の変動に備えるバッファーとしての貯蓄,すなわち予備的動機の貯蓄(precautionary saving)である(黒崎1998d; Deaton 1991; Deaton 1992c, Chap. 6).流動性制約の有無に関わりなく,予備的動機で貯蓄が行われるためには,家計の効用関数がリスク回避的なだけでなく,「用心深さ」(prudence)を備えている必要がある.リスク回避は一期の効用関数 $v(c)$ に関して v_c が減少関数であれば成立するが,「用心深さ」は v_c が凸関数であるときに成立する(Leland 1968; Kimball 1990).本書で主に用いられる絶対的リスク回避度一定(constant absolute risk aversion: CARA)の効用関数や相対的リスク回避度一定(constant relative risk aversion: CRRA)の効用関数は,どちらも「用心深さ」の条件を満たす[9].他方,2次関数の効用関数の場合,限界効用は c の線形関数となるから「用心深さ」を満たさず,その点からも低所得経済の分析には不適切な想定であることが分かる.

　注意すべきは,主観的割引率が市場利子率を上回っている家計すなわち所得の変動に保険をかけられるのであれば絶対に貯蓄などしないはずの家計ですら,予備的動機により貯蓄誘因を持つこと,いわば貧困故に貯蓄を強いられることである.そして流動性制約は予備的動機の貯蓄の必要性を強める.極端な例として,信用市場が未発達なために貯蓄はできるが全く借入はできない場合を考えよう.その場合,手元の資金がある水準以上に達した場合には,その一部が将来の所得変動に備えて貯蓄されることになる.しかしその水準以下では,もはや一期先のことなどかまっていられない状況となるため全資金が消費され,次期へのバッファー貯蓄はゼロとなる.

　この項の初めに紹介した例に戻り,t 年の所得が一時的なショックにより50%マイナスになり,そのマイナスが恒常所得で見てせいぜい数%のマイナスであったとしよう.もしこの時点でこの家計の貯蓄がたまたまプラスであれば,この家計は貯蓄を取り崩すことによって消費をせいぜい数

---

[9] 第2節,第3節の数値例で用いた $v_t = \ln(c_t)$ は,相対的リスク回避度が1に等しいCRRA型効用関数である.

％減らす程度で急場をしのげるであろう．しかし仮にこの前の年もたまたま不作が続いていたために貯蓄がゼロであったならば，この家計は流動性制約に直面してしまってどうにもならなくなる．所得が50％マイナスになったのに対応して，消費水準も50％前後マイナスになるという厚生面で大きな負担を背負い込まざるを得ないのである．予備的貯蓄のバッファー貯蓄は，一般均衡モデルでの穀物貯蔵モデル (Williams and Wright 1991) に似た動きを見せ，Deaton (1992c, Chap. 6) のシミュレーション結果によればかなりの頻度で枯渇する．

これらの貯蔵モデルに基づく研究，予備的動機の貯蓄に関する Paxson (1992) 及び流動性制約下の異時点間消費安定化に関する Morduch (1990)，Pender (1996) などの重要な研究から，動学的な流動性制約の経済発展や貧困問題へのインプリケーションが次のように得られる．第一に，流動性制約は低所得地域や貧困層ほど大きいため，信用市場を用いた異時点間の消費安定化が十分に行えずに，リスクの存在が大きな厚生の損失につながる．第二に，貯蓄の予備的動機が保険市場の不在と流動性制約によって強められるため，本来は消費に回して厚生を高めるのに使いたい所得の一部を，やむをえずバッファーとしての貯蓄に回す必要が生じる．第三に，バッファーとしての貯蓄はしばしば涸渇するため，ある家計の厚生水準を判断する上で，バッファー貯蓄がわずかでもあるかないかで大きな差が生じることなどである．不完全な保険・信用市場のもとでは，現在および過去の消費水準だけで今後の厚生水準は予測できず，流動性のある資産のバッファーがどれだけあるかで全く異なった消費経路が期待されるのである．

注意すべきは，不確実性のない場合や静学モデルでの信用制約とは異なり，不完備保険市場の下での動学モデルにおける流動性制約は，ある年において制約が効いていない場合でも，将来効いてくるかもしれないというリスクの存在ゆえに貯蓄の予備的動機が強められることである．予備的動機の貯蓄をしようと思っても，途上国の家計の多くは制度金融へのアクセスが限られているであろう．前節やこの節で示した数理モデルのように生産決定における長期的な投資の問題を捨象せず，土地や家畜といった生産資産への投資を考慮に入れると，動学モデルで生産が消費から独立でなく

なるもう一つの経路が見えてくる．つまり，家計がこれら生産資産にどれだけ投資するかは，純粋な企業家としての投資の収益性だけでなく，消費者としての流動性制約やリスク回避の度合いに影響されることになるのである．期待利潤最大化という社会的に効率的な水準から生産水準が乖離するもう一つの理由がここにある．

5　不確実性下の消費平準化の諸相

　前節までの理論的な議論を総括しよう．第一に，異時点間取引の市場が不完備であればあるほど，家内工業や農家の生産は消費者としての属性の影響を強く受け，利潤最大化の水準から乖離する．このことは社会的な非効率を意味する．第二に，異時点間取引の市場が不完備であればあるほど，これらの家計の消費経路は動学的に平準でなくなり，厚生水準は低下する．ではこれらの家計は，どのような制度や取り決めを用いてこの状況に対処しているのか，黒崎(1998a)のまとめを利用して，もう少し具体的に検討しよう．

　不確実性下の消費平準化には，大きく分けて，事前に所得リスクを軽減させる措置と，事後的に保険・信用市場や生産資産取崩などを利用して消費を安定化させるものとがある．Alderman and Paxson (1992) 及び Sadoulet and de Janvry (1995) の用法に倣い，前者を「リスク管理戦略」(risk management strategy)，後者を「リスク対処メカニズム」(risk coping mechanism) と区別しよう．第2, 第3節で議論されたのが信用市場を用いた場合のリスク対処メカニズムであり，前節のハウスホールド・モデルに明示的に取り入れられていたのがリスク管理戦略であるので，その順に議論を進める．

5.1　リスクへの消費面での対応と貧困

　リスク回避的な家計にとり，所得の変動を消費の変動に連動させない最適な方法は，家計レベルの個別的変動を吸収するような保険，ミクロ経済学的にいえば状態依存債権を購入することである．途上国農村に存在する

フォーマルな保険市場は非常に限られているが，そのことは途上国農村に保険メカニズムが存在しないことを意味しない．むしろ，保険契約に替わる様々なインフォーマルな方法(互酬的な相互扶助，「講」などに見られるような所得プーリングのメカニズム，共同体内での共有地の利用，贈与・所得移転，課税や再配分政策による資源の移転，共同体内でのインフォーマル信用の供与，家畜・穀物・金・宝石など物的な資産の取引，貨幣や労働など非実物的資産・サービスの取引など)によってリスクの共有が図られているのが現実である．これらのメカニズムをリスク・シェアリングと捉え，その効率性を分析するための理論と実証モデルに関しては，第3部第8章で詳しく分析する．

村落外とのリスクの共有も含んだ完全なリスク・シェアリングが不可能な場合，リスク回避的な家計は所得の変動を異時点間の消費安定化によって緩和することが予想される．とりわけ信用市場は公式な保険市場が不在な場合の代替としての機能を持つ．途上国農村においても，インフォーマルな信用が異時点間消費安定化に重要な役割を果たしていることが明らかになっている[10]．

信用は保険の代替としてだけでなく，それ自身がリスク・シェアリングという保険の本源的機能を持つことがある[11]．借金に対する返済額・返済方法が豊不作などの不確実要因の実現水準に応じて事後的に調整されること，そしてこの調整が行われる可能性を貸し手・借り手とも事前に合意している場合がそれである．制度金融はしばしば融通がきかないからこのような機能を持たないが，インフォーマルな信用の場合には貸し手，借り手の状況に応じて弾力的に返済が行われることが途上国でしばしば観察される．

5.2　リスク管理戦略の諸相

リスク管理戦略は不確実性下の農業生産分析で注目されてきた．農家は

---

[10] 代表的な研究に，Jodha(1981)，Deaton(1990; 1992a; 1992b)，Rosenzweig(1988)，Eswaran and Kotwal(1986)，Alderman(1996)，Alderman and Garcia(1993)，Udry(1990; 1994)，Lund and Fafchamps(1997)などがある．

[11] 代表的な研究に，Udry(1990; 1994)，Lund and Fafchamps(1997)，Townsend(1995b)，Platteau and Abraham(1987)などがある．

様々な所得リスク軽減措置を採ることができ，またそのような措置が実際の途上国の事例で頻繁に観察されるからである．まず，期待利潤が最も高い単一の作物ではなく，多様な作物を農場で栽培することにより，収量や市場価格のリスクを分散することができる(Kurosaki 1998 ; Fafchamps 1992a ; Walker and Ryan 1990 ; 櫻井 1997)．また作物だけでなく畜産部門を強化するなど農業経営の多角化をはかること，あるいは世帯の誰かが非農業に従事することで所得源を多様化することなども世帯所得のリスクを分散することにつながる(Kurosaki 1995 ; Walker and Ryan 1990)．

農業生産においては，リスク分散だけでなく，低リスク技術の採用というリスク管理戦略を採ることもできる(櫻井 1997 ; Just and Pope 1979)．農業生産投入財の中には，灌漑のように平均収量を高めるだけでなく，収量の分散を小さくするする効果を持つものがある．そのような投入財の投入量はリスク回避の必要性が高い農家ほど多めになるであろう．逆に化学肥料のように平均収量を高めるが収量の分散も大きくする可能性がある投入財の利用は，リスク回避的な農家では期待利潤最大化水準を下回ると予想される．また，頻繁に干魃に襲われる天水農業においては，複数の作物が同一圃場内で一緒に栽培されることがしばしば観察されるが，このような混作・間作[12]によって干魃に弱い作物が低雨量時にも生き残れることがある．これもリスクを小さくする技術の一例である．

本書第2部で詳しく検討する分益小作制度や生産物販売でのインターリンケージ取引などにも，農業リスクを分散する効果がある．分益小作制度は，現金ではなく現物収穫量の一定比率を地代とすることによって，農業生産の収量・価格リスクの一部を小作農から地主に事前に移転する機能を持っている．同様に，商人が生産信用を農民に供与し，その見返りとして農民が生産物を青田売りするようなインターリンケージ取引は，収量・価格リスクの一部を農民から商人に事前に移転する効果を持つ．

なお，リスク管理戦略について分析する際には，第4節で議論したよう

[12) ここでは，複数の作物を全く混ぜて植える場合を狭い意味での「混作」(mixed cropping)，一つの圃場内に作物を条植えし，一条には一種類の作物を植えるが，条ごとに異なった作物を植える場合を「間作」(inter cropping)と呼ぶ．

に，家計のリスク回避の必要性が，その家計の選好としてのリスク回避度のみならず，リスク対処メカニズムがどれだけあるかによっても影響されることに注意しなければならない．極端な場合，仮に完璧な所得保険が可能であれば，非常にリスク回避的な農家であってもリスク中立的な農業経営を行うであろう．このため，リスク管理戦略とリスク対処メカニズムの相互作用を明示的にモデルに取り入れる試みが近年増えつつある[13]．これらの研究は，リスク管理戦略の採用（例えば収益性が低いがリスクの小さい作物の作付）が，消費目的の借入可能性や流動性の高い資産の蓄積水準などによって影響されること，そしてこれらの消費安定化手段が貧困層になるほど限られている点で貧困とリスクの間に悪循環があることを明らかにしている．

5.3 リスク管理戦略の効率性への含意

以上の対応の多くは所得の期待値を犠牲にしてその変動を抑えるリスク分散戦略であるから，個別の家計にとっては合理的なものであっても，社会的には非効率と言える．社会全体で所得の変動をシェアすることによって，同じ資産分配・生産技術のもとでより多くの生産・消費が可能なのに，その実現が妨げられているからである．では，これらのリスク管理戦略を採用していることの効率性の面から見たコストはどのくらいであろうか．

筆者はパキスタン・パンジャーブ州の農家経済に関して，構造的に推計されたハウスホールド・モデル（第3章第3節参照）を用いたシミュレーションによって，リスクの存在による厚生コストを数量化することを試みた（Kurosaki 1998, Chap. 8）．その結果，リスクの厚生コストの3分の2以上はリスク管理戦略などでもカバーしきれない所得変動のコストであり，リスク分散による所得期待値の減少は初期均衡値での所得期待値の2％程度であると推計された．ただし農地保有規模のみが半分で他の条件は変わらない家計類型についてシミュレーションした場合，その値は2割ほど大きくなり，効率性の損失が小規模農家ほど深刻であることが示された．

---

13) 例えば，Kurosaki and Fafchamps(1998), Morduch (1990), Rosenzweig and Binswanger(1993), Rosenzweig and Wolpin(1993)を参照．

インド半乾燥農業地帯のいわゆる ICRISAT データ[14]に基づいた Walker and Ryan (1990) の研究は，所得期待値のリスク管理による損失は大きくないであろうと推測している (p. 341)．それは，競合する作物や間作技術間の単位面積当たり収益とその変動を比べると，確率的優位性 (stochastic dominance) をもってそれらの順位が確定する場合が多く，リスク分散を間作や作付多様化の主たる理由にすることは難しいこと，作付多様化の決定要因としては資源制約などの技術的理由の方が決定的であることなどによる．

他方，同じ ICRISAT データに基づく Morduch (1990) の研究では，リスク管理戦略によって期待収益性が高い作物の作付が減らされる度合いは，流動性制約がより強く効いている層，すなわち貧困層において顕著であることが強調されている．

限られた既存の研究から明らかになるのは，平均してしまえばあまり大きくない効率性の損失であるが，農村の最貧困層にとってはそのわずかな期待所得の損失が無視できない水準である可能性が否定できないということであろう．ただし，そのようなリスク管理戦略を採った方が採らないよりも厚生水準が高い故にこの期待所得の損失が生じていることも忘れてはならない．ここで言いたいのは，同じ厚生水準を達成するのに，リスク管理戦略ではなく，円滑な信用市場のようなリスク対処メカニズムを用いることが仮に可能となれば，その結果生じる社会的効率性の改善が農村の最貧困層において最も顕著になるであろうということである．したがって，事後的リスク対処メカニズムが不足している故のリスクへの事前的対応が最貧困層の効率的生産を阻害し，貧困を継続させるのであり，そのような悪循環を克服する農村の諸市場の発達が経済発展において重要になるのである．

---

14) ICRISAT (International Crops Research Institute for the Semi-Arid Tropics, 国際半乾燥熱帯農業研究所) が 1970 年代半ばから 80 年代前半にかけて集めた農村家計のパネルデータである．詳しくは，Walker and Ryan (1990)，黒崎 (1996b; 1998b) を参照．

5.4 生産資産の取崩と貧困の動学

前節までの数理モデルでは捨象したが，所得を生み出す生産資産の蓄積と取り崩しこそ，貧困の動学の中心メカニズムである．保険市場も信用市場も不完全な場合，著しく所得が落ち込んだ家計が生き残るためには，生産的な資産を処分する必要が出てくる．このような生産資産取り崩しは最もコストの高い消費平準化の方法である．一時的な攪乱の悪影響を，将来の家計所得全体にわたって最も長期に移転することだからである．

第3節で扱った流動性制約のもとでの貯蓄モデルは，その貯蓄された資金を生産用貨幣資本として使うこともできるという点で，ここで扱うテーマと共通する分析枠組みに基づいている．言い換えると，第3節のモデルで一般的な資金として扱われた変数を，途上国農村で実際に消費安定化に用いられる各種生産資産の流動性価値と読み替えることで，そのまま応用することも不可能ではない．

ただし，より現実的な実証分析を行うためには，蓄積・取り崩しに実際に使われる資産それぞれの固有の特徴に着目する必要がある．例えば食料穀物の蓄積・取り崩しは食料市場が未発達な地域のリスク対処メカニズムとして重要であり，この機能を明示的に分析する研究も出てきているが (Saha and Stroud 1994; Renkow 1990; Park 1995)，この資産の期待収益率は，収穫期から翌年播種期までの間が貯蔵中の物理的損失によって負の値を取る一方，翌年の播種期から翌年収穫期までの間は作物の生産関数に従い非線形の複雑なものになることが予想される．これらの生産資産の蓄積・取り崩しが投資と消費安定化の二重の目的で行われる現象を分析するツールとして，確率的な動学的最適化の手法が確立されたことが (Stokey and Lucas 1989)，研究を大きく進展させた．とはいえ現実の途上国の問題にこのツールを適用するのはたやすい作業ではない．確率的動学的最適化は，途上国の経済分析に意味を持つような関数形の想定のもとでは分析的な解を通常持たず，シミュレーションによってモデルの性格を検討しなければならないこと，状態変数の数が増えるとモデルが複雑になりすぎて理解が困難になるにもかかわらず，我々の関心が様々な資産と貯蓄のポートフォリオ動学および生産決定といった多岐にわたることなどが困難な理由

である．

　そこで，資産の蓄積・取り崩しが投資と消費安定化の二重目的で行われるモデルとして，比較的，直感的にわかりやすい成果を生んでいる3つの研究を紹介しよう．これらはすべて同じインドの ICRISAT データに基づく研究である．

　インドの農村では，将来の必要に対するヘッジと流動性制約を緩和するために家畜がしばしば用いられる．家畜，特に役牛に焦点を当ててこの機能を分析したのが，第一の事例の Rosenzweig and Wolpin (1993) である．彼らのモデルは，役牛が所得創出のための投資と消費安定化の二重目的の資産として使われることを明示的に取り入れたライフサイクル・モデルである．シミュレーション分析の結果，消費安定化のためにかなりの頻度で役牛の取り崩しが起きること，信用制約のために全体としての役牛投資の水準が効率的な水準を大きく下回ること，この非効率が貧困層で，より顕著に生じることなどが示された．

　この研究は，貧困とリスクの動学に関する重要な連関を分析するものとして注目を集めた．ただし，実際の農村貧困層の消費安定化において，彼らが想定したほど家畜資産が一義的に重要であるかについては議論がある．家畜所得が作物所得の不作を補うように動いていることは南アジアの他の例でも示されているが (Kurosaki 1995; 1998)，この現象が逆の因果性，つまり家畜を処分したために作物部門の所得が減った結果として生じている可能性が否定できない (Kochar 1995)．Fafchamps et al. (1998) による西アフリカの事例研究は，これまで想定されていたほどには家畜が消費平準化に使われていないことを示した．なぜならば，消費安定化の必要な時こそ，皆が売りたがっているために家畜の市場価格が下がっている時であり，したがって生産目的の家畜投資の収益率が上昇するという相反する動きが生じるからである．

　第二の事例は，Fafchamps and Pender (1997) による ICRISAT 農村における灌漑設備投資の分析である．農家経営データから試算された動力揚水機つき管井戸 (tubewell) 投資の私的収益率は実質年 20% を超え，村での他の投資機会よりもはるかに高かったにも関わらず，実際の管井戸への

投資は非常に限られていた．この原因は，信用市場が不完全であるために投資資金を借入することが困難なことに加えて，灌漑投資費用のかなりの部分が不可逆的(irreversible)であり，いったん投資してしまえば現金に戻すのが困難な流動性の低い資産となるために，予備的動機が強い貧困層が投資できないことにある．言い換えれば，貧困層であるほど予備的動機による資産蓄積が必要となるために，管井戸に投資できるだけの最低必要な自己資産蓄積水準が高くなるわけである．この研究は，なぜ貧困層は所得を引き上げる投資機会を合理的な判断の結果として，みすみす見逃さざるを得ないのかを解明したという点で，非常に示唆深い．

第三の事例として，貧困家計における教育問題を新たな視角から分析したJacoby and Skoufias(1997)を紹介しよう．途上国の農村では貧困故に子供の教育が犠牲になることがしばしば報告されるが，この現象を，所得の落ち込みに際して教育という奢侈財の消費が切りつめられたと見なす静学的な見方がこれまでの主流であったように思われる．これに対し，Jacoby and Skoufias(1997)の動学モデルは，子供の教育が将来への人的投資である反面，消費安定化の自己保険の手段でもあることを明示的に取り入れている．このモデルをICRISATデータに適用した結果，リスクに対して脆弱な家計ほど消費安定化のために子供の教育を犠牲にして人的投資を減らしていることが示された．Sawada(1997)もやや異なったタイプの動学モデルを用いて，パキスタンの教育投資について分析している．これらの研究は，一時的な所得の落ち込みと慢性的貧困の間の連関に関する強烈な含意を持っている．子供の教育を異時点間の消費安定化に用いることは，家計の将来の資産形成に与える影響が最も長期にわたるという意味で，最も負担の大きい方法だからである．家畜資産が消費平準化のために取り崩された場合には，数年後に所得水準が回復した時に買い戻すことによってほぼ資産水準を回復できる．これに対し，失われた子供の教育機会は，数年後の豊作時に取り戻そうと思ってもすでに最適な教育の時期を逃してしまっている可能性がある．

6 結 び

本章は，途上国の農家や自営業が異時点間でどのように資源配分を行っているかを厳密に分析するツールとして，動学的なハウスホールド・モデルを検討した．信用市場及び状態依存債権市場が完備した条件の下では，静学モデル同様に動学モデルにおいても，生産決定が家計の属性から独立になり，期待利潤最大化と同じ行動原理で特徴づけられることが理論的に示された．逆に言うと，市場の不完備性が深刻になればなるほど，家計の生産は社会的に効率的である利潤最大化の資源配分から乖離し，家計消費の動学的経路は家計にとって望ましくない不安定さを強めることが示された．

このことの経済発展へのインプリケーションは明確である．効率的な異時点間取引の機会，具体的には，より広域，より広範な階層とをカバーした金融市場が途上国に浸透すればするほど，ハウスホールド・モデルにおける消費者と生産者の結合が弱まり，生産はより効率的に，消費はより安定的に行うことが可能になる．このダイナミックな発展の過程は，現実に多くの途上国で観察されている．

しかしながら，1997年に発生したアジア通貨危機で明らかになったように，自由化政策に基づいた近代的金融市場の発展は必ずしも安定を約束しなかった．また，近代的金融機関の浸透は，インフォーマルな信用・金融市場を完全に代替するものではなく，むしろ両者が補完的に機能する例すら見うけられる (黒崎 1999, p. 109)．その根本的理由としては，近代的金融サービスが十分機能していない低所得途上国においても，伝統的制度や取り決めがリスクの共有と異時点間資源配分の機能を果たしており，情報や履行強制の面で制度金融機関とは異なった強みを持っていることがある．したがって，単純な自由化政策によって制度金融機関に有利な環境を生み出すような開発政策は，理論的にも問題をはらんでいる可能性がある．

この点をきちんと議論するためには，これらの伝統的あるいはインフォーマルな制度や取り決めを維持可能なものとするメカニズムを理論的に検

討する必要がある．本章の後半では，これら様々な制度や取り決めを，個別の経済主体としての家計がどのように利用して，消費の平準化を図っているかについて，既存の研究を展望したが，そのメカニズムは所与として扱った．この点を検討するのが第2部の課題となる．ただし本章が扱ったような複雑な動学的・非分離型ハウスホールド・モデルが，開発政策の現場で本当に必要なのかどうか，静学的な分離型モデルで現実は十分に近似できるのではないかという問題について，まだきちんと検討していない．これが続く第3章の課題である．

第3章 非分離型ハウスホールド・モデルの推定

1 はじめに

　第1章，第2章で見たように，非分離型ハウスホールド・モデルは様々な方向に理論的に拡張されてきた．ハウスホールド・モデルに基づいて途上国の開発問題を実証的に検討するためには，第1章で紹介したようなカリブレート法に基づいたシミュレーション分析も有効であるが，その分析の信頼性を高めるためにも，モデルのできるだけ多くの部分を計量経済学的に推定して，統計的裏づけを与える必要がある．

　また，分離型モデルよりも非分離型モデルが果たして統計的に有意に現実の途上国の家計経済を説明する能力が高いかどうか自体，十分に分かっていない．非分離型モデルは確かに興味深い性質を多数持つが，理論分析だけでは定性的に白黒がつかないことが多いという問題点を持つし，実証的には生産面の分析が目的であっても家計の消費者としての全経歴と資産に関わる情報が必要になるのでデータ収集の費用が莫大になる．もし途上国の現実が，たとえ厳密には完備市場を想定できない状況であったとしても，不完備性の影響が小さければ，分離型モデルで現実を近似しても大きな誤差を生じないかもしれない．

　これらの観点から，非分離型モデルを推定し，分離型モデルの制約条件が統計的に棄却できるかどうかを検定する作業が重要になる．もし棄却されなければ，第1章で検討した簡潔な推定方法を用いることができる．そこでハウスホールド・モデルを扱う最終章に当たる本章では，非分離型モデルの推定に焦点を当て，まず第2節で非分離型モデルの推定と分離性の検定について展望する．第3節では，筆者による非分離型モデルの推定の試みをパキスタン・パンジャーブ州の米・小麦作農家の事例を題材に議論する．第4節では本章をまとめた上で，ハウスホールド・モデルのツール

としての有効性と限界についてより一般的に議論する.

2 非分離型モデルの推定と分離性の検定

2.1 計量経済学的推定

非分離型ハウスホールド・モデルを用いて実証分析するためには,モデルを統計的に推定することが望ましい.分離型モデルであれば生産面と消費面を別々に計量経済学的に推定すればよいが,非分離型モデルの場合,計量経済学的推定は容易でない.

第1章の非貿易財や信用制約がある静学モデルをもう一度繰り返そう.家計の最適化問題は

$$\max_{c,q} u(c, z^h), \qquad (3.1)$$

s.t.

$$g(q, z^q) = 0, \qquad (3.2)$$

$$\sum_{i \in T} p_i(q_i + E_i - c_i) \geq 0, \qquad (3.3)$$

$$\sum_{i \in TC} p_i(q_i + E_i - c_i) + K \geq 0, \qquad TC \subseteq T, \qquad (3.4)$$

$$p_i = \bar{p}_i, \qquad i \in T, \qquad (3.5)$$

$$q_j + E_j - c_j \geq 0, \qquad j \in NT \qquad (3.6)$$

と表わされる.制約条件は上から順に,生産技術制約式,貿易財の予算制約式,貿易財のうち信用制約が関係する財についての信用制約式,貿易財価格の決定,非貿易財の均衡条件である.この制約つき最適化問題の解として,家計の生産者としての行動は,利潤関数

$$\pi^* = \sum_i p_i^* q_i(p^*, z^q), \qquad (3.7)$$

あるいはこれを主体均衡価格 p^* について偏微分して得られる供給関数(要素需要関数)

$$q = q(p^*, z^q), \qquad (3.8)$$

によってすべて表現できる.同様に消費者としての家計の行動は,消費需要関数

$$c = c(p^*, y^*, z^h), \qquad (3.9)$$

$$y^* = \pi^* + \sum_i p_i^* E_i \qquad (3.10)$$

で定義できる．主体均衡価格 p^* を所与とみなせば，(3.7)式の利潤関数は通常のミクロ経済学における標準的な性質を持ち，(3.9)式の消費需要関数も完全所得 y^* が内生変数であることに計量経済学的な配慮をすれば，標準的なミクロ経済学で説明されているものと変わりがない．

しかし問題は，主体均衡価格 p^* が，非貿易財や信用制約が効いている財などに関しては，現実に観察不可能なシャドー・プライスであることである．(3.7)，(3.9)式に示した誘導型モデルは，利潤関数の双対原理が応用できるなど，理論分析には便利であるが，観察できない変数が含まれている以上，実証にそのまま用いることはできない．

これまで行われた計量的な推定方法は3種類ほどに分けられる．第一は完全に誘導型的なアプローチである．代表的研究に，Pitt and Rosenzweig (1986)，Benjamin (1992)，Gavian and Fafchamps (1996)，Udry (1998) などがある．(3.7)，(3.9)式は，生産および消費面での決定が主体均衡価格 p^*，完全所得 y^*，家計の特徴変数 (z^q, z^h, E) の関数であることを示している．内生変数である p^*, y^* は外生の市場価格，および家計の特徴変数の関数であるから，p^*, y^* を代入法により消去することで，完全な誘導型が以下のように得られる．

$$q = q(\bar{p}, z^q, z^h, E), \qquad (3.11)$$

$$c = c(\bar{p}, z^q, z^h, E), \qquad (3.12)$$

このモデルを何らかの関数型で特定して推定するのが完全に誘導型的なアプローチで，信用制約や不確実性，異時点間最適化なども取り入れることができる点で柔軟なモデルと言える．また，計量経済学的な効率性を気にしなければ，必ずしもシステム推定する必要はなく，生産面にのみ関心があれば，産出財について(3.11)式のみを単独推定してもよい．しかしながらこのアプローチでは，モデルの本来のパラメータは何一つ識別することができず，したがってそれらが満たすべき制約条件を課すこともできないし，どの関数型を用いるかに関する理論的な根拠もほとんどないという重大な欠点がある．

第二のアプローチは，観察されないシャドー・プライスが満たすべき関数形態を，観察される変数と経済理論から特定し，そのシャドー・プライ

スと(3.8)式,及び(3.9)式とからなるシステムを同時推定する方法である.代表的研究に Lopez(1984),Morduch(1990)などがある.このアプローチにおいては,生産において非貿易財の投入財が存在する基本モデルの例がわかりやすい.まず,非貿易財を固定投入財とみなして,その水準を所与とした通常の費用最小化モデルを構築することで,そのシャドー・プライスが得られる.しかし非貿易財は実際には可変投入財であるから,そのシャドー・プライスのもとで内生的に利潤最大化を行ってその水準が決定されると想定すれば,このモデルを推定できる.ただしこのアプローチを,より一般的な非分離型モデルに応用することは難しく,生産技術などに様々な条件をつけない限り,推定モデルを明示的に導出できないという問題がある.

第三のアプローチは誘導型に全く頼らずに,(3.1)から(3.6)式のモデルをそのまま推定しようとする構造推定アプローチである.(3.1)から(3.6)式のモデルをできるだけ柔軟な関数型で特定し,そのパラメータに何らかの値を与えれば,最適な内生変数について数理計画法を用いて解くことができる.もちろんこの内生変数の値は現実に観察される内生変数のデータの値とは異なっている.そこで,パラメータの値を少しずつ変えていって,観察データに最も近い内生変数を生み出すようなパラメータのセットを探すことが計量経済学的推定となる.通常は最尤法(maximum likelihood estimation)を用いて観察データに最も近いパラメータのセットを選択する.(3.1)から(3.6)式のモデルよりも複雑な動学モデルにこのアプローチを応用した代表的研究に,Fafchamps(1993),Fafchamps and Pender (1997)などがある.

この方法の利点は構造パラメータがそのまま推定されることであるが,欠点はごく単純なモデルを除いてシミュレーションを用いた推定方法とならざるを得ないことである.つまり,推定すべき式が明示的には存在せず,数理計画法のモデル全体が推定すべきモデルであるから既存の計量ソフトがほとんど使えない.非常に柔軟な手法でありかつ理論的にも整合的な手法であるが,この困難ゆえに実証例はまだ非常に少ない.

第三のアプローチの変形としては,(3.2)式に相当する生産技術の部分

のみをプライマル・アプローチで推定し，消費者としての部分を生産利潤との同時性に注意しながらシステム推定する方法である．例えば，日本の稲作に関する実証研究を行った Sonoda and Maruyama (1999) は，農外被雇用時間に上限がある場合の稲作農家の生産行動を，構造的ハウスホールド・モデルのシステム推定と，それに基づいたシミュレーションによって分析し，主体均衡賃金の上昇ゆえに米価の上昇が生産縮小を引き出すという興味深い結論を示した．ただし，Sonoda and Maruyama (1999) の実証プロセスにおいては，プライマル・アプローチで(3.2)式の部分を推定する際に，消費者としての属性がどのように影響するかは，理論モデルの裏づけのない誘導型(線形モデルの3段階最小二乗法)で機械的に処理している．生産に関連した式と同時推定されている消費需要関数に特定の効用関数を想定している以上，その効用関数から導かれる理論的な非線型制約を満たす形で，消費者としての属性が生産関数の投入財水準の決定に影響を与えるはずであるが，それが無視されている点で，実証モデルの整合性に不満が残る．

とはいえ，生産関数を投入財の内生性に配慮した上で推定し，消費需要関数を所得水準の内生性に配慮した上で推定し，両者を組み合わせてシミュレーションするという考え方は，第1章で提示したシミュレーション方法に比べて格段に進歩したものである．ハウスホールド・モデルの推定結果に若干のカリブレート法を巧みに組み合わせて農家のモデルをシミュレーションした興味深い最近の研究には，他にも Smith and Chavas (1999) などがある．

2.2 分離性の検定

非分離型モデルを計量経済学的に推定することの重要な意義として，分離性が成立しているかどうかの統計的検討が挙げられる．そのような研究の先駆けは，ハウスホールド・アプローチが確立する以前に盛んであった利潤最大化検定であろう．この方法には，満たすべき理論的制約条件を課さずに利潤関数を推定して，その制約条件が満たされるかどうかを統計的に検定する手法や，生産関数を推定して限界生産性均衡が達成されている

かどうかを統計的に検定する手法など，いくつかの方法がある．初期の代表的研究に Lau and Yotopoulos(1971; 1973) などがある．また，日本での関連研究の展望は，石田(1996, p. 121)を参照されたい．これらの研究を通じて，一般的には市場化の進んでいない地域・階層ほど利潤最大化が棄却されることが明らかになっている．

利潤最大化からの乖離は，一昔前であれば農民の非合理性の現われと解釈されたが(中兼1993)，近年のハウスホールド・モデルの考え方からすれば，農民自体は合理的であると想定し，その直面する制約条件が完備市場から離れれば離れるほど，利潤最大化の生産が主体的に選ばれなくなるものと解釈される．本書は一貫して後者の立場を取る[1]．

ハウスホールド・モデルに則った分離性の検定では，完全に誘導型的なアプローチによる実証研究が近年増えつつある．(3.11)式のモデルの特徴は，生産面での決定に消費面での家計の特徴である z^h や E が影響を及ぼす点である．通常の生産者の利潤最大化モデルでは，これらの変数はモデルに含まれない．したがって，生産決定に関わる関数において z^h 変数の係数が一括して有意であれば分離性が棄却される．

このアプローチに基づいた労働需要モデルでの検定結果は，カナダの事例(Lopez 1984)で分離性が棄却された反面，農村ジャワのデータでは棄却されない(Benjamin 1992)という一見意外な結果となっているが，これは実際の雇用労働の利用が東南アジア農業の方が一般的であることからすれば当然の結果かもしれない．近年増えつつあるアフリカ農村での実証研究では労働・土地両方の利用に関して分離性がおおむね棄却されている(Gavian and Fafchamps 1996; Udry 1998)．また，保険可能なはずの個別ショックから途上国農村の家計がどれだけ守られているかを検定する研究が近年増えており，それらはおおむね完全なリスク・シェアリングを棄却し

---

[1] なおこれは，フィールドで農家から提供してもらった貴重なデータを解釈する際の筆者のスタンスを示すものでもある．ある農家のデータが利潤最大化と大きく乖離していることを発見した際に，その農家に対して「あなたは合理的でない」と断言することが建設的であるとは思えない．「利潤最大化から大きく離れてしまうような選択をしなければならない制約条件は何なのか，無知な調査者である筆者に教えて欲しい」と探求を進めることが筆者のスタンスである．

ている(次節及び第8章参照).不確実性下の動学モデルにおいて非分離型となるための必要条件が保険市場の不完備性であることを考慮すると,これらも非分離型モデルの有効性を支持する有力な証拠となろう.Behrman (1999, p. 2872)が簡便にまとめているように,分離性が棄却されなかった研究は Benjamin (1992) と Pitt and Rosenzweig (1986) の2つの研究ぐらいであり,それ以外の研究は分離性をおおむね棄却している.

シャドー・プライスを同時推定する方法,および構造推定アプローチにおいても分離性の検定が可能である.むしろ,これらの構造的なモデルの方が非分離性のさまざまなパターンを的確に検証できる.段階的な労働投入プロセスが消費嗜好に依存する非分離型モデルを提示した Fafchamps (1993) の研究でも,非分離型モデルが実証面でも統計的に有意に優れていることが示されている.

なお,完全に誘導型的なアプローチの変形として,ハウスホールド・モデルの枠内での「分離型 vs. 非分離型」という検定ではなく,「ハウスホールド・モデル vs. 世帯内の個人のモデル」という実証研究もいくつかなされている.典型的なのは,複数の潜在的労働力が家計内に存在する時の労働供給のモデルにおいて,家計の属性が個人の稼得能力と留保賃金に影響を与える以外に,直接的に労働供給に影響するかを検定する諸研究である.寳劔 (2000) や Yang (1997),Newman and Gertler (1994) といった近年の実証研究からは,ハウスホールド・モデルのインプリケーションがおおむね支持されている.

3 パキスタン・パンジャーブ州農家の作付決定モデル

本節では,Kurosaki (1998, Chap. 6) に提示され,Kurosaki and Fafchamps (1998) で再推定されたパキスタン・パンジャーブ州における米・小麦作地帯(Rice-Wheat Zone)の農家の作付決定モデルを紹介する.この実証モデルの背景にあるのは,第2章第4節で紹介した不確実性下の生産決定モデルである.理論モデルにおいては,状態依存債権市場が不完備な場合に,生産ポートフォリオの決定が,リスク回避度や保険メカニズムの利

用可能性に応じて期待利潤最大化の水準から乖離することが示された．本節では，理論モデルでの生産ポートフォリオの決定を，農家の作付決定に読み替えて，データに示された農家の作付パターンが期待利潤を最大化するようなポートフォリオから統計的に有意に乖離しているのかどうか，乖離しているならばどのような不完備市場を想定するのが最も適切かを検討する．

3.1 データ

実証モデルはパキスタン・パンジャーブ州の米・小麦作地帯シェーフープラー県(Sheikhupura District)の農家データに基づく．この地域はカリーフ(*kharif*: 雨季)作の主要作物が稲で，特にバースマティー(basmati)と呼ばれる香り米の特産地として知られる．また，この地域は，19世紀末の用水路開発で農業生産性が大いに高まって以来，パキスタンの農業先進地域として，市場向けの生産がいち早く始まった地域である．インダス水系を源とする用水路灌漑が普及していたことから，1960年代後半からの「緑の革命」技術が急速に普及したが，近年は用水路灌漑を補完する私有管井戸の利用も一般的になっている(黒崎 1996a；Kurosaki 1998, Chap. 2)．つまり，途上国の中では商業化や農村市場の発達が比較的早い時期に進んだ地域が，本節の実証分析の舞台となる．

分析に用いられるデータは，パンジャーブ経済研究所(Punjab Economic Research Institute：PERI)によって集められた1988/89年度から1990/91年度まで3カ年をカバーする農家経営・家計調査である．PERIの調査においては，米・小麦作地帯を含むパンジャーブ州の5つの農業地帯それぞれを代表する調査拠点から無作為に調査村群が選定され，調査村群の全農家を母集団に農業経営規模別に1988/89年度の標本家計が無作為抽出された．本書で用いるのは，ファルーカーバード(Farooqabad)調査村群に含まれる隣接5カ村から選定された各年97戸の農家データであり，世帯特徴，家計支出，農業経営などが網羅されている．3カ年を通じて調査され，データにも整合性があるパネルデータは59戸である．表3-1に標本農家の主要変数をまとめる．農地所有規模の平均は11エーカー，ラビー(*rabi*：

表 3-1　パキスタン・パンジャーブ州米・小麦作地帯の標本農家の特徴

変数の説明	変数名	平均	標準偏差
所有農地規模(エーカー)	$\bar{L}$	11.170	9.175
カリーフ季の作付面積(エーカー)	L^k	9.071	7.266
ラビー季の作付面積(エーカー)	L^r	8.846	6.773
所有家畜規模(成畜換算単位)	$\bar{A}$	6.361	3.534
うち乳畜(成畜換算単位)	A	4.742	2.987
非農業所得(1000Rs.)	Y^N	6.688	3.609
管井戸所有ダミー	D^W	0.694	
トラクター所有ダミー	D^T	0.137	
世帯主の教育年数	EDU	1.794	3.495
耕作地に対する世帯員数(人/エーカー)	AL	1.153	0.892
世帯員合計に占める従属員比率	DEP	0.268	0.184
L^k に対するバースマティー作付比率	l^{kg}	0.653	0.162
L^k に対するカリーフ飼料作物作付比率	l^{kf}	0.289	0.140
L^r に対する小麦作付比率	l^{rg}	0.734	0.106
L^r に対するラビー飼料作物作付比率	l^{rf}	0.209	0.097
1人当たり消費支出(1000Rs.)	y	3.055	0.606
全消費支出に占める小麦の比率	s_w	0.135	0.021
全消費支出に占めるミルク及び乳製品の比率	s_m	0.271	0.028
全消費支出に占める米の比率	s_r	0.041	0.008

注）(1) パキスタン・ルピー(Rs.)は調査当時およそ Rs.21＝US$1.00 であった．
　　(2) この表は全標本 291 をプールしたもの．

乾季)作の主要作物である小麦の作付面積は平均で 6.5 エーカー，カリーフ作の主要作物であるバースマティー稲の面積が 5.9 エーカー程度であった．これらに続いて作付面積が大きいのが青刈飼料作物 (green fodder) で，カリーフ季には主にジョワール (jowar：モロコシ)，ラビー季には主にバルスィーム (berseem：エジプト・クローバー) が栽培された．

　この地域では，各農家が耕種農業に畜産を組み合わせ，牛・水牛のミルクを多様に利用してきた．牛・水牛の用畜機能で，現在最も重要なのはミルクの生産と消費である．標本農家は，1戸当たり平均で成畜換算 6.36 単位の家畜を保有しているが，これは雌水牛約 3 頭，成畜役牛 1 頭弱程度から成っている．標本農家の多くがミルクの販売を重要な現金収入源としている一方，ミルクの消費(加工品含む)を農家庭先価格で支出額に換算すると全食料支出の最も大きい比率を占めた．標本農家の 1 人当たり消費水準

はわずか145米ドル程度であり，パキスタンの農村部の平均と大差ない．その意味で本節の分析は，低所得国の農家行動の事例と位置づけられる．

3.2 構造的なハウスホールド・モデルの構造

家計 h の t 年における短期的生産行動は，バースマティー稲の作付比率 l_{ht}^{kr}，カリーフ季の青刈飼料作物の作付比率 l_{ht}^{kf}，小麦作付比率 l_{ht}^{rw}，ラビー季の青刈飼料作物の作付比率 l_{ht}^{rf} の4つの決定に単純化する．これらをまとめたベクトル l_{ht} が第2章第4節の変数 q_t に相当する．作物の単収および市場価格にはリスクが存在し，実際に農家が受け取る収益は単収・価格リスクの実現値に応じて期待値とは違った値を取る．この実際の収益が確定した後に，家計はさまざまな財の消費に所得を配分すると想定する．

3.2.1 生産技術制約

l_{ht} の決定は，生産技術制約(3.2)を満たす必要がある．この式は次のように特定した．まず，休耕地の必要や適切な灌漑の必要，あるいは固定生産要素の存在などのために，選択変数 l_{ht} は各作季ごとに非線型の制約を受けるものと想定し，その制約が管井戸所有ダミー (D_{ht}^T) でシフトすることをモデルに取り入れた．推定式は，Chavas and Holt (1996) に倣い，非線型の関数を次のような2次関数で近似した：

$$g_{ht}^s(l_{ht}^{sg}, l_{ht}^{sf}) \equiv \alpha_0^s + l_{ht}^{sf} + \alpha_1^s l_{ht}^{sg} + \alpha_2^s (l_{ht}^{sg})^2 + \alpha_3^s D_{ht}^T = 0,$$
$$s = k, r \quad (3.13)$$

ややわかりにくい形になっているが，$\alpha_2^s > 0$ であればこの生産技術制約は原点に向かって凹(concave)関数となり，最適化問題での十分条件が成立しやすくなる．また，$\alpha_3^s < 0$ であれば，管井戸保有者の方が，作付自由度が高いことになる．

次に生産関数については単位面積当たりの期待収量が一定で，投入財が固定係数の比率で使用されるレオンティエフ型技術を想定した．これによって，各作物の作付比率 ($l_{ht}^{kr}, l_{ht}^{kf}, l_{ht}^{rw}, l_{ht}^{rf}$) に応じて耕種部門所得が決定される．ただし，期待単収は各家計にとって短期的には不変である K 次元のベクトル z_{ht}，具体的にはトラクター所有ダミー，管井戸所有ダミー，家計成員数，世帯主の教育水準等に応じてシフトすることをモデルに取り入

れて，農家間の非確率的な単収の格差をコントロールした(Kurosaki 1997; 1998, Chap. 3)．推定したモデルは，農家 h の t 年における作物 j の単収を θ_{ht}^j，その農家が属する村の t 年における作物 j の各戸平均の単収を θ_t^j とすれば，

$$\frac{\theta_{ht}^j}{\theta_t^j} = \chi_0^j + \sum_{k=1}^K \chi_k^j z_{ht}^k + u_{ht}^j, \tag{3.14}$$

となる．この変数の右辺には外生変数しか含まれず，下に説明する農家モデルとは切り離された構造を持つ．そこで，推定上の負担を軽くするために，ゼルナー推定法(seemingly unrelated regression)を用いることはせずに，(3.14)式のみ独立に，各作物について OLS 推定した．この推定方法は統計的な効率性をやや犠牲にするが，下の農家モデルのシステムと同時推定する作業は膨大になり，尤度関数の計算上の制約からやむを得ないと判断した．

(3.14)式の推定結果は表 3-2 の通りである．経営面積当たりの世帯規模が小麦を除いて有意でないこと，とりわけ労働集約的な作物であるバースマティーやラビー飼料で有意でないのは，労働市場が完備市場に近いことを示唆していると解釈できる．また，経営面積当たりの非農業所得も全ての式で有意でなく，短期信用市場の不完全性も顕著でないと解釈できる．世帯主の教育水準はほとんどの作物の生産性を引き上げており，農業における教育の私的収益率がプラスであることを物語っている．

この推定結果から示唆されるのは，労働及び信用という低所得国の農村においてしばしば不完全性が問題となる市場が，標本農家の生産する環境においてはある程度機能しており，したがって農家は他の市場不完備がなければ利潤最大化行動をとるはずであるという仮説である．推定結果が示唆する不完備市場は，表 3-2 において家畜の規模が有意に効いていることで，これは飼料作物の市場に何らかの問題があることを示唆している．ところが筆者の調査によれば，調査村での飼料作物は，全農家が取引しているわけではないものの，かなり活発に取引が行われており，村の中での売買価格差はほとんどゼロに近い(Kurosaki 1998, Chap. 4)．したがって，単純な飼料作物市場の欠如ないしは飼料作物市場の取引費用が膨大であると

表 3-2 各家計の作物収量の決定要因

説明変数	バースマティー	小麦	カリーフ飼料作物	ラビー飼料作物
定数項	0.829 (12.099) ***	0.927 (13.035) ***	0.862 (16.741) ***	1.019 (19.699) ***
D^W	0.016 (0.404)	-0.053 (-1.282)	0.038 (1.305)	-0.016 (-0.531)
D^T	-0.173 (-2.518) **	-0.094 (-1.325)	0.102 (1.990) **	-0.122 (-2.408) **
AL	0.049 (1.575)	0.073 (2.246) **	-0.023 (-0.968)	0.031 (1.322)
EDU	0.021 (4.732) ***	0.019 (4.192) ***	0.002 (0.626)	0.009 (2.687) ***
経営面積	0.009 (2.686) ***	0.010 (2.832) ***	-0.001 (-0.430)	0.003 (1.369)
Y^N/経営面積	-0.003 (-1.487)	-0.002 (-0.924)	0.003 (1.515)	-0.002 (-1.191)
$\bar{A}$/経営面積	0.039 (1.062)	-0.011 (-0.298)	0.081 (2.995) ***	-0.052 (-1.934) *
DEP	-0.060 (-0.650)	-0.303 (-3.184) ***	0.161 (2.390) **	-0.086 (-1.274)
決定係数 (R^2)	0.176	0.181	0.130	0.106
標本数	177	177	171	176

注) (1)推定したのは本文の(3.14)式である。被説明変数の定義も同式を参照。
(2)かっこ内は t 検定量で,両側検定により***は1%有意,**は5%有意,*は10%有意を示す。

いう見方は適切でない.フィールドでの農民へのインタビューから判明したのは,青刈飼料作物の市場が薄いために価格が乱高下し,それを避けるために農家はできるだけ自分で所有している家畜の規模に見合った飼料作物を生産するようにしているということであった.そこで,生産価格リスクが重要で,かつ保険市場が不完備の場合の実証モデルを,第2章第4節の理論モデルを変形して導出した.

3.2.2 農家の厚生関数 第2章第4節の理論モデルから,保険市場が不完備の場合の作物ポートフォリオの決定は(2.25)式のFOCで特徴づけられる.限界変形率をMと表記して,本節のモデルで書き換えると,

$$M^s \equiv \frac{\partial g^s/\partial l_{ht}^{sg}}{\partial g^s/\partial l_{ht}^{sf}} = \frac{E[V_x \pi_{h,t+1}^{sg}]}{E[V_x \pi_{h,t+1}^{sf}]}, \quad s=k, r, \quad (3.15)$$

となる.この式自体は推定不可能なので,Fafchamps(1992a)に倣ってV_xを一階のテイラー展開で近似すれば,(3.15)式は,

$$E[\pi^{sg}] - M^s E[\pi^{sf}] + \sum_{j=1}^{C} \frac{\bar{V}_{x,p^j}}{\bar{V}_x} E[(p^j - E[p^j])(\pi^{sg} - M^s \pi^{sf})]$$

$$+ \frac{\bar{V}_{x,x}}{\bar{V}_x} E[(y - E[y])(\pi^{sg} - M^s \pi^{sf})] \approx 0, \quad (3.16)$$

とさらに書き換えられる．p^j は消費財 j の価格，y は t 期の消費支出である．第 2 章のモデルでは明示的に p^j が出てこなかったが，農家の目的関数である V 関数の元になる一期ごとの間接効用関数 v は，理論的には消費支出 y だけではなく消費財価格 p^j の関数でもある．したがって，消費財価格が変動し，かつその変動のしかたが生産面での作物ポートフォリオからの利潤 π と相関しているならば，合理的な家計は消費財価格の変動や消費財価格と利潤の共分散を考慮に入れて，最適化を行うと想定されるのである．

なお，(3.16)式もまだ実際の推定に使うことは不可能である．そこで，農家の厚生関数である V を，線形支出システム(linear expenditure system)に対応したフォン・ノイマン＝モルゲンシュテルン効用関数から生じる一期の期待効用関数でさらに近似する．数式で示せば，

$$V(y_{ht}, p_t; \beta_{ht}, \gamma_{ht}, \psi_{ht}) = \frac{1}{1-\psi_{ht}}\left[\frac{y_{ht}-\Sigma_j p_t^j \gamma_{ht}^j}{\exp(\Sigma_j \beta_{ht}^j \ln p_t^j)}\right]^{1-\psi_{ht}}, \quad (3.17)$$

となる．ただし，y_{ht} は事後的な消費支出の水準，β_{ht}^j は線形支出システムでの j 財への限界支出比率，γ_{ht}^j は j 財の生存水準消費必要量，ψ_{ht} は生産行動に現われる家計のリスク回避度を表わす．推定においては，需要システムのパラメータ $\beta_{ht}^j, \gamma_{ht}^j$ 及びフォン・ノイマン＝モルゲンシュテルン効用関数の凹度(concavity)，すなわちどれだけ総消費支出の変動を避けようと行動するかという意味でのリスク回避度を示す ψ_{ht} は，前項で用いた z_{ht} 変数，具体的には従属家族員比率 $DEP_{h,t}$ と家族成員数等によってシフトすると想定した．すなわちまず支出に関わる変数はすべて世帯員数で除すことによって家族成員数の影響をコントロールし，次に

$$\beta_{ht}^j = \beta_0^j + \beta_1^j DEP_{h,t}, \quad (3.18)$$

$$\psi_{ht} = \psi_0 + \sum_k \psi_h z_{ht}^k, \quad (3.19)$$

と想定した．

3.2.3　生産と消費の結合

農家の厚生関数を決定する最も重要な要素である事後的な消費支出の水準 y_{ht} は，農業生産面での決定と次のように結びついている：

$$y_{ht} = \sum_{s=k,r} \sum_{i=g,f} \pi_{ht}^{si}(\varepsilon_{ht}) l_{ht}^{si} L_{ht}^{s} + \sum_{s=k,r} \pi_{ht}^{sm}(\varepsilon_{ht}) A_{ht} + Y_{ht}^{N}, \quad (3.20)$$

ただし L_{ht}^{s} は作季 s における可耕農地面積, A_{ht} は乳畜規模, π_{ht} は土地または乳畜1単位当たりの純収益, ε_{ht} は天候などこの農家が直面する様々なリスクをベクトル表示したもの, Y_{ht}^{N} は農外所得である. $L_{ht}^{s}, A_{ht}, Y_{ht}^{N}$ が変数 z_{ht} に相当する. 上式右辺の第1項が農業耕種所得, 第2項が畜産所得, 第3項が非農業所得に対応する. 表3-1にこれらの変数の主要なものについて定義と統計量を載せておく.

単位当たりの純収益 π_{ht} が t のみならず h ごとに異なるのは, 単収の水準が変数 z_{ht} によってシフトするからである. リスクを示す ε_{ht} の下付き文字に h が含まれるのは, 価格リスクが村内全家計に共通する一方, 単収は共通のリスクに加えて家計ごとに異なるイディオシンクラティック (idiosyncratic) なショックの影響を受けるためである. つまり, 短期的な内生変数である l_{ht}, 長期的には可変だが短期的には固定された変数 z_{ht}, 及び家計にとって外生的なリスク ε_{ht} の3つが事後的な総消費支出を決定することになる.

このモデルのユニークな点は, 耕種部門での米・小麦と飼料作物の作付決定が, 消費者としての農家が事後的な消費平準化手段をどれほど有するかに応じて変化する「耐リスク能力」(willingness to bear risk : ψ で表現)と, どの消費財をどれだけ消費したいと思うかという「序数的消費選好」(ordinal consumption preferences : β と γ で表現) の2つによって特徴づけられる点にある. 地域に十分な保険市場が存在しないことが, これら2つの消費選好が耕種部門での作付決定に影響を与えるそもそもの原因である. 生産決定の消費選好からの「非分離性」はこの保険市場不備から生じている. 注意すべきは, ψ_{ht} と本源的なリスク選好とが一対一の関係ではないことである. 仮にこの家計がその消費水準を平準化させるような手段を全く持っていない場合のみ (3.17)式のパラメータ ψ_{ht} と本源的な家計のリスク選好が同一になる. 消費平準化の手段として重要なのは消費向けの信用, 資産の取り崩し, 相互扶助などである. 他方, これらの手段が充実すればするほど, 耐リスク能力は大きくなり, たとえその家計が非常にリスク回

避的な選好を持っていても，よりリスク中立に近い生産行動をするであろう．つまり，ψ_{ht} は一般的には家計のリスク選好と家計にとっての消費平準化の手段の有無とを総合的に示すパラメータということになる（第2章第4節）．

3.2.4 推定モデル

実際の推定モデルは，次の3要素から構成されている．第一は，生産技術制約を示す(3.13)式2本である．

第二は，(3.17)式から計算される $V_y, V_{y,p^j}, V_{y,y}$ を(3.16)式の $V_x, V_{x,p^j}, V_{x,x}$ の近似と見なして(3.16)式に代入した2本の式である[2]．これら4本の FOC 式から，4つの内生変数 $l_{ht}^{agr}, l_{ht}^{for}, l_{ht}^{off}, l_{ht}^{fix}$ が一意に決定される．ただし各実証式が非線形であるために，4つの内生変数を左辺に置いた通常の計量経済学のモデルに変形することはできない．このため，非線形の式をそのまま左辺にすべて移動し，右辺のゼロを計量経済学的推定の際に期待値ゼロの攪乱項で置き換えるという方法を取った．

第三は，(3.17)式から導出される消費需要の線形支出システムである．具体的には，消費財を大きく4項目（小麦 w，ミルク及び乳製品 m，米 r，その他すべての消費財 o）に分け，

$$p_t^j c_{ht}^j - p_t^j \gamma_{ht}^j - \beta_{ht}^j \left(y_{ht} - \sum_{k=1}^{C} p_t^k \gamma_{ht}^k \right) = 0, \quad j = w, m, r, o, \quad (3.21)$$

というモデルを推定した．ただし需要システムの制約条件から $\sum_j \beta_{ht}^j = 1$ であるため，4つの式は相互に独立ではなく，3本の式のみが独立である．そこでその他の消費財 o を除いた3財についての式3本を推定した．このサブシステムにおいては消費水準 c_{ht} が内生変数となる．また，消費需要と生産面は(3.20)式を通じてつながっているから，y_{ht} の内生性も，生産面の実証モデルと連立させることによってコントロールされる．

推定では，生産技術制約を示す2本の式，作物ポートフォリオの決定に関わる2本のFOC，及び消費需要システムの3本からなる合計7本の連

---

[2] この式は単純な計算によって得られるが，農家の属性 z_{ht} 及びパラメータ $\beta_{ht}, \gamma_{ht}, \psi_{ht}$ の非常に複雑な非線形関数になる．その正確な形は，Kurosaki (1998, Chap. 6) ないし Kurosaki and Fafchamps (1998) を参照されたい．

立モデルを，完全情報最尤法(full information maximum likelihood: FIML)によって同時推定した[3].

3.3 推定結果と分離性の検定

3.3.1 基本バージョンの推定結果 表3-3は上の実証モデルの推定結果である．なお，Kurosaki(1998, Chap. 6)の推定結果は(3. 14)式の推定の際に家計の属性変数を十分に用いていなかったため，表3-2のように再推定し，これに基づいてハウスホールド・モデルも再推定した．その結果が表3-3で，Kurosaki and Fafchamps(1998)に報告したものと同じである．非線形モデルの常として，どのパラメータ値を初期値として与えるかによって，収斂が不安定になることも見られたが，表には，現実的なパラメータの初期値を多数試した上で，安定的に推定されたFIML推定値を示してある．

まず，各パラメータの漸近的標準誤差はおおむね小さく，22の構造パラメータ中，19において推定パラメータが標準誤差の2倍よりも大きかった．つまり統計的に有意な推定結果が得られたといって良いであろう．

消費需要のパラメータβ及びγについてもおおむね納得し得る推定結果が得られた．世帯構成に占める従属員比率(DEP)は有意にβ係数をシフトさせること，とりわけ小麦やミルクといった基幹的消費財の需要を高めることが明らかになった．

生産技術に関しては，$\alpha_2^s>0$ すなわち生産制約が原点に向かって凹であることが分かった．最適化問題の十分条件が成立していることも確かめられた．また，$\alpha_3^s<0$，すなわち管井戸保有者($D^W=1$)の方が，作付自由度が高いことも見いだされたが，その影響は灌漑の微妙な制御が重要なバースマティー稲が生産されるカリーフ季において顕著である．

リスク回避度に関するψパラメータの推定値は，資産水準に応じてリ

---

[3] 7本の式からなるこのシステムは，内生変数について明示的に解くことができないため，ジャコビアンの入った，複雑な尤度関数を用いる必要がある．実際に推定に用いた尤度関数についてはKurosaki(1998, Chap. 6)ないしKurosaki and Fafchamps(1998)を参照．推定に用いたのは，TSP(Time Series Processor)ソフトウェアのVersion 4.4における'ML'コマンドである．

表 3-3 基本モデルの推定結果

パラメータ	パラメータの説明	推定値	標準誤差
リスク回避度に関連したパラメータ			
ψ_0	ψ_{ht} の定数項	1.452	(0.155)
ψ_e	ψ_{ht} への EDU の影響	0.054	(0.018)
ψ_l	ψ_{ht} への $\bar{L}$ の影響	0.039	(0.013)
ψ_a	ψ_{ht} への $\bar{A}$ の影響	−0.024	(0.017)
消費需要システムに関連したパラメータ			
β_0^w	β_{ht}^w の定数項	0.035	(0.016)
β_1^w	β_{ht}^w への DEP の影響	0.284	(0.046)
β_0^m	β_{ht}^m の定数項	0.192	(0.009)
β_1^m	β_{ht}^m への DEP の影響	0.214	(0.047)
β_0^r	β_{ht}^r の定数項	0.014	(0.008)
β_1^r	β_{ht}^r への DEP の影響	0.062	(0.019)
γ^w	w の生存水準消費量	4.148	(0.120)
γ^m	m の生存水準消費量	5.799	(0.159)
γ^r	r の生存水準消費量	0.907	(0.028)
γ^o	o の生存水準消費量	7.238	(0.221)
生産への技術的制約に関連したパラメータ			
α_0^k	カリーフ季の制約式の定数項	−0.636	(0.010)
α_1^k	カリーフ季の制約式の1次項	0.130	(0.037)
α_2^k	カリーフ季の制約式の2次項	0.624	(0.032)
α_3^k	カリーフ季の D^W の影響	−0.028	(0.007)
α_0^r	ラビー季の制約式の定数項	−0.642	(0.018)
α_1^r	ラビー季の制約式の1次項	0.280	(0.037)
α_2^r	ラビー季の制約式の2次項	0.433	(0.031)
α_3^r	ラビー季の D^W の影響	−0.014	(0.009)
対数尤度		−3282.98	

注) (1) 標本数は291.
(2) かっこ内は漸近的な標準誤差. 詳しくは Kurosaki and Fafchamps (1998) 参照.

スク回避の必要が異なることを示している．また，z_{ht} の実際の値を入れて ψ_{ht} を計算すると，すべて正の値 (1.34 から 4.12) となった (表 3-4)．これを通常の相対的リスク回避度係数に計算し直すと (Kurosaki and Fafchamps 1998)，平均で 3.6 程度の値となる．つまり，標本農家の作付決定は不完備保険市場の下でのリスク回避的行動と整合的であることが示された．

表 3-4 では，相対的リスク回避度係数が，農地保有，家畜保有，教育水準によってどのように変化するかをシミュレーションした結果も示した．

表 3-4 基本モデル推定結果に基づくハウスホールド・モデルの特徴

	標本平均	標準偏差	最小値	最大値
消費需要の所得弾力性				
小麦	0.955	0.228	0.406	1.645
ミルク及び乳製品	0.844	0.073	0.635	0.976
米	0.610	0.150	0.265	0.911
その他の消費財	1.117	0.087	0.907	1.495
リスク回避のパラメータ				
$\hat{\psi}_{ht}$	1.830	0.381	1.341	4.116
相対的リスク回避度係数				
係数値	3.596	2.381	1.786	20.682
資産に対する弾力性				
EDU (教育)	0.032	0.072	−0.153	0.251
$\bar{L}$ (土地)	−0.424	0.956	−9.558	0.411
$\bar{A}$ (家畜)	−0.450	0.579	−4.543	0.000

注）　(1) 表 3-3 のパラメータより計算．
　　(2)「相対的リスク回避度係数」はいわゆる Arrow-Pratt 型のリスク回避係数．なお計算の際には生存水準消費量を満たした残りの消費額の期待値が負ないしほとんどゼロになる家計については除外したため，標本数は 282 である．

これらの資産はリスク回避度に関する ψ パラメータをシフトさせると同時に，平均の家計の所得水準にも影響を与える．両方の効果を入れたのが表 3-4 の数字である．試算結果からは，土地と家畜の保有がリスク回避の必要度を低めることが明らかになった．その効果は資産としての流動性が高い家畜の方が強い．教育の効果はほぼゼロとなった．ただし標本農家間の変動も大きい．

3.3.2 分離性の検定　表 3-3 の推定結果は，リスク回避的モデルと整合的であり，したがって非分離性を支持するものとなっている．このことをより厳密に検定するために，表 3-3 の基本モデルへの代替として，次の 3 つのモデルを推定した．

第一は「期待利潤最大化モデル」である．これは基本モデルにおいて，生産の決定が生産技術制約式 (3.13) のみの期待利潤最大化で表わされ，消費者としての特性である β, γ, ψ が生産面には関係がなくなるというモデルである．ただし基本モデルは 7 本の連立システムであり，β と γ という

パラメータはゼロ・ベクトルたり得ないから，期待利潤最大化モデルと基本モデルの比較は，単純な入れ子型の制約検定(nested test)では行えない．そこでVuong(1989)による非入れ子型検定(non-nested test)の尤度比検定統計量 T を用いた．この統計量は，二つのモデルの説明能力が等しければ漸近的に標準化された正規分布にしたがう．

　第二は「村内保険完備モデル」である．これは，農家が生産決定をする際に，(3.16)式に含まれる価格リスクや収量リスクとして，基本モデルのような村レベルのリスクと各家計の圃場に生じるイディオシンクラティックなショックの両方が重要なのではなくて，村レベルのリスクのみが重要であるというモデルである．このモデルの背景には，本書第8章で扱うリスク・シェアリングのモデルがある．個別のショックは村人同士のインフォーマルな相互扶助や信用供与でかなり保険することができるかもしれない．もしそうであれば，農家レベルで生じる価格リスク，収量リスクのうち，個別ショックによる部分に関しては農家は気にかける必要がなくなる．このモデルの実証バージョンは，(3.14)式の推定結果から得られた個別の単収リスクをゼロとおいて，すべての共分散行列を計算し直すことで得られる．

　第三は「消費価格リスク無視モデル」である．これは，農家が生産決定をする際に(3.16)式における所得 y_{ht} と π_{ht}^i の相関については農家は非常に意識するが，消費財価格 p_{ht}^i と π_{ht}^i の相関は気にしないというモデルである．リスク回避に関する農業経済学の既存の研究においては，ほとんどの場合この消費財価格リスク効果は無視されている[4]．そこでこれを無視したモデルと基本モデルのどちらが標本農家の行動を説明するかを比べることには重要な意義がある．なお，第二のモデル，第三のモデルともに，非入れ子型検定となるのでVuong(1989)の尤度比検定統計量を用いる．

　表3-5に代替的な想定の下での3つのモデルの推定結果と，基本モデルと対数尤度を比較したVuong(1989)の統計量を示す．表から明らかなように，「期待利潤最大化モデル」と「消費価格リスク無視モデル」は統計

---

[4] 重要な例外が，Fafchamps(1992a)及びFinkelshtain and Chalfant(1991)の研究である．

表 3-5 代替モデルの推定結果と基本モデルとの比較

	期待利潤最大化モデル	村内保険完備モデル	消費価格リスク無視モデル
リスク回避度			
ψ_0		2.055 (0.180)	1.573 (0.166)
ψ_e		0.058 (0.095)	0.058 (0.018)
ψ_l		0.078 (0.017)	0.040 (0.014)
ψ_a		$-0.071 (0.037)$	$-0.03 (0.019)$
消費需要システム			
β_0^w	0.033 (0.028)	0.035 (0.017)	0.036 (0.016)
β_1^w	0.282 (0.054)	0.284 (0.046)	0.281 (0.046)
β_0^m	0.193 (0.010)	0.192 (0.012)	0.193 (0.009)
β_1^m	0.212 (0.062)	0.214 (0.049)	0.211 (0.047)
β_0^r	0.015 (0.009)	0.014 (0.008)	0.014 (0.012)
β_1^r	0.064 (0.023)	0.062 (0.024)	0.062 (0.019)
γ^w	4.162 (0.143)	4.149 (0.119)	4.133 (0.122)
γ^m	5.778 (0.129)	5.801 (0.155)	5.778 (0.156)
γ^r	0.904 (0.028)	0.907 (0.030)	0.904 (0.028)
γ^o	7.202 (0.213)	7.242 (0.221)	7.206 (0.218)
生産技術制約			
α_0^k	$-0.471 (0.042)$	$-0.636 (0.010)$	$-0.636 (0.010)$
α_1^k	$-0.528 (0.221)$	0.143 (0.035)	0.125 (0.035)
α_2^k	1.211 (0.215)	0.606 (0.030)	0.633 (0.031)
α_3^k	$-0.030 (0.007)$	$-0.027 (0.008)$	$-0.029 (0.007)$
α_0^r	0.038 (0.027)	$-0.505 (0.042)$	$-0.642 (0.017)$
α_1^r	$-1.893 (0.070)$	$-0.051 (0.077)$	0.274 (0.035)
α_2^r	2.089 (0.080)	0.630 (0.041)	0.440 (0.030)
α_3^r	$-0.010 (0.008)$	$-0.017 (0.011)$	$-0.014 (0.009)$
対数尤度	-3520.91	-3284.23	-3290.34
Vuong 統計量	6.977***	0.172	5.129***

注) Vuong 統計量は，表 3-3 の基本モデルに対する値．***は 1% 有意で基本モデルが優れていることを示す．印のないものは 10% 水準で両者に説明力の差がないことを示す．

的に有意に，基本モデルより劣っている．つまりこの標本農家の行動は，保険市場の不完備による非分離型ハウスホールド・モデルで説明されることが分かる．

他方，「村内保険完備モデル」と基本モデルの差は統計的に有意でない．これは言いかえると，標本農家のリスク回避行動は，価格リスクに代表される村内に共通のリスクをコントロールするメカニズムが不足しているこ

とに主に由来しており，村内の各家計に個別に生じるショックは事後的に十分コントロールできることを示唆する．

以上の結果は，推定に用いる標本の選択を変える(完全なパネルデータのみを用いるなど)，あるいは収量リスクの推定モデルを変えるなどして再推定しても定性的に同じ結果が得られた(Kurosaki and Fafchamps 1998)．つまり，村外とリスクを共有するメカニズムが不足しているために，標本農家の生産行動は消費者としての属性から影響を受けるという結果が頑健に得られたのである．この結論は，同じデータに基づく消費水準の異時点間変化の分析からも支持されている(第8章第3節参照)．

本節で推定した実証モデルは，複雑な構造を持ち，その推定は容易ではない．しかしその見返りとして，構造的パラメータが直接推定されるため，ハウスホールド・モデルの理論モデルに直結した分析ができるという強みがある．さらには，生産決定の消費嗜好からの分離性が成立するかに関しても，完全に誘導型的アプローチとは異なり，様々な市場条件の下での代替モデルと比較することができる．したがって，市場不完備の特徴，言い換えればその地域の経済発展の特色について，より深い示唆が得られるのである．

ただし本節のモデルにも難点は多い．実証可能なモデルにするために，生産技術に関しては非常に簡単な想定を採用せざるを得なかった．より現実的な非線形の生産関数を入れた場合，本事例の理論枠組みでは推定モデルを構築することができなかった．また，本節の非線形実証モデルにおいては，モデルの構造，とりわけ非線形制約が計量経済的な意味での識別を容易にしている側面がある．言い換えると，推定結果はモデルの関数設定に多いに依存していることに注意を払う必要がある．

4　結び――ハウスホールド・モデルをどう使うか

以上見たように，ハウスホールド・モデルは，途上国のミクロ経済主体が直面する経済環境，とりわけ事例とする地域ごとに異なる制度的・歴史的特徴を，市場の不完全性という見方から柔軟に取り入れることができる．

数理モデルに基づけば，シミュレーションを通じて様々な市場の条件の下で家計の反応を検討することができる (黒崎 2000b)．計量経済学的実証モデルであれば，できるだけ構造的な推定を試み，その構造を様々な市場の条件ごとに変えた再推定の結果と比較することで，途上国の経済発展について深い示唆を得ることができる (Kurosaki and Fafchamps 1998)．このツールは，途上国の農家や家内企業の行動を説明するモデルとして，理論的に整合的であり，それに基づいた実証結果は理論的な裏づけを持って政策分析に用いることができる点が，特に評価できる．

　この手法を用いて実証的な分析を行う場合に分析者が直面する課題は数多い．不完備市場の何に着目して明示的にモデルに取り入れるのか，そのモデルをどう推計・推定するのか，モデル構築過程での想定にどこまで分析結果が依存しているのかをどう推測するか等々．第1部の展望からは，残念ながらこれら一連の課題への確固たる答えは得られない．第1部が明らかにしたのは，むしろ，これらの課題一つ一つに関して，精緻な分析がもたらす便益と複雑化が引き起こす分析作業上のコストとの間にトレードオフが存在し，分析対象と分析目的に応じてそのトレードオフを個別に判断して解決していくしかないということであろう．

　第一の判断段階はハウスホールド・アプローチを採る必要があるかどうかということである．家計にとって農業や家内企業の経営から得る所得が重要でなければ，通常の消費者分析で事足りる．第二段階は，ハウスホールド・モデルを用いる場合に分離性を想定するかどうかである．分離型モデルは計量的推定が比較的簡単であるから厳密に推定したモデルを用いて様々な政策の影響が分析できる．非分離型モデルの計量的推定は困難であるが，市場の不完全性がもたらす生産・消費の相互作用を柔軟にモデル化できる．最後に，非分離型モデルの特定をカリブレート法という便法で行うのか，それとも計量経済学的に推定して非分離性の検定も行うのかという選択をしなければならない．いずれの手法を取るにせよ，モデル構築過程での便宜的な想定に対する分析結果の頑健性分析が欠かせない．

　非分離型モデルの計量経済学的推定とそれに基づく非分離性検定はハウスホールド・アプローチの先端分野であって，標準的手法はまだ確立され

ていない．この場合にも，推定・検定は易しいが構造的な理解につながらない誘導型的アプローチと，計量作業自体が困難であるがモデルそのものを推定する点で理論とも整合する構造推定アプローチとの間にトレードオフが生じる．したがって，第3節で示したような準構造的なアプローチの可能性を探っていくことが今後有望な研究分野であろう．第2章で示したように，家計行動の理論という点では不確実性と異時点間最適化の2つを取り入れることが標準的にすらなっている．そのようなモデルを実証的に推定・検定する作業こそが求められているが，ストレートに構造推定アプローチを採択するのはコストがかかりすぎるからである．

　政策分析に対する非分離型モデルの一般的なインプリケーションとして重要なことは，第一に，生産・消費両方に関わる財・サービスの需給において家計が純余剰を持つのか，自給自足なのか，それとも外部から購入しているのかの違いで大きく異なった価格反応や厚生面での影響が生じることであろう．市場への参加は農家の経営規模や資産規模とかなり相関しており，その意味で，ハウスホールド・アプローチは，新古典派的な分析枠組みから出発しているにも関わらず，所得分配や公正の問題，効率と分配の非分離性などの問題を効果的に分析することができる．

　第二の重要な政策的インプリケーションは，市場が不完備であればあるほど生産面・消費面での市場価格への反応が鈍くなることである．発展途上国における生産財市場の効率性は，第7章で検討するように，実証的にもある程度支持されている．しかしながら，生産財市場の効率性は弾力的な生産反応を保証しない．むしろ生産要素や消費財市場を含むその他の市場の不完全性が問題になる．信用・保険市場が不完備の場合，生産信用だけでなく消費信用の供与が生産向上の鍵となる．この意味で非分離型ハウスホールド・モデルは，新古典派的な合理的最適化のツールから出発しているにもかかわらず，市場価格の変化に対して即時的に生産要素が移動できない途上国の状況を分析するのに，まさにうってつけの分析枠組みなのである．

　このような市場的取引の不完全性がもたらす非効率の存在は，少なくとも潜在的には，そのような不完全性を克服するための国家の役割を正当化

するものである．伝統的な新古典派経済学が主張するような私的所有権の確立や公共財の供給に限られない幅広い公的介入が経済効率を高め得るのだ．しかし，この含意は無条件の政府介入を認めるものではない．客観的な政策評価によって介入の是非とそのあり方が議論されねばならない．その議論のための基本的情報として，個別の国や事例それぞれについて，生産要素や消費サービスなどの市場不完備の度合いとそれに応じてどのような伝統的な制度や組織が機能しているかを実証していく作業こそが求められている．ハウスホールド・モデルはそのような分析のための一つのツールとして道具箱に常駐させておく価値がある．

第2部　農業契約のモデル

第4章　戦略的行動の下での契約
——小作制度の理論を題材に

1　はじめに

　第1部で取り上げた様々なハウスホールド・モデルは，ある財やサービスの市場に不完備性が見られることを，農家や自営業者にとって変えることのできない外生条件と想定して組み立てられたものである．しかし途上国経済を開発のミクロ経済学的に分析するためにはむしろ，なぜそのような市場の失敗が生じるのか，それに替わる制度・組織がどのように機能しているのかが問題となってくる．

　第2部で紹介する農村の制度と組織の経済学は，広い意味での取引費用(transaction costs)が存在するために市場が不完全であり，売り手と買い手が戦略的に取引を行うことを前提とする分析手法である．取引費用とは，財やサービスの取引をするにあたって，価格以外に売り手と買い手が直接的あるいは間接的に支払わねばならないコストを指す．具体的には，取引相手を探し出し，その相手が信頼できる相手かどうか審査し，実際に取引された財やサービスが合意通りのものか調べ，そうでない場合には合意通りに履行させる，あるいは司法的措置を取るなどの一連の行動にかかる直接的・間接的(交渉などにかかる時間など)諸費用の合計が取引費用である．

　序章で述べたように，取引費用が途上国の農村で大きくなる理由としてはリスク(不確実性)の存在，情報の非対称性，監視・履行強制の不完全性が挙げられよう．その場合農村の取引は完全競争ではなくなり，自分の行動が取引相手の行動に影響を与えることを各自が考慮に入れて，戦略的な行動がとられるようになる．

　本章では，このようなゲーム理論的アプローチに基づくモデルの導入部として，経済的な交渉力の強い経済主体(地主など)がプリンシパル(principal)として，交渉力の弱い相手(小作など)であるエージェント(agent)に対

し契約を提示するタイプのエージェンシー・モデル(agency models)を取り上げる．扱う事例は，このモデルが最も広範に用いられている小作制度の分析である．開拓できる農地に限りがあり，農地の所有が不平等な場合，土地を十分に持たない農民は小作として地主から土地を借りることになる．ここに地主小作契約が生じるが，中でも途上国農村の遅れた側面を象徴するものとしてよく取り上げられてきたのが分益小作制(sharecropping)である．

分益制とは，地主が土地を小作に貸す代償として収穫の一定比率を受け取り，小作が収穫の残りを労働の代償として手に入れる契約である．この方式では，生産量を増やすほど地主に払う量が絶対的に増えていくので，小作の生産意欲が損なわれるかもしれない．そうなると，分益小作のもとでの投入財(労働，肥料など)の使用量は自作農の場合よりも小さくなり，土地が等しく有効に使われていない可能性が生じる(マーシャルの非効率)．

このような非効率の可能性があるにも関わらず，なぜ分益制は採用されるのか．なぜ分益の比率は時代や地域を問わず2分の1のことが多いのか．この制度の採用が合理的に説明できるならば，分益制が採用されることによる効率性や分配面への影響はどのようなものになるか．これらの問題は，途上国の農村開発，とりわけ土地制度の変革と総合的農村開発政策との関連を考える上で非常に重要である(Binswanger et al. 1995)．このことが，農村の制度・組織の経済学を分益小作制度の理論で始める理由である．

以下，第2節で分益小作制をめぐる議論がどのように展開してきたかを，リスクの存在に焦点を当てたモデルを用いて展望する[1]．第3節では，やや視点を変えて，地主・小作双方がそれぞれ得意な領域を持ち，双方にモラルハザードが生じるために分益制が採用されるモデルを紹介する．第4節において，分益性に関する最近の研究動向を，新たな理論モデル及び日本人による実証研究に重点をおきつつ整理する．第5節では，筆者によるパキスタン北西辺境州における小作制度の分析を紹介する．

---

1) 第2節は，黒崎(1996c)にエッセンスが紹介された内容を，Bardhan and Udry(1999, Chap. 6)，Hayami and Otsuka(1993)，大塚(1985)などを参考に拡張したものである．

2 リスク回避を想定した分益小作制度のモデル

2.1 基本モデル

収穫が地主と小作の間で折半されるという分益小作制度と比べるべき制度としては，地代が一定の金額で支払われる現金定額地代制度のもとでの小作制，及び小作関係を結ばずに地主が労働者を雇って現金定額賃金を払う地主手作り制度が考えられる[2]．農業には不作と豊作という収穫のリスクがあり，現金定額小作の場合，収穫のリスクはすべて小作が負うことになる．逆に地主手作り制度の場合，リスクはすべて地主が負う．分益小作の場合，不作も豊作も同じように地主と小作両方の所得に影響を与えるから，農業生産のリスクを地主と小作でシェアする機能がある．これに着目したモデルの紹介から始めよう．

本章の目的は戦略的取引をモデル化し，そのインプリケーションを検討することであって，分益小作制の精緻なモデルを示すことではない．そこで本節のモデルは，Hayami and Otsuka (1993) のモデルを更に単純化して土地の規模の問題を捨象し，一人の地主と一人の小作の間に結ばれる契約を分析する．多数の小作が潜在的に存在する場合の一般均衡については Stiglitz (1974) を参照されたい．

農業生産の生産物 Q をニュメレール (numéraire)[3] とし，その生産関数を $Q = F(L, z, \theta)$ で表わそう．ただし $\partial F/\partial L > 0, \partial^2 F/\partial L^2 < 0$ とする．L は農業労働の投入量，z は農地の大きさ（単純化のために固定とする），θ は収量リスクなどの確率的要因を示す．分益制のもとでの小作の取分比率を α で表わそう．契約パラメータは，分益比率 α だけでなく，地主から小作への固定支払 β を想定する．すなわち，契約が成立した時の小作の取り

---

[2] もちろんこれらの中間的形態として，一定量の現物を地代として支払う小作制度や，出来高払いが部分的に導入された賃金労働の下での地主手作りなど，様々な契約が現実の途上国では観察されるが，理論モデルとしては本文の3タイプさえおさえれば，その応用でこれらのバリエーションも分析できる．
[3] ニュメレールとは，その価格を1として，他の財やサービスの価格の基準とするような財を指す．

分は $\alpha Q + \beta$, 地主の取り分は $(1-\alpha)Q - \beta$ とする. この一般的表現方法には, $\alpha = 0, \beta > 0$ の時の定額賃金での地主手作り, $0 < \alpha < 1, \beta = 0$ の時の分益小作制, $\alpha = 1, \beta < 0$ の時の定額地代小作制が含まれる.

労働者である小作の効用 $U(Y, l)$ は, 余暇 ($l = \overline{L} - L - L_H$)と小作の所得 ($Y = \alpha Q + \beta + wL_H$)から得られるものとする. 効用関数 U は通常の条件を満たすと想定する. $\overline{L}$ は時間の賦存量, L_H は農外賃労働で働く時間, w はその際の賃金とする. すなわち, このモデルでは労働市場完備を想定している. 地主の効用 u は, 地代以外の地主の不労所得 y_0 を加えた総所得 $y = (1-\alpha)Q - \beta + y_0$ の関数とする.

最後に契約の決まり方であるが, 地主がプリンシパルとして, エージェントである小作に対して契約パラメータ (α, β) を提示するタイプのエージェンシー・モデルを想定する. 小作は地主からのオファーを合理的に判断して, これを受け容れるか, 受け容れないかのみを決定する. 受け容れない場合契約は不成立となる. このタイプのオファーのことを 'take-it-or-leave-it offer' と呼ぶ. この想定は, 農地の所有が不平等で土地なし労働者の交渉力が非常に弱い場合に対応しており, 南アジア農村を意識した本書の問題意識からすると, 出発点のモデルとしては適切であろう. 農業契約の理論における交渉力, あるいはもっと幅広く力関係の扱いについては, 次章以降でさらに議論する.

2.2 不確実性がなく, 労働の履行強制が不可能な場合

分益小作制のもとでは, 生産量を増やすほど地主に払う量が絶対的に増えていくので, 小作の生産意欲が損なわれる可能性がある. このことを端的に示すのは, 不確実性がなく, 小作の労働に関する履行強制能力を全く地主が持たない場合である. この場合小作の最適化問題は,

$$\max_{L, L_H} U(Y, l) = U(\alpha F(L) + \beta + wL_H, \overline{L} - L - L_H), \quad (4.1)$$

となるから, その最適化のための FOC は,

$$\alpha \frac{\partial F}{\partial L} = \frac{\partial U/\partial l}{\partial U/\partial Y} = w, \quad (4.2)$$

となる. この式の右側の等号は, 余暇・労働の機会費用と余暇・消費の限

界代替率が等しいという消費者の通常の最適化条件を示している．この式の左側の等号は，$0<\alpha<1$ という分益小作制においては，小作地における労働の限界生産性が労働の機会費用 w を上回ることを意味する．言い換えれば，小作地において労働は過少に投入されているわけで，これが有名な「マーシャルの非効率」である．仮に $\alpha=1$，すなわち定額小作制が採用されれば，その非効率はなくなる．この時の社会的に最適な労働投入量を L^{**} と表記しよう．

さてここまでの議論は地主の最適化問題を考えてこなかった．ここでのエージェンシー・モデルの想定のもとでは，地主は，式(4.2)のような行動を小作がとることを見越して，自分にとって最も都合の良い契約を小作に提示する．式(4.2)から導かれる小作にとって私的に最適な労働投入量 L^* は，β の影響を受けないから，インプリシットな関数 $L^*=L^*(\alpha,z)$ を用いて表現することができる．地主の最適化問題はしたがって，

$$\max_{\alpha,\beta} \quad u(y) = y = (1-\alpha)F(L^*)-\beta+y_0, \tag{4.3}$$

s.t.

$$L^* = L^*(\alpha,z), \tag{4.4}$$

$$U(Y,l) \geq U_0, \tag{4.5}$$

となる(ただし U_0 は契約が成立しない時の小作の機会効用水準)．制約条件のうち(4.4)式は，小作が自分の労働投入量を自分のインセンティブに応じて最適に決めることを示しているため，エージェンシー・モデルの用語では「誘因両立性条件」(incentive-compatibility constraint)と呼ばれる．他方，(4.5)式の制約条件は，小作はこの契約に自ら進んで合理的に参加するための条件であるから，「参加制約条件」(participation constraint)，または「個人合理性条件」(individual-rationality constraint)と呼ばれる．

この最適化問題を解くと，$\alpha^*=1, \beta^*=-F(L^{**})+wL^{**}$ が導かれる．その意味は明快である．不確実性がなく，労働の履行強制もできない場合，地主にとって分益小作制を採用するメリットはない．定額小作制を採用して，その定額小作料の水準を，小作の手元に残る余剰が労働投入量 L^{**} を市場賃金 w で評価した額と等しくなるように，決めれば良いのである．小作はこの小作契約に参加しても，参加しなくても同じ効用水準 $U_0=$

$U(w(\overline{L}-l), l)$ を得ることになる.

つまりこのモデルは,分益小作制度の存在を合理的に説明することができない. この制度の存在は制度的・歴史的な理由で外生的に与えられており,その説明はミクロ経済学の外にあることになってしまうのである.

2.3 不確実性がなく,労働の完全な履行強制が可能な場合

この非効率仮説に対する Cheung (1969) の反論はよく知られている. 彼は,地主は特定の分益比率 α で契約するだけでなく,同時に投入財の水準 L も指定し,それを費用なしで完全に小作に履行させることができると想定した. 数学的には,この場合の地主の最適化問題は,制約条件 (4.5) のもとでの,

$$\max_{\alpha, \beta, L} \quad u(y) = y = (1-\alpha)F(L) - \beta + y_0, \tag{4.6}$$

と書ける. この FOC から小作の投入財の使用量は社会的に効率的な水準 L^{**} となることが示される. つまり,地主の農村における社会的権力が強く,小作との関係も長期にわたる親密なものであれば,投入量の直接的コントロールを通じて,地主はマーシャルの非効率性をなくすことができるのである.

ただし,このように定式化すると最適な (α, β) は一意に決まらない. 制度的・歴史的理由で $\beta=0$ を外生的に想定した時に初めて,$0<\alpha^*<1$ すなわち分益小作制が導き出されるにすぎない. この点でこのモデルも,分益小作制の積極的な存在意義を説明する力が弱い. また,Cheung (1969) の研究ではどのようにしてその履行強制が実現しているのかという分析が不十分であったため,その後,取引を何度も繰り返すことによって小作からの協力を引き出すモデル(無限繰り返しゲーム)などの理論を応用して,そのメカニズムに迫る研究がなされている(福井 1984).

2.4 不確実性があり,労働の完全な履行強制が可能な場合

分益小作制の最大の特色は,この契約の下では豊作も凶作も分益比率にしたがって地主,小作両方の所得に影響を与えることである. つまり分益

第4章 戦略的行動の下での契約——小作制度の理論を題材に———109

制には，両者が農業生産のリスクを分かち合う機能がある．そこで，地主，小作ともにリスク回避的であると想定し，その厚生水準を期待効用で表わそう．農業生産における確率的要因 θ を明示的に示せば，チャンのモデルのように労働の履行強制が完全な場合，地主の最適化問題は，

$$\max_{\alpha, \beta, L, L_H} E[u(y)] = E[u((1-\alpha)F(L, \theta) - \beta + y_0)] \quad (4.7)$$

s.t.

$$E[U(Y, l)] = E[U(\alpha F(L, \theta) + \beta + wL_H, \overline{L} - L - L_H)] \geq U_0, \quad (4.8)$$

となる．この最適化の FOC は，小作の参加制約条件のラグランジュ定数を λ とすれば，

$$(1-\alpha)E\left[u'\frac{\partial F(L, \theta)}{\partial L}\right] + \lambda \left\{\alpha E\left[\frac{\partial U}{\partial Y}\frac{\partial F(L, \theta)}{\partial L}\right] - E\left[\frac{\partial U}{\partial l}\right]\right\} = 0, \quad (4.9)$$

$$\lambda \left\{wE\left[\frac{\partial U}{\partial Y}\right] - E\left[\frac{\partial U}{\partial l}\right]\right\} = 0, \quad (4.10)$$

$$-E[u'F(L, \theta)] + \lambda \left\{E\left[\frac{\partial U}{\partial Y}F(L, \theta)\right]\right\} = 0, \quad (4.11)$$

$$-E[u'] + \lambda E\left[\frac{\partial U}{\partial Y}\right] = 0, \quad (4.12)$$

となる．これらの式から，契約パラメータが地主及び小作のリスク回避度の関数となり，最適な労働投入量が期待利潤を最大化する L^{**} から乖離することが分かる．

より明確な分析結果を得るために，収量リスクなどの確率的要因が乗数的に影響を与える，すなわち $Q = F(L, \theta) = \theta F(L)$（ただし $E[\theta] = 1$）と想定しよう．この場合，上の FOC は，

$$\frac{\partial F(L)}{\partial L} = \frac{E[\partial U/\partial l]}{E[\theta \partial U/\partial Y]} = \frac{wE[\partial U/\partial Y]}{E[\theta \partial U/\partial Y]} > w, \quad (4.13)$$

と整理できる．この式の一番右の不等号が成立するのは，$U_{YY}<0$ ゆえに，θ が大きい値を取る（豊作である）場合に U_Y が下降し，不作の場合上昇するため，U_Y と θ の間に負の相関が生じて，$E[\theta \partial U/\partial Y] < E[\theta] E[\partial U/\partial Y] = E[\partial U/\partial Y]$ となるからである．したがって，最適な投入財の利用水準はリスク回避ゆえに保険市場が完備している場合に比べて小さくなる．これは

第1章のハウスホールド・モデルと同じ結果である．ただしこの場合，地主，小作ともにリスク回避的であるから，過少な投入を直ちに非効率と判断することはできない．最適化問題の定義上，過少な投入は保険市場が欠如しているという条件を所与にした場合の最適な解なのである．

ではこの場合の最適な契約パラメータはどうなるであろうか．式(4.11)と(4.12)からλを消去し，地主と小作それぞれの効用の所得に対する偏微分を一階のテイラー展開で近似し，整理すると，

$$\alpha^* \approx \frac{a}{(a+A)}, \qquad (4.14)$$

(ただしaは地主の絶対的リスク回避度係数[4]，Aは小作の絶対的リスク回避度係数)が得られる．(4.14)式は，地主と小作のリスク回避度が似通っている時には，最適な契約の分益比率が0.5に近づくこと，地主が相対的にリスク中立に近づけば近づくほどα^*は小さくなって定額賃金の地主手作り制に近づいていくことなど，現実の分益小作制をうまく説明している．

他方，(4.13)式を見ると分かるように，αとβは所得を通じて間接的にのみ労働投入量に影響を与える．したがって，最適なα^*が(4.14)式で決定されるならば，同じzの広さの土地を二分して，α^*分は定額小作制，$(1-\alpha^*)$分は定額賃金の地主手作り制として，両者を組み合わせれば，分益小作制と全く同じリスク・シェアリングが実現される．すなわち，不確実性とリスク回避だけでは分益制を採用する積極的な説明にならないのである(Newbery and Stiglitz 1979)．

2.5 不確実性があり，労働の履行強制が全く不可能な場合

Stiglitz(1974)らが確立した現在の標準的な説明では，リスクの共有が望まれるだけではなく，地主による履行強制が不完全な場合に分益小作制が採用される．そもそも前項のモデルでは，地主がいかにして労働投入量を履行強制できるのかが明確でない．Cheung(1969)のモデルのように不確実性がなければ，小作が地主に指示された労働投入を守らなければその

---

[4] 絶対的リスク回避度係数(coefficient of absolute risk aversion)は，$a \equiv -u''/u'$で定義される．

ことが収穫時に判明し，小作は契約不履行で土地から追い出されてしまうから良いが，収量に不確実性があれば，収穫量がある年低かったとしてもそれが小作の怠業にあるのか，小作には不可避な外生的ショックで低くなったのか，判断できない可能性がある．不確実性の存在は情報の非対称性を深刻にするため，履行強制は不完全なものにならざるを得ないのである．また，ここまで投入財の労働 L は労働時間であるかのように扱ってきたが，実際の生産性に影響するのはどのくらい熱心に働くかという「努力」(effort)で測った労働投入であろう．努力で測った労働投入を契約に盛り込んだり，履行強制させることはそもそも不可能であろう．

そこで逆の極端をとって，不確実性があり，労働の履行強制が全く不可能な場合についてモデルを解いてみよう．以下，L は単なる労働時間ではなく，努力を配慮した実効労働投入であるとする．地主の最適化問題は，

$$\max_{\alpha, \beta} E[u(y)] = E[u((1-\alpha)F(L, \theta) - \beta + y_0)], \quad (4.15)$$

s.t.

$$L = \arg\max_L E[U(Y, l)], \quad (4.16)$$

$$E[U(Y, l)] = E[U(\alpha F(L, \theta) + \beta + wL_H, \overline{L} - L - L_H)] \geq U_0, \quad (4.17)$$

と表わされる．(4.16)式は小作の誘因両立性条件，(4.17)式は参加制約条件である．この最適化問題は，一般的な想定の下では FOC を経済学的にうまく特徴づけることが難しい．そこで，モデルを思い切って単純化し，外部労働市場は捨象し，地主はリスク中立，小作の効用は $U(Y, l) = U(Y) - L$，$U' > 0$，$U'' < 0$，生産リスクは前項後半同様に乗数的と想定する．

この単純化されたケースにおける小作の誘因両立性条件の FOC は，

$$\alpha F' E[\theta U'] = 1, \quad (4.18)$$

となる．さらにもう一つの想定として，参加制約条件が等号で成立しているとすれば，(4.17)式と(4.18)式から，L と β を α のインプリシットな関数 $L^*(\alpha), \beta^*(\alpha)$ として表わすことができる（通常の条件では $dL^*/d\alpha > 0$，すなわち分益シェアの上昇は小作に生産意欲を与える）．その場合の地主の最適化問題は，

$$\max_\alpha y = (1-\alpha)F(L^*(\alpha)) - \beta^*(\alpha) + y_0 \quad (4.19)$$

と単純化され，その FOC を整理して，

$$\alpha^* = 1 - \frac{F}{F'dL^*/d\alpha}\left(1 - \frac{E[\theta U']}{E[U']}\right), \qquad (4.20)$$

が得られる．小作がリスク中立に近づけば，$E[\theta U']/E[U']$ は 1 に近づき，したがって(4.20)式より，最適な分益比率は 1，すなわち定額小作制に近づく．もし小作がリスク回避的であれば，$E[\theta U']/E[U'] < 1$ であるから，$\alpha < 1$ となり，分益小作制が最適な契約として採用されることが分かる．このモデルで重要なのは，もし小作の生産意欲の問題がなければ，つまり $dL^*/d\alpha = 0$ であったならば，α^* は 0 に収斂し，地主がすべての生産リスクを負うことになるが，実際には，小作の生産意欲という問題がある ($dL^*/d\alpha > 0$) ため，地主はあえて小作にリスクの一部を負わせる点である．

これを言葉でまとめると，地主は小作の投入財の使用水準が α によって変化することを見越したうえで，α と固定支払 β の自分にとって最適な組み合わせをエージェントである小作に提示する．リスクを回避しようとする小作にとってはリスクの分担という意味で α が小さい方が望ましいが，小さいと小作の生産意欲が阻害される．その両方の効果を考慮に入れたちょうどいいバランスをとる契約として，0 と 1 の中間の値の α，つまり分益制が選択される，というのがこのモデルの論理構造である．この場合，分益小作制が，定額小作制や，定額賃金で農業労働者を使う地主手作制よりも優れた制度として選択されることになる．

ここで一つ注意しておく必要があるのは，この場合の分益小作制は，保険市場が存在しないという条件の下で，地主・小作の両当事者にとって最適な契約なのであって，同じく不確実性があり農業生産の履行強制が不可能な場合でも，仮に土地契約とは別途に，地主が小作に生産変動に対する保険を与えることができれば，定額地代による小作制の採用によって，生産の社会的効率を改善することができるかもしれないことである．

3　地主・小作双方にモラルハザードがあるモデル

前節で紹介したモデルは，不確実性の下でのリスク回避が重要になるこ

第4章 戦略的行動の下での契約——小作制度の理論を題材に———113

と,言い換えれば保険市場が欠如していることと,小作の労働投入の監視が不可能であるという2つの市場の失敗ゆえに,分益小作制度が最適な契約となることを示したものである.市場の失敗の2番目は,小作の労働に関してモラルハザードが存在すると言い換えることもできる.

しかしこのモデルが分益小作制を説明する唯一のモデルではない.一般に2つ以上の市場の失敗があれば,それを克服するための契約として分益小作制度に存在意義を与えることができる.リスク回避を想定せず,地主,小作の双方にモラルハザードがあるモデルがその代表である.Eswaran and Kotwal(1985)のモデルを簡略化して紹介しよう.

3.1 モデルの構造

農業生産における重要な要素として,「労働監視努力」と「農場管理努力」の2つを想定する.「労働監視努力」とは,労働時間がどれだけ効率的に,実質的な意味での労働投入に変換されるかをコントロールする.例えば,小農が自分の土地で働く場合,怠けるインセンティブはないから,自分の労働時間がそのまま自動的に労働の実質的な投入量に変換される.これに対し,労働時間当たり賃金を払って労働者を雇った場合,働いた時間が実質的な労働投入に変換されるためには,雇用主が労働者をきちんと監視する必要がある.「農場管理努力」とは,作物や各種投入財を適切に組み合わせて,同じ固定生産要素や同じ投入量からより多い産出を得るための努力である.これら2つの努力は,直接に市場で取引することはできない.一個人が持つこれら2種類の努力の賦存量を標準化して合計で1とし,労働監視努力をs,農場管理努力をt,両者は努力という点では代替的であると想定しよう.すなわち,個人iの2種類の努力は,

$$0 \leq t_i \leq 1, \quad 0 \leq s_i \leq 1, \quad 0 \leq t_i+s_i \leq 1, \quad (4.21)$$

を満たす.

ある一定面積zの農地に労働時間Lとその他の投入財Mを投入して得られる生産(生産物をニュメレールとする)は,乗数的な生産リスクをθ(その期待値は1に等しい)とすれば,

$$q = \theta f(t, s, M, L, z), \quad (4.22)$$

と書くことができる．地主を下付き文字 1，土地なし小作を下付き文字 2 で示す．ここで地主は農場管理能力において小作よりも優れているため，生産関数 (4.22) 式に入る t は，地主の場合にはそのまま t_1 でよいが，小作がこれを供給する場合には $\gamma_2 t_2$（ただし $0 \leq \gamma_2 \leq 1$）と調整する必要があると想定する．同様に，小作は労働監視能力において地主よりも優れているため，生産関数 (4.22) 式に入る s は，小作の場合にはそのまま s_2 でよいが，地主がこれを供給する場合には $\gamma_1 s_1$（ただし $0 \leq \gamma_1 \leq 1$）となると想定する．

3.1.1 定額賃金による地主手作り契約

地主自らが，労働者を定額賃金で雇い入れて農地を経営する．その場合，労働監視努力も農場管理努力も地主本人の責任で行われるから，最適化問題を解いた上での地主の効用水準は，期待収益

$$\Pi_1^{fw} = \max_{t_1, s_1, M, L} \; [f(t_1, \gamma_1 s_1, M, L) - pM - wL] + (1 - t_1 - s_1)v, \quad (4.23)$$

で表わされる（ただし p, w はそれぞれ M, L の価格，左辺の上付き文字 fw は 'fixed wage' の略）．v は地主にとっての努力の機会費用である．また，角かっこ内は農地経営からの期待利潤である．すなわちこのモデルでは地主も小作もリスク中立であると想定する．にもかかわらず θ という不確実要因がモデルに入っているのは，「努力」に関する履行強制が働かないという想定を現実的にするためである．

3.1.2 定額地代による小作契約

土地なし小作は，農地を定額地代 R で借りて農地を経営する．その場合，労働監視努力も農場管理努力も小作本人の責任で行われるから，最適化問題を解いた上でのリスク中立的小作の効用水準は，地代支払いを抜きにすれば，

$$\Pi_2^{fr} = \max_{t_2, s_2, M, L} \; [f(\gamma_2 t_2, s_2, M, L) - pM - wL] + (1 - t_2 - s_2)u, \quad (4.24)$$

で表わされる（左辺の上付き文字 fr は 'fixed rent' の略）．u は小作にとっての努力の機会費用である．

地主は小作がこのように行動することを見越して，'take-it-or-leave-it

offer' を出す.小作の留保効用は,u に等しい.地主の収益は $R+v$ であるから,地主の最適化問題は,$\Pi_2^{fr}-R \geq u$ という参加制約条件の下に R を最大化すればよい.したがってその最適解は,

$$\Pi_1^{fr} = v+\Pi_2^{fr}-u, \tag{4.25}$$

となる.

3.1.3 分益小作契約

地主と小作は,それぞれが絶対優位を持つ分野である t_1 と s_2 を分担して農業生産に当たり,それによって得られる期待収益 Π を,小作が $\alpha\Pi+\beta$,地主が $(1-\alpha)\Pi-\beta$ となるように分割する契約を結ぶ[5].

重要な想定は,M 及び L の投入については履行強制が働くため,双方にとって最適な水準が達成できるが,t_1 と s_2 については履行強制が働かず,地主と小作はそれぞれが自分にとって最適になるように機会主義的に行動する点である.言い換えると,直接的に市場で取引できない財である地主の農場管理努力と小作の労働監視努力において,モラルハザードが生じ得るわけである.

(t_1, s_2) を所与とした時の期待収益を $\Pi(t_1, s_2)$ とすれば,

$$\Pi(t_1, s_2) = \max_{M, L} f(t_1, s_2, M, L) - pM - wL, \tag{4.26}$$

で定義できる.したがって,小作にとって最適な労働監視努力の水準は,

$$\max_{s_2} \alpha\Pi(t_1, s_2) + (1-s_2)u, \tag{4.27}$$

で決定される.小作は 'take-it-or-leave-it offer' を受け容れるか受け容れないかの選択しかないから,小作の最適化問題において α は所与として扱える.また,地主が供給する t_1 の水準に関してはナッシュ・ゲームを想定して所与として扱えば,(4.27)式の解は,インプリシットな関数

$$s_2 = \sigma(t_1, \alpha), \tag{4.28}$$

で表わされる.言うまでもなく,小作が $s_2>0$ の努力を払うためのインセ

---

[5] このノーテーションは Eswaran and Kotwal(1985)とは逆であるが,前節と同じ契約パラメータに変更した.

ンティブが存在するためには，$\alpha > 0$ でなければならない．同様に，地主にとって最適な農場監視努力の水準は，

$$\max_{t_1} \quad (1-\alpha)\Pi(t_1, s_2) + (1-t_1)v, \tag{4.29}$$

で決定される．地主の最適化問題を階層化し，まずは (α, β) を所与にして t_1 の水準を決め，その上で最適な (α, β) を決定するとモデル化すれば，(4.29)式の解は，インプリシットな関数

$$t_1 = \tau(s_2, \alpha), \tag{4.30}$$

で表わされる．言うまでもなく，地主が $t_1 > 0$ の努力を払うインセンティブは，$1-\alpha > 0$ でなければ存在しない．したがってこの契約では必ず $0 < \alpha < 1$ となる．(4.28)式と(4.30)式が同時に成立する $[t_1^*(\alpha), s_2^*(\alpha)]$ が，農場管理努力と労働監視努力についてのナッシュ均衡解となる．

以上のノーテーションを用いて地主が提示する 'take-it-or-leave-it offer' に関する最適化問題を示すと，

$$\max_{\alpha, \beta} \quad (1-\alpha)\Pi(t_1^*(\alpha), s_2^*(\alpha)) - \beta + [1-t_1^*(\alpha)]v, \tag{4.31}$$

s.t.

$$\alpha\Pi(t_1^*(\alpha), s_2^*(\alpha)) + \beta + [1-s_2^*(\alpha)]u \geq u, \tag{4.32}$$

となる．ナッシュ均衡解の部分に，小作の誘因両立性条件がインプリシットに入っていることに注意されたい．(4.32)式が小作の参加制約条件である．この最適化問題の解を(4.31)式に代入して得られるのが，分益小作制度の下での地主の厚生水準 Π_1^{sc} である（上付き文字 sc は 'sharecropping' の略）．

3.2 解の特徴

このエージェンシー・モデルでは地主がプリンシパルであると想定しているから，地主は，定額賃金手作り，定額地代小作，分益小作の中から自分にとって最も都合のいい契約を小作に提示する．すなわち，契約相手となる土地なし小作の特徴，とりわけ γ_2 を見た上で，$\Pi_1^{fw}, \Pi_1^{fr}, \Pi_1^{sc}$ を計算し，3つのうち最大になるものを選ぶ．

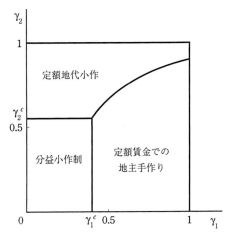

図 4-1　地主・小作の特徴と最適な土地契約
出所）　Eswaran and Kotwal (1985), p. 360.

Eswaran and Kotwal (1985) では，コブ＝ダグラス型生産関数を想定して，数値的にこの問題を解き，図 4-1 という結果を得た．まず $\gamma_1 = \gamma_2 = 0$ という極端な場合を考えよう．その場合，地主と小作はお互いに協力して，自分に欠けている能力，すなわち地主であれば労働監視能力，小作であれば農場管理能力を補い合うことが，効率的になる．したがって分益小作制が採用される．この論理は，γ_1 と γ_2 の両方がある程度小さければ成立する．

今度は $\gamma_1 = 1$ という逆の極端な場合を考えよう．その場合，地主の労働管理能力は小作と全く引けを取らない．したがって分益小作という生産インセンティブを歪める契約ではなく，地主自らが定額賃金で労働者を雇って手作り経営をすることが効率的となる．この論理は，γ_1 が 1 にある程度近ければ成立する．したがって図 4-1 では，γ_2 が低めの値を取る場合に，γ_1 のみを大きくしていけば，当初は分益小作制の方が効率的であったのが，やがて定額賃金手作りに代替されていくのである．

同様に $\gamma_2 = 1$ であれば，小作の農場管理能力は地主と全く引けを取らないから，分益小作という生産インセンティブを歪める契約ではなく，小作が定額地代で小作経営をした方が効率的となる．この論理は，γ_2 が 1 に

ある程度近ければ成立するから，図4-1にあるようにγ_1が低めの値を取る場合に，γ_2のみを大きくしていけば，当初は分益小作制の方が効率的であったのが，やがて定額地代小作に代替されていくのである．

このモデルは，3種類の契約形態が共存することをうまく説明しているだけでなく，趨勢的に分益小作制が減少していくという経済発展の歴史上の大きな流れを説明する上でも有効である．南アジアのパンジャーブ農業においては1960年代末以降，緑の革命によって農業の収益性が高まり，出稼ぎ者送金という外部からの資金流入もあったために，耕作のトラクター化と地主の自耕地拡大が進展した(黒崎1992)．トラクター導入という技術革新は農業生産における労働監視努力の重要性を下げるから，本節のモデルでいえばγ_1を引き上げる効果を持つ．したがってトラクターを導入した農家は分益小作農に土地を貸し出すことを止め，自作地を拡張すると分析できる[6]．

また，緑の革命のような生物学的技術革新では，実際に作物の面倒を見る者の知識や技能が農場管理能力の中で相対的に重要になり，作物の選択やマーケッティングといったそれまで地主が優位を持っていたと見られる農場管理能力の相対的重要性が下がると考えられる．したがって本節のモデルで言えばγ_2が上昇することになり，分益小作が定額のリース契約に代替されていくのである．これも現実にパンジャーブ農業で起きつつある変化と整合的である(黒崎1992)．

他方，このモデルのマーシャル非効率に関するインプリケーションも興味深い．図4-1でわかるように，同じ地域内で定額小作地代と分益小作地代が共存しているならば，同じγ_1の下では前者が小作のγ_2が高く，後者は小作のγ_2が低い状況ということになる．したがって，制度選択のメカニズムを考慮せずに，観察されたデータを下に機械的に効率性を比べれば，分益小作地代の土地の方が生産性が低くなり，マーシャル非効率が検出されてしまう．しかしこの見方は正しくない．生産性の差は基本的にγ_2と

---

6) ただしパンジャーブ農業におけるこれらの変化には，土地改革立法の導入によって分益小作地にしておくと土地収用の対象になる危険性が増大したという制度変化も多大な影響を与えた(Hirashima 1978)．

いう小作の能力の差を反映したものである．仮に同じく低い γ_2 を持つ2人の小作が，それぞれ定額小作制度と分益小作制度の下で経営を行えば，土地の生産性は分益小作制度の方が高くなる．本節のモデルでは，そのような場合には地主が「非効率」な定額小作制度を選択しないから，2種類の小作形態が理論的に比較可能な形で共存することは観察され得ない．このモデルでの分益小作制は，γ_1 と γ_2 の両方が低い時にパレート改善をもたらす「効率的」な制度なのである．

4　分益小作制度に関する最近の研究動向

以上，分益小作制度に関する代表的な2つのモデルを紹介した．これら以外に分益小作制度を経済学的に合理的に説明する重要な理論として，潜在的小作の能力を見分けるためのスクリーニングの手段として分析する逆選択や，小作の有限責任(limited liability)に着目するモデルがある．

潜在的小作がどれだけ生産性が高いか分からない場合に，定額地代小作と分益小作の両方を地主が選択肢として示し，能力が高い小作が定額地代，能力の低い小作が分益小作を選ぶインセンティブを与えるというのが，スクリーニングに基づく分益小作の理論である(Newbery and Stiglitz 1979; Hallagan 1978)．Allen (1985) や Shetty (1988) ではスクリーニングの議論を一歩拡張し，小作の債務能力に限界があり，そのデフォルトを防ぐために，債務能力の低い小作には分益地代を選択させるという逆選択と有限責任とを組み合わせたモデルを示した．有限責任の下では，不作になった場合に小作が定額地代を払えないというデフォルトが生じ得るが，モラルハザードによってデフォルトが起きやすくなる事態を防ぐための制度として，分益小作制度を分析した理論的研究もある(Basu 1992)．有限責任を入れたモデルでは，小作の資産水準が上がればデフォルトが起きにくくなるために，分益小作ではなく定額地代小作が採用されるようになる．この理論的インプリケーションもまた，現実の途上国における複数の制度の共存と，分益制度の歴史的後退をうまく説明している．

また，定額地代は作付前に支払われることが多いのに対し，分益小作地

代は定義上収穫後にしか支払うことができないから，分益小作制度にはインプリシットな信用供与メカニズムが含まれている(Hayami and Otsuka 1993)．その場合，信用供与の必要な小作，あるいは信用供給源が限られている経済において分益小作の採用率が高くなるという理論的インプリケーションが得られる．

　一方，分益小作制度の下でマーシャルの非効率が生じるかどうかについての理論分析も深まっている．これについては第2節でも議論したが，不確実性下で保険市場が欠如している場合には，効率性の定義が難しい．また，第3節のモデルでも内生的な制度選択をどう扱うかによって，効率性の意味が変わってしまう．分益小作比率の微調整が生産意欲に影響を与えなければ，非効率は生じないという見方もできるが，そのような理論には，貧しい分益小作農がセーフティー・ファースト原理で行動する場合や贈与交換を伴う長期的な「繰り返しゲーム」を行う場合(Sadoulet et al. 1994)，血縁関係に基づく相互扶助的保険・信用の供与を伴う場合(Sadoulet et al. 1997)などがある．また，種子や化学肥料などの経常投入財の費用を生産物の分益比率に似た比率で折半する取り決めも，非効率を小さくする効果がある．

　以上の理論モデルは，途上国各地における小作制度や土地制度，労働慣行に関する実証研究と並行して進展してきた．これらの実態調査の積み重ねの中から新しい経済理論につながる研究が日本からも多数出てきている．Morooka and Hayami(1989)は，インドネシア・西ジャワ高地の小作制度選択においては，低い機会費用で契約条件を履行させることのできる地主が分益小作制を選択するため，マーシャルの非効率が存在しないことを示した．さらに同じく西ジャワ高地の事例で，横山(1995)は同様の理由から非効率性が存在しないことに加えて，各小作制度における小作料水準の差が借り手の資金需要と資金調達の機会費用の差によって説明できることを明らかにした．すなわち，信用市場の不完全性に対応するための制度適応として小作制度が機能しているのである．

　西ジャワ稲作地域の事例では，農村での所得シェアリングが小作制度においても観察されること，即ち限界生産力から導かれる理論的小作料より

も現実の分益小作料は低く，その差額が小作農と収穫労働者でシェアされていることを示す研究に藤本(1988)がある．藤本はマレーシアをフィールドの中心にする(Fujimoto 1994)と同時に，東京農大をベースにしたジャワ，タイ，フィリピンでの共同研究すべてにかかわっており，Fujimoto (1996)でそれらを統一的分析枠組みのもとに比較している．また，タイやフィリピンの分益小作制度については，福井による一連の実証研究(福井1992; Sadoulet et al. 1994; 1997)が理論面での貢献も含む重要な研究である．

　南アジアの事例では，バングラデシュにおける藤田の一連の研究が注目される．藤田(1993)は，分益制の非効率が地主の履行強制によってある程度抑えられていることや借地率の土地生産性への影響が作付決定や灌漑率での差を通じた間接的なものに限られることなどから，小作地であること自体が直接的に効率を損ねてはいない反面，自作地・小作地を問わず経営規模と土地生産性の逆相関関係が貫徹していることを明らかにした．この藤田の結論は，土地賃貸市場が十分に機能せず，土地所有と生産効率が分離不可能であるという不完全情報と取引費用の経済学の理論的インプリケーションと一致するものである．他には大野(1988)が，インド・ハリヤーナー州での土地賃貸市場動向の地域差が経営資源の集約度の差と作付形態の差で説明できることを示している．

　以上の実証研究は，日本のアジア農村研究における実態調査重視の伝統が反映されており，制度の歴史的背景にも目が配られているなどの点が評価できる．分益小作の理論が多様なのは調査地に応じてその存立論理が異なっているためであることを，これらの研究は雄弁に示している．とはいえ，限られたクロスセクション・データの場合，異なる制度の間での選択や，その選択に由来する内生性をコントロールすることが難しいことが多い．次節では，異なる制度が併存している事例を取り上げて，この問題についてさらに考える．

5 パキスタン・北西辺境州における小作制度

5.1 調査村の特色

本節で用いるのは,パキスタンの北西辺境州(North-West Frontier Province: NWFP)農村家計調査に基づく1996年IDSデータである[7].標本村の選択にあたっては,村の人口規模,エスニックな特徴,土地制度のそれぞれが似通ったものになるよう留意し,他方で灌漑水準の違いと市場向け活動の度合いの違いによって対照的となる3村をペシャーワル県(Peshawar District)から選択した.小規模のクロスセクション・データから開発問題への動学的な含意を得るためには,経済発展のプロセスが異なる複数の村を意図的に選択することが有効であるとの認識に基づき,村の選択においては無作為標本による代表性を犠牲にして恣意的に標本を選んでいる.

1996年8月から10月にかけて行った家計調査では,3つの標本村内で各家計タイプ(後述)ごとに無作為に選定された世帯に関し,家計経済の広範な側面(家族構成,生業,所得源,農業及び自営業の経営概略,消費パターン,負債など)をカバーした.標本村の特徴と標本家計数を表4-1にまとめる.A村が天水農業に依存し,ペシャーワル市へのアクセスも不便で社会インフラも欠如した最も開発の遅れた地域,C村が灌漑農業に依存し,ペシャーワル市の近郊農村として農外雇用機会にも恵まれ,社会インフラも充実した最も開発の進んだ地域を代表する.B村はそれらの中間に位置する.

標本家計は,農村の主要な経済活動が農業であることから,まず大きく「非耕作家計」と「耕作家計」に分けた.前者は農地を全く経営しない家計,後者は農地を経営する家計である(本節ではこれを「農家」と呼ぶ).農地を自らは経営しないが他人の農場での賃労働にもっぱら従事する世帯や,

---

7) この調査は,アジア経済研究所と北西辺境州農業大学開発学研究所(Institute of Development Studies, NWFP Agricultural University: IDS)の共同研究 'The Transformation of Rural N.W.F.P.' として行われた. NWFP経済の特徴,家計調査結果の内容とそれに基づく分析については,Kurosaki and Hussain (1999)及び黒崎(1999)を参照されたい.また,同じスタッフにより1999/2000年度に同じ標本農家の再調査を実施した. 2時点間の変化の分析は別稿に期したい.

表 4-1 家計調査の調査村と標本家計数(パキスタン北西辺境州, 1996 年)

	A 村	B 村	C 村
1. 村の特徴			
灌漑設備	天水	灌漑/天水併用	灌漑用水
主要道路への距離	10 km	4 km	1 km
主要農作物	小麦, メイズ, 野菜	小麦, メイズ, サトウキビ, 野菜, 果樹	小麦, メイズ, サトウキビ, 野菜, 果樹, 育苗
2. 1998 年国勢調査			
人口	2858	3831	7575
成人識字率(%)	25.8	19.9	37.5
総世帯数	293	420	1004
平均世帯規模(人)	9.75	9.12	7.54
村の総面積(エーカー)	2045	650	1244
1 世帯当たり面積(エーカー)	6.98	1.55	1.24
3. 標本家計数の分布			
合計	119	116	120
耕作家計	81	76	79
自作農	48	38	39
自作地主	2	7	8
純自作農	46	31	31
自小作農	17	18	16
純小作農	16	20	24
非耕作家計	38	40	41
非耕作地主	5	4	3
完全な非農家	33	36	38

出所) 筆者らによる家計調査データより作成. 以下第 4 章の表はすべて同じ.

放牧等によって畜産業に従事する世帯は,小作制度に焦点を当てる本節での分類では非農家と呼ぶ.農家は,経営する農地を自ら所有しているかどうかによってさらに「自作農」,「自小作農」,「小作農」に分類される.自作農,自小作農は経営農地のすべてないしは一部を所有していることで定義されるから,所有する農地の一部を貸し出す地主を含む(表4-1).農家を3つのタイプに分けるのは,それぞれの土地資産が全く異なっていることによる.南アジアの農村では地代の支払者であるか,受取者であるかは全く対照的な経済的意味を持つのである(Hirashima 1996).比較のため,表に示すように,各家計タイプの割合は各村とも似通ったものになるよう標本を選定した.

5.2 調査地の小作制度

3つの調査村の間で社会関係や土地相続などに際だった差はない．しかし，その置かれている経済発展，特に農業環境の違いが小作制度の違いに現われている．表4-2に，自作地と定額小作地，分益小作地の分布を，家計を基本にしたデータと農地を基本にしたデータとで示した．

A村においては1件を除いて，小作慣行はすべて分益小作制である．ただしこの村の分益小作には，大きく2種類のパターンがある．一つは，地代が生産物の50%の契約で，その場合，種子，化学肥料，厩肥，農薬，収穫費用など，労働以外の全ての経常投入財の費用も同じ50%で折半されることが多い[8]．もう一つは，地代が生産物の3分の1となる契約で，その場合，収穫費用を除くすべての費用は100%小作側が負担するのが標準的である．地主のネットの取り分の期待値は，両者に大きな差がないと思われるから，2つの契約の差はインプリシットな信用供与の額，リスク負担の大きさ，投入財利用に関する地主の関与の度合いなどにある．小作が受け取るインプリシットな信用額が大きく，リスク負担は小さく，投入財利用への地主の関与が深いのが，50%契約ということになる．

この村で分益制が好んで選択される最大の理由は，収量の変動というリスクを地主と小作農の間で共有することにあると見られる．年降水量が大きく変動する天水農業であるため，農地にその年，何かの作物が育つかどうか，作付けしたにしてもそれなりの収穫が見込めるかどうか，当地の環境では不確実である．例として，この村では大規模経営となる約10エーカー弱の農地を所有し，さらに2エーカーの農地を50%タイプの分益小作で借り入れている農家を見てみよう．調査年には合計11.5エーカーの農地のうち5.5エーカーは雨量不足ではじめから耕作を放棄，6エーカー作付けした乾季作の小麦のうち播種量を上回る収穫があったのはその3分

---

8) もちろんこれは，標準的な場合である．生産物の分益比率は50%と固定的なのに対し，投入財をどこまでシェアするかはかなり弾力的である．これは，理論モデルにおける固定支払 β に対応していると考えられる．エージェンシー・モデルでは地主は小作から経済余剰のすべてを吸い上げるが，α がインセンティブとの関係や制度的理由で50%と固定的であれば，β が弾力的に変化する必要がある．

表 4-2　標本農家の小作地耕作状況

	A村	B村	C村
1. 標本農家(耕作家計)数の分布(%)			
自作地を耕作している家計	80.2	73.7	69.6
定額地代で小作地を耕作している家計	1.2	10.5	17.7
分益地代(33.3%)で小作地を耕作している家計	7.4	0.0	0.0
分益地代(50%)で小作地を耕作している家計	40.8	40.8	35.4
標本農家戸数	81	76	79
2. 標本農家の耕作地面積の小作形態別分布(%)			
自作地	84.0	58.6	54.2
定額地代の小作地	0.3	7.1	17.8
分益地代(33.3%)の小作地	1.4	0.0	0.0
分益地代(50%)の小作地	14.4	34.2	28.0
標本農家1戸当たりの耕作地経営面積(エーカー)	6.79	2.02	2.68

　注)　1戸の農家は複数のカテゴリーの土地を耕作できるから,「1. 標本農家(耕作家計)数の分布」の合計は100%を超える.

の2程度の畑にすぎなかった．これは特別の異常気象ではなく，むしろ平均的な年の話である．このような条件下で，現金定額地代を前払いして農地を借りる小作契約が成立しないのは当然であろう．1件見られる現金定額地代のケースは例外的であり，地代はB村やC村の50分の1程度という名ばかりの水準であった．

　B村，C村で見られる分益小作契約は，A村の50%タイプとほとんど同じである．A村との大きな違いは，定額地代による小作も盛んなことである．特に，灌漑率が高く経済発展も進んだC村において定額地代小作のシェアが高い．定額地代の水準は，土地の肥沃度や灌漑設備によってきめ細かく変動し，同じ村の中でも3倍から4倍の差が観察される．

　ここで興味深いのは，C村で最も収益性が高い果樹の育苗においても50%タイプの分益小作が行われていることである．インタビューした農民は分益制を選択する理由として2つを挙げた．第一に，育苗は穀物の栽培に比べてより資本集約的でかつ資本の回収に時間がかかるため，十分な運転資本を用意できない小作は分益制を選ばざるを得ない．第二に，穀物に比べて果樹の育苗には市場価格の大きな変動というリスクがあり，分益

表 4-3　計量モデルの変数の定義と基本統計量

1. 小作制度選択(母集団＝標本農家，標本数＝236)

		平均	標準偏差	最小値	最大値
IRRG	村の属性を標本農家の耕地合計の灌漑率で示したもの．A村では0，B村では0.58，C村では0.68.	0.41	0.30	0	0.68
WORK	世帯に含まれる就業者(家庭内労働含む)の数	5.26	2.87	2	21
LAND	家計が所有している可耕地の面積(単位＝ジャリーブ，0.5エーカー)	7.39	21.87	0	300
ASST	家畜，家計保有資産(乗り物，ミシン，電化製品など)，土地以外の農業資産の現在価値合計(単位＝1000 Rs.)	40.04	95.44	0.12	1030
YOUT	出稼ぎ者送金の純受取額及び恒常的な非農業雇用の所得(単位＝1000 Rs./年)	34.19	74.52	0	703

2. 効率性比較(母集団＝小麦作付農家，標本数＝162)での追加変数

		平均	標準偏差	最小値	最大値
YWHT	小麦の単位面積当たり付加価値(単位＝Rs./ジャリーブ)	1694	1517	−852	7419
R_{SC}	家計の小麦作付地に占める分益小作地の比率	0.308	0.438	0	1
R_{FR}	家計の小麦作付地に占める定額地代小作地の比率	0.046	0.186	0	1
EDUCA	世帯に含まれる就業者(家庭内労働含む)の識字者比率	0.22	0.23	0	1
EDUCH	世帯主の教育水準(非識字者＝0，初等教育終了＝1，以下，教育水準につれて上がり，大卒＝5)	0.53	1.03	0	5
FARM	耕地経営規模(単位＝ジャリーブ)	11.87	13.22	0.4	90
LABOR	単位面積当たりの就業者数(単位＝人/ジャリーブ)	1.10	1.33	0.075	10
HSIZE	世帯規模(人数)	10.38	6.22	2	45

制によって小作が負担するリスクを小さく抑えようとするのである．

　一見同じ分益制であってもその経済的機能はそれぞれの村の置かれている環境によって異なっており，いずれの例もそれなりの合理性を持っている．ただし，育苗の場合には収穫物ではなく売り上げが折半されるから，小作が正直に売り上げを申告して折半するかどうかという履行強制問題が

表 4-4　小作制度選択の決定要因(プロビット・モデルの推定結果)

	1. 耕地を借り入れるか否か (母集団=標本農家)	2. 定額地代で借り入れるか否か (母集団=耕地借入農家)	3. 分益小作制度33%で借り入れるか否か (母集団=A村の耕地借入農家)
定数項	0.212　(0.78)	−3.776　(3.54)***	1.891　(1.75)*
IRRG	−0.478　(1.42)	4.346　(2.82)***	
WORK	0.082　(2.22)**	−0.018　(0.20)	−0.794　(2.23)**
LAND	−0.102　(5.62)***	0.133　(2.79)***	−0.210　(1.37)
ASST		0.013　(1.88)*	0.002　(0.16)
YOUT		−0.001　(0.22)	0.024　(2.38)**
標本数	236	111	33
対数尤度	−138.17	−38.91	−8.32
尤度比検定量	$\chi^2(3)$　50.00***	$\chi^2(5)$　35.46***	$\chi^2(4)$　14.65***
予測値的中率	0.737	0.838	0.879

注)　かっこ内は t 検定量の絶対値．尤度比検定，t 検定ともに，***は1%有意，**は5%有意，*は10%有意を示す．

生じる．調査地では2つの方法でこの問題が解決されている．第一に，リスクを共有することがイスラーム教で奨励されているために，信心深い小作は契約通りに行動するインセンティブを持つ．第二に，地主と小作の関係は何代にもわたる長期的なものであるために，信頼関係を損なうような行動はとりにくい．

5.3　小作制度選択の決定要因

　以上の観察を，統計学的に確認しておこう．家計調査のデータから，表4-3に示す変数を整理した．3つの村の違いは，まずダミー変数でその有意性を確認した上で，最終的な推定モデルではこれを村の耕地の灌漑率(IRRG)という構造的な変数に置き換えた．
　表4-4は，プロビット分析により，どのような属性の家計がどのような小作制度を採択しているかについて検討したものである．まず最初に，標本農家全体を母集団として，耕地を借り入れるか否かの決定をプロビット・モデルで推定した．労働力の賦存量が大きく(WORK の係数は5%有意で正)，所有している耕地面積が小さいほど(LAND の係数は1%有意で負)，

土地のレンタル市場に参与する確率が上昇することが示された．

次に，農地の借入農家を母集団として，どのような属性の家計が分益小作ではなく定額地代小作を選択するのかをプロビット分析した[9]．IRRGは1％水準で有意に正であるから，灌漑農村ほど収量が安定し，分益小作契約のリスク・シェアリング機能の魅力がなくなる分，定額地代小作が採択されることを示している．LAND の係数は，農地借入の決定とは対照的に，1％有意でプラスの符号となった．これは，第2節の理論モデルに添って言えば，土地資産が増えることでリスク回避の必要度が減ることの現われと解釈できる．第3節の理論モデルを用いれば，土地を初めから持っている自小作は，土地を持たない純小作に比べて農場管理能力が優れており，地主と拮抗すると考えられるから，分益小作制度ではなく，定額地代の採択が有利となることで説明できる．土地と金融資産以外の資産総額（主に家畜と乗り物，家電製品，農機具など）を示す ASST も10％水準ではあるが，プラスの符号であり，信用供与の必要が少ない小作ほど，分益地代ではなく定額地代を採択すると解釈できる．

最後に，A 村の農地の借入農家を母集団として，どのような属性の家計が50％タイプの分益小作ではなく，3分の1タイプの分益小作を選択するのかを，プロビット分析した．村の属性である IRRG は定義上入れることができない．LAND, ASST ともに有意ではなく，出稼ぎ者送金や恒常的な非農業所得の総額である YOUT が5％有意で正の符号を採った．これは，YOUT が信用供与の必要の少なさを反映していると解釈されよう．いずれにしても，この部分のプロビット・モデルは，定額地代のそれよりも説明力が低い．この表の推定モデルの背後には，契約を提示するのは地主(プリンシパル)であり，地主は比較的同質であるかまたはその数が少ないのに対し，小作(エージェント)は多様で数も多いため，最適な契約

---

9) ただし，定額地代小作を選択しても，分益小作を重ねて選ぶことは可能であり，実際に標本の中にも両方の形態で土地を借りているケースが複数見られる．とはいえそれはあくまで例外であり，分益小作選択についてのプロビット分析の結果は，表4-4に示した結果のプラス，マイナスの符号を変えたものと定性的に一致した．また，段階的選択を厳密にモデル化して，耕地借入決定に関する Mills ratio を加えた推定も行ったが，その係数は有意でなく，その他の変数に関しては定性的に表4-4と同じ結果となった．ただしこの推定モデルは Mills ratio の非線形性に依存した識別となっている点で改善の余地がある．

表 4-5 小作制度と小麦生産の効率性
(被説明変数＝$YWHT$)

	1. OLS による推定	2. 2段階最小二乗法による推定
定数項	381.4 (1.61)	384.0 (1.27)
R_{SC}	831.4 (3.74)***	803.7 (1.36)
R_{FR}	163.8 (0.31)	1177.1 (0.35)
EDUCA	1139.4 (2.76)***	1147.6 (2.54)**
FARM	−7.1 (0.88)	−6.7 (0.81)
IRRG	2562.9 (7.83)***	2457.0 (4.86)***
LABOR	16.7 (0.21)	6.8 (0.08)
標本数	162	162
決定係数	0.411	0.397
修正済み決定係数	0.389	0.373
F 検定量	18.06***	

注)「2段階最小二乗法による推定」では，右辺の R_{SC} 及び R_{FR} が内生変数であると想定し，操作変数としては，EDUCA 以下の4変数及び EDUCH, HSIZE, WORK, LAND, ASST, YOUT を用いた．

形態は，小作の属性によって決まってくるという想定がある．仮に地主の側も多様であり，小作の側にもある程度の交渉力があるとすれば，このプロビット分析に地主の属性を入れた推定を行う必要がある．残念ながらデータの制約でこの分析はできない．表のモデルの決定力の低さは，そこに問題があることを示しているのかもしれない．

いずれにしても，プロビット分析結果の定性的なパターンは，第2節，第3節で検討した理論モデルのインプリケーションをおおむね支持するものであった．ただし単一のモデルというよりも，様々な理論モデルが着目する諸要素が，このような小さな標本の中ですら重要になっており，例えばリスク回避だけで完全に説明できるというわけではない．

5.4 効率性と小作制度

分益小作をめぐる計量的分析において議論が集中している感のある効率性についても，推定を試みた(表4-5)．被説明変数は単位面積当たりの小麦の付加価値($YWHT$)である．

規模の経済が存在する可能性をコントロールするために農場経営規模 ($FARM$), 灌漑の影響を制御するために村レベルの灌漑率 ($IRRG$), 労働市場の不完全性をコントロールするために経営面積当たりの家族労働力の数 ($LABOR$)[10], そして教育水準の差による生産性の差をコントロールするために世帯就業者の識字者比率 ($EDUCA$) を入れた. これらの変数の影響を除去してもなお, 分益小作地や定額小作地の生産性が, 自作地と異なるかを検定するのが, 実証モデルの課題である. コントロール変数に関する推定結果は, $IRRG$ と $EDUCA$ のみが有意に生産性を高めることを示している. 規模の経済や労働市場不完備が検出されなかったのは, 調査地での筆者の定性的観察と整合的である[11].

小作地の影響に関する OLS 推定結果を見ると, 各農家の小麦作付面積に占める定額小作地の比率 (R_{FR}) はプラスの符号を持つが有意ではない. 他方, 小麦作付面積に占める分益小作地の比率 (R_{SC}) は統計的に有意にプラスの符号を持つという意外な結果となった. 理論モデルでは, 分益小作地において効率性が落ちるというモデル及び落ちないというモデルがそれぞれ膨大にあるが, 分益小作地の方が効率的だというモデルはあまりない.

ただし, 表 4-4 に示した耕作制度選択のメカニズムを考慮すれば, 小作地の比率 R_{FR} や R_{SC} は農家にとっての内生変数でなければならない. そこで, 2段階最小二乗法によって内生性をコントロールしたところ, 分益小作地比率の係数は, 統計的に有意でなくなった (表 4-5, 右半分). これは, 分益小作採用という決定に関する計量経済学的意味での攪乱項と, 小麦の生産性に関する攪乱項とが, 正の相関を持っていることを意味する. このことは, 第2,3節の理論モデルから次のように解釈できる. まず, 第3節のモデルで γ_1, γ_2 ともに低い状況, すなわち地主と小作それぞれの得意な領域が大きく離れている状況を想定すれば, 他の条件が一定ならばそ

---

10) 労働市場が完備しており, かつ家族労働と雇用労働が農場において完全に代替的であれば, その農場を経営する世帯に何人労働力が存在するか ($LABOR$) は, 農場の生産性に何の影響も与えない. 逆に $LABOR$ の係数が正で有意ならば, 雇用労働の利用が制限されているなどの労働市場の不完全性が示唆される.

11) 第3章第3節におけるパキスタン・パンジャーブ州米・小麦作農家の単収関数の推定結果もまた, 労働市場不完備を支持しなかったことを指摘しておきたい. 調査地の労働市場は, 少なくとも日雇賃労働市場に関してはかなり競争的なものである.

の土地を分益小作制で契約したほうが生産性が高くなる．しかし第2節のモデルにあるように，リスク負担の必要性が低く，生産の一定比率が地代として支払われることの誘因阻害効果が強い小作に対しては，定額小作制がむしろ望ましい．これらの内生的選択の結果，分益制にもともと生産性の高い小作が集まったのであり，分益制それ自体が生産性を上昇させているわけではないと思われる．いずれにせよここでは，標本農家に関してマーシャルの非効率が検出されなかったことを結論としたい．

　なお，以上の推定結果は，被説明変数を単位面積当たりの付加価値ではなく単位面積当たりの生産量にしても，また小作地の影響を面積比率ではなく家計レベルの小作制度採用ダミーに置き換えても定性的に同じ結果となった．

6　結　び

　本章では不完全情報をベースにしたエージェンシー・モデルの理論に基づいて，小作制度採択のミクロ経済学を検討した．理論モデルからは，リスクの存在と保険市場の欠如，ある種の努力という生産要素に関する市場の欠如，不十分な信用市場の発達，小作の能力を見分けることの困難と小作の側のモラルハザード，有限責任下でのデフォールトの可能性などの諸問題への合理的対応として，分益小作制度が採用されることが明らかになった．これらの問題が低所得途上国の農村において，より深刻であることは言うまでもない．また，筆者らが実施した農村家計調査データに基づいてパキスタン北西辺境州の事例を分析したところ，複数の小作形態の共存が，これらの理論によっておおむね説明できることが実証された．

　分益小作制度が合理化されるこれらの諸条件は，決して変化しない外生的な環境ではない．現在先進国となっているアメリカや日本の農村でも以前は分益小作が広範に見られたが，経済発展につれてほぼ消滅した．南アジアのパンジャーブ農業のように，急速な農業成長を遂げた途上国の農村では，分益小作契約から地主による自作と定額地代によるリース契約に移りつつある．このダイナミックな過程の背景には，農村での異時点間取引

市場の発達がある．分益小作制度が歴史的に後退しつつあることは，第1部で検討した生産と消費の「分離性」が進みつつあることを意味していると解釈される．

ただしこのような長期的変化，あるいはマクロ的変化も，あくまでミクロ面での経済主体の制度選択が積み上げられて実現したものであることには十分な注意を払う必要がある．本章の実証研究からは，定額地代による小作契約に参加できる家計が，農村において相対的に恵まれた層，具体的には土地持ち層であることが明らかになった．途上国農村部における異時点間取引市場の発達は，すべての階層が参加できるほどにその市場への参加の固定費用が小さくなって始めて，ダイナミックな経済発展につながる側面があろう．逆に参加の固定費用が大きかったり，階層間の資産の格差が大きければ，近代的金融市場の農村への浸透はむしろそこに参加できる階層とできない階層との格差をさらに広げて，経済の不安定要因となる場合すらあると思われる．家計ごとに異質なインパクトをもたらし得る経済発展の指標の一つとして，小作制度の変化は詳細な分析を行うに値するのである．

また，経済発展に伴う制度変化は，生産の効率性だけでなく経済余剰の分配パターンも変化させる．この点に関しては，紹介した理論モデルがエージェンシー・モデルに限られていたため，本章では十分議論できなかった．地主をプリンシパルとしたエージェンシー・モデルにおいては，地主が余剰のすべてを取ると初めから想定されているからである．効率性と分配に関する農業契約の意味を，ゲーム理論の枠内でさらに拡張するのが，次章の課題となる．

第5章　灌漑水取引の効率性と
　　　　経済余剰の分配[1]

1　はじめに

　前章で取り上げたエージェンシー・モデルは，ある生産要素を取引する際に，自分の行動が取引相手の行動に影響を与えることを各自が考慮に入れて行う戦略的な行動をモデル化したものである．したがって，前章で扱ったような分益小作制度だけでなく，労働や信用の取引にも幅広く応用されている．言い換えれば，この分析枠組みが幅広く応用されてきたのが，農業において重視されてきた3つの生産要素である土地・労働・信用であったということになる．

　発展途上国，特にアジア地域の農業は，高収量品種，化学肥料，そして灌漑といった投入財パッケージの導入を契機とする「緑の革命」の結果，1960年代末以降，著しい生産力増大を経験した．この技術革新に付随して新たに生まれた生産要素市場として，灌漑水の私的取引が挙げられる．とりわけ南アジア諸国のように，モンスーンの不安定な降雨をいかにコントロールするかが重要な農業においては，灌漑水が盛んに売買されるようになった．これらの取引が途上国農業の効率性を上昇させるならば，そのような要素市場の育成を阻む政策には問題があるといわざるを得ない．しかしながら，他方でこれらの取引が生み出す経済余剰の分配面で，公正上の問題がある場合には，その生産要素市場への何らかの政策介入が正当化されることもあり得よう．

　このような問題意識に基づいて，本章では，「緑の革命」技術が生み出した新たな生産要素市場である灌漑地下水の取引を，理論的に考察する．まず，途上国の新たな生産要素市場の効率性を分析する枠組みとして，私

---

[1]　本章は，黒崎(1997)のモデルを修正した上で，新たに第5節を加えて拡張したものである．

的料金設定がその限界費用や平均費用を大きく上回っていながらも競争的市場と同様に効率的な資源配分が行われ得る理論モデルを提示する．このモデルは，現実の水取引が一対一の関係で行われていることを考慮し，前章の契約モデルを応用したものが中心となる．このような分析枠組みは小作制度の分析にはかなり使われてきたが，アジアの地下水市場の経済分析にこれらのモデルが応用された研究は皆無であり，今後の実証研究に新たな方向性を与えるものと期待される．本書の中での本章のもう一つの役割は，エージェンシー・モデルを，より一般的なゲーム理論の中に位置づけ直すことである[2]．これによって，農村の権力構造に関するミクロ経済学的分析の一つの方向を示したい．

以下，第2節では，途上国における灌漑水取引に関する既存研究を南アジアを中心に紹介し，そこで頻繁に用いられている独占モデルの効率性へのインプリケーションを考察する．第3節では，競争的均衡と同様に効率的な資源配分をもたらすような代替的モデルを提起する．第4節でこれを協力的バーゲニング(cooperative bargaining)のモデルに一般化する．第5節では，非協力的バーゲニング(non-cooperative bargaining)のモデルに議論を拡張して，効率性と権力構造に関してさらに考察を進める．

2 灌漑水の私的取引に関する既存研究

2.1 「緑の革命」後の灌漑水取引

途上国における灌漑開発に関しては膨大な文献がある．とりわけ議論が充実しているのが，公共灌漑投資の効率性と公正の諸問題，及び灌漑設備の維持・管理の主体と共同体の関係といえる(Hirashima and Gooneratne 1996)．他方，灌漑水資源の希少化に伴い，その私的取引市場への関心も一般に高まりつつある(Easter et al. 1998)．南アジアもその例外ではない．この地域では1960年代末に米と小麦の高収量品種が導入され，いわゆる「緑の革命」が始まった．高収量品種は，化学肥料の増投と綿密な灌漑管

[2) 本章のモデルの参考にしたのは，Bell(1989)である．また，協力・非協力ゲームを分益小作制に適用した研究に福井(1984)がある．

理によって，はじめてその真価を発揮するため，アジア全域の中でも，灌漑用水路が発達し，灌漑農業が普及していたインド，パキスタン両国のパンジャーブ地域から緑の革命は進展した．

しかしパンジャーブにおける用水路重力灌漑は，綿密な灌漑管理を可能にするような技術も制度も伴っていなかった(黒崎 1996a)．技術的には，農家は舗装されていない分水路から微妙な水量調節ができない取水設備で導水せざるを得ないこと，その分水路は上流から下流へと時間を伴って流れることなどが，綿密な灌漑管理を不可能にした要因である．制度的には，分水路から先の水利用が農家間の番水制によって規制され，農家が利用できる日時が固定されていたから，必要なタイミングで水が利用できる制度になっていなかった．加えて，そもそもその分水路にきちんと水が届いているかどうかも，その管理を行う州行政の非効率ゆえに保証されていなかった．さらには技術・制度両面に渡る問題として，パンジャーブの用水路灌漑はそもそも耕地の3分の1を休閑地にすることを前提として植民地期に設計された(Hirashima 1978)．

したがって，高収量品種の導入によって綿密な灌漑管理の収益性が上昇すると，私有の動力揚水機(tubewell: 管井戸)を導入する農家がパンジャーブでは1960年代末以降，急増した．その流れは，パンジャーブ以外の南アジア全域や東南アジアにも広がった．バングラデシュやインド東部，ミャンマーのモンスーン湿潤稲作地域ですら，例外ではなかった．この地域では，水が多すぎて制御できない(しばしば洪水を引き起こす)モンスーン季の作付けから，雨のほとんど降らない乾季の管井戸灌漑による作付けに生産が急激にシフトしたからである．

管井戸から汲み上げられた地下水は，南アジア諸国の法制度の下では，全くの私有財として扱われ，その利用に何ら制限はなかったから，その私的売買が徐々に広まった．管井戸地下水の利用形態として，管井戸所有者の自作地灌漑だけでなく，管井戸所有者が非所有者の土地をごく短期間借地する定額地代の土地取引，粗生産を管井戸所有者と耕作者(および地主)の間でシェアする分益制による売水，現金定額前払による売水，これらの折衷形態などが知られるようになった(Shankar 1992; Saleth 1994; Shah

1993;藤田1995;Fujita and Hossain 1995;Meinzen-Dick 1993;1994).

この活発化する灌漑水売買に関しては,膨大なフィールド調査報告があるが,ミクロ経済学的基礎を持つ分析は少ない.その中でShah(1993),藤田(1995),Fujita and Hossain(1995)は例外的に灌漑水売買の効率性と所得分配への効果を経済学的に論じた重要な研究である.藤田(1995)及びFujita and Hossain(1995)は,独自に行った現地調査で収集したミクロデータに基づいて,管井戸灌漑によって生じた稲作生産の「純灌漑余剰」が,地下水取引の各種形態ごとに,どのように人的・機能的に分配されているかを解明し,管井戸所有者への帰属利潤は率にして村での他の投資の機会利子率とほぼ変わらないことから決して高率な地下水料ではないことなどを説得的に明らかにした.反面,灌漑水市場の資源配分上の効率性については,地下水料金がその限界費用や平均費用を大きく上回っているということと,管井戸所有者がむしろ競争的な帰属利潤しか得ていないことを,理論的にきちんと説明できていない.この原因が,Shah(1993),藤田(1995),Fujita and Hossain(1995)いずれも,灌漑水売買に関して古典的な独占モデルを想定してしまったところにあることをまず示し,次節以下で筆者の代替モデルを提示する.

2.2 古典的な独占モデルによる灌漑水市場の経済分析

2.2.1 純灌漑余剰の定義と効率的資源配分

面積 $\bar{A}$ の土地の生産技術として以下を想定しよう.この土地からの生産財をニュメレールとする単位面積当たりの限界生産量は,水以外の経常投入財ベクトル x の関数であり,灌漑されない場合には $f_0(x)$,灌漑された場合には $f_1(S, x)$ で表わせるものとする(ただし,$f_0(x) \leq f_1(S, x), \forall S$).$S$ は灌漑への反応の高い順に土地をならべるインデックス変数で,単位は面積,0から上限 $\bar{A}$ の間の値をとる.土地の灌漑への反応は土地の質や管井戸からの距離などで変化するであろうから,変数 S はこれらの要素を示していると解釈できる.ここで x の価格ベクトルを r とすれば,r のもとで非灌漑地での利潤を最大化するような経常財の使用量に対応する限界利潤を π_0^* で定義することができる.これが土地の限界的な機会利潤である.管井戸所有者が水を供

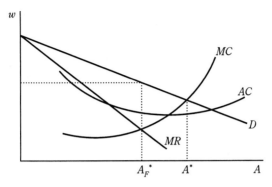

図 5-1 水利料率と純灌漑余剰
出所) 黒崎(1997), p. 208.

給する対象は単純化のために上の農場一件と仮定し,そこに灌漑への反応の高い順に A まで灌漑した場合の総灌漑費用(固定費用を含む)を $C(A)$ とする.

藤田(1995)にならい,灌漑面積 A から生じる稲作粗生産額から総灌漑費用,その他の経常財費用,そして灌漑することによって失われる非灌漑地の機会利潤総額を引いたものとして純灌漑余剰 NIS を定義しよう.数学的には,

$$NIS \equiv \int_0^A [f_1(S,x) - r \cdot x] dS - C(A) - \pi_0^* A, \quad (5.1)$$

となる.本章では,この NIS を最大化するような,いわゆるパレートの意味で最適な資源配分を基準に水取引の効率性を分析し,NIS の分配で水取引の公正の問題を分析する.(5.1)式を A, x について最大化する最適化問題の x についての FOC は,

$$\frac{\partial f_1(S,x)}{\partial x} - r = 0, \quad \forall S \in \{0, A\}, \quad (5.2)$$

となり,これを解いて最適投入財ベクトル $x_1^*(S)$ が得られる.この $x_1^*(S)$ を用いると,A についての FOC は

$$f_1(A, x_1^*(A)) - r \cdot x_1^*(A) - C'(A) - \pi_0^* = 0, \quad (5.3)$$

となり,これによってパレート最適な灌漑面積 A^* が定義される.図 5-1

に示すように A^* は灌漑の限界費用曲線と灌漑需要曲線[3]の交点となる．管井戸所有者がこの $\bar{A}$ の土地を所有している場合，利潤最大化のためのFOCは(5.2)と(5.3)式に等しくなり，効率的資源配分が実現される．同様に，$\bar{A}$ の土地を耕作する管井戸非所有者と管井戸所有者の両者が，水料金 w を所与として行動した場合の競争的均衡もまた，(5.2), (5.3)式のパレート最適条件を実現する．管井戸所有者は限界灌漑費用 $C'(A)$ を w に，非所有者は灌漑需要の逆関数 $D^{-1}(A)$ を w にそれぞれ一致させるからである．

2.2.2 水の取引形態ごとの意志決定モデル

管井戸地下水市場が絡んだ取引形態として，管井戸所有者の自作地灌漑，管井戸所有者が短期間借地する定額地代の土地取引，粗生産を管井戸所有者と耕作者(および地主)の間でシェアする分益制による売水，現金定額前払による売水の4つのケースについて考える．管井戸所有者の所得を $Y_{W,K}$，非所有者のそれを $Y_{L,K}$，この灌漑農業以外から得られる所得をそれぞれのバー付きで表わそう．単純化のために管井戸所有者と非所有者以外の第三者が耕作者となるケースは除外する．つまり，最初の下付き文字の W は管井戸所有者(wellowner)を，L は管井戸を所有しない地主(landowner)を指す．二番目の下付き文字 K は水取引の各形態に対応する．

$K=C$ は管井戸所有者が定額地代 R で農地を借り入れる契約である．この場合のそれぞれの所得は，次のように定義される．

$$Y_{W,C} \equiv \int_0^A [f_1(S,x)-r\cdot x]dS - C(A) - RA + \bar{Y}_W, \qquad (5.4)$$

$$Y_{L,C} \equiv RA + \pi_0^*(\bar{A}-A) + \bar{Y}_L. \qquad (5.5)$$

水料金 w での現金定額前払による売買水の場合 ($K=F$)，灌漑費用をすべて管井戸所有者が負担すると想定すれば，それぞれの所得は

$$Y_{W,F} \equiv wA - C(A) + \bar{Y}_W, \qquad (5.6)$$

$$Y_{L,F} \equiv \int_0^A [f_1(S,x)-r\cdot x]dS - wA + \pi_0^*(\bar{A}-A) + \bar{Y}_L, \qquad (5.7)$$

---

[3] 灌漑需要曲線の逆関数 $D^{-1}(A)$ は，(5.3)式を変形して，$D^{-1}(A) \equiv f_1(A, x_1^*(A)) - r\cdot x_1^*(A) - \pi_0^*$ と定義される．

となる.

分益制での水の売買の場合 ($K=B$),灌漑費用,経常投入財費用の分担の方法が重要になる.本章ではバングラデシュおよび他の南アジアの事例で最も一般的な,管井戸所有者が灌漑費用の全額を負担して粗生産量の α を受け取り,非所有者は経常投入財の全額を負担して粗生産量の $(1-\alpha)$ を手許に残すケースを想定する.したがって,両者の所得は

$$Y_{W,B} \equiv \int_0^A [\alpha f_1(S,x)]dS - C(A) + \bar{Y}_W, \tag{5.8}$$

$$Y_{L,B} \equiv \int_0^A [(1-\alpha)f_1(S,x)] - r \cdot x]dS + \pi_0^*(\bar{A}-A) + \bar{Y}_L, \tag{5.9}$$

と表わされる.

2.2.3 古典的な独占モデルでの資源配分

古典的な独占モデルによる灌漑面積と水取引の決定においては,買水農民は水の価格 (w) ないしは準価格としての分益比率 (α) を所与として灌漑面積 A を需要し,管井戸所有者は買水農民のこの需要関数を所与として w ないしは α を最適に設定するものと想定する.

定額地代による管井戸所有者の土地借入: この契約のもとで土地の経営を行う管井戸所有者は,地代 R を所与として自己の所得 $Y_{W,C}$ を最大化するような x, A を選択すると想定できる.その場合の x についての FOC は (5.2) 式,A についての FOC は,

$$f_1(A, x_1^*(A)) - r \cdot x_1^*(A) - C'(A) - R = 0, \tag{5.10}$$

となる.この式は,地代 R が土地の機会利潤 π_0^* に等しい場合,(5.3) 式と同じになってパレート最適な資源配分が実現することを示している.

現金定額売買水: 管井戸所有者は非所有者の灌漑需要を考慮した独占利潤を最大化するように w を決定すると想定する.したがってその最適化問題は,

$$\max_{w} Y_{W,F}, \tag{5.11}$$

s.t.

$$(A,x) = \arg\max_{A,x} Y_{L,F}, \tag{5.12}$$

で表わされる．(5.12)式における x についての FOC は (5.2) 式に等しくなる．管井戸所有者の w についての最適化問題を解くと，最適灌漑面積 A_F^* を特徴づける FOC は

$$f_1(A, x_1^*(A)) + A\partial f_1/\partial A - r \cdot x_1^*(A) - C'(A) - \pi_0^* = 0, \quad (5.13)$$

となり，(5.3)式と一致しない．この式はやや複雑になっているが，水料金を灌漑の限界費用に $e/(e-1)$ をかけたものに等しくする（e は灌漑需要の価格弾力性）という，基本的な独占モデルの帰結を示している．$\partial f_1/\partial A$ は関数 f_1 の定義により負であるから $A_F^* < A^*$ となる．この差が存在することから，独占価格の設定によって効率性が損われていることが分かる．

完全情報・完全履行強制の想定の下での分益売買水：分益制による売水の場合，水以外の経常投入財の最適投入量が分益比率によって影響を受けるかどうか，つまり管井戸所有者と非所有者の間の情報が対称であるか，あるいは履行強制が完全であるかが重要となる．これは，分益小作制におけるマーシャル非効率の議論（第4章参照）と同様である．水の代償として粗生産の一定比率を受け取る管井戸所有者が，買水農民の経常投入財の投入量を，費用なしで最適水準に保たせることができるならば，マーシャルの非効率は生じない．他方，このような強制履行条件が全く欠如しているならば，買水農民は分益比率を所与にした場合の最適経常財投入を行うから非効率が生じる．本章では，両極端の事例という意味で，水以外の経常投入財の最適投入量が分益比率の影響を全く受けないケース（完全情報・完全履行強制の想定の下でのケース）と，ここでいうマーシャル非効率がある場合（非対称情報で履行強制不可能なケース）の両者について検討する．

　管井戸所有者は，非所有者が α の値に応じて灌漑面積需要を変化させることを考慮した独占利潤を最大化するように α を決定する．また，経常投入財 x は独占者である管井戸所有者が自分にとって都合のよい水準を履行強制させられるものと想定する．したがって，管井戸所有者の最適化問題は，

$$\max_{\alpha, x} Y_{W,B}, \quad (5.14)$$

s.t.

$$A = \arg\max_{A} Y_{L,B}, \quad (5.15)$$

となる．最適経常投入財 x についての FOC はやはり (5.2) 式となる．管井戸を持たない地主は (5.9) 式で定義された $Y_{L,B}$ が最大になるように A を選択するから，その選択はインプリシットな需要関数 $A(\alpha)$ で特徴づけられる．地主の取り分比率が高いほど地主は条件の悪い土地まで灌漑できるから，$A'(\alpha) \equiv \partial A(\alpha)/\partial \alpha > 0$ である．管井戸所有者はこの関係を所与に，自分にとって最適な α を決定する．その結果最終的に実現する灌漑面積 A_{BN}^{*} は，内点解を想定すれば，

$$\alpha f_1(A(\alpha), x_1^*(A(\alpha))) + \frac{1}{A'(\alpha)} \int_0^A f_1(S, x_1^*(S)) dS - C'(A(\alpha)) = 0, \quad (5.16)$$

を満たし，(5.3) 式と一致しない．(5.3) 式と (5.16) 式を比較すると $A_{BN}^{*} < A^{*}$ となり，独占による効率性の損失が示される．A_{L}^{*} と A_{BN}^{*} の大小関係は関数 f_1 の形状などの条件によって異なり，一概には決定されない．

非対称情報と履行強制不可能な想定の下での分益売買水：水以外の経常投入財 x の使用量は α の値に応じて耕作者が決定し，管井戸所有者はその水準を知ることあるいはその水準を履行させることができないすると想定すれば，分益小作制の議論で見たマーシャル非効率が生じる．この場合の管井戸所有者の最適化問題は，

$$\max_{\alpha} Y_{W,B}, \quad (5.17)$$

s.t.

$$(A, x) = \arg\max_{A, x} Y_{L,B}, \quad (5.18)$$

となり，x についての FOC は

$$(1-\alpha)\frac{\partial f_1(S, x)}{\partial x} - r = 0, \quad \forall S \in \{0, A\}, \quad (5.19)$$

と表わされる．この式を解いて最適水準 $x_1^{**}(S, \alpha)$ が得られる．この値と (5.2) 式で定義される $x_1^*(S)$ との差が経常財投入量でのマーシャル非効率である．このモデルでの最適灌漑面積を A_{BY}^{*} で表わそう．途中の計算を省略して結論だけ示すと，A_{BY}^{*} を特徴づける FOC は

$$[\alpha f_1(A, x_1^{**}(A,\alpha)) - C'(A)]A'(\alpha) + \int_0^A f_1(S, x_1^{**}(S,\alpha))dS$$
$$+ \alpha \int_0^A \frac{\partial f_1(S, x_1^{**}(S,\alpha))}{\partial x_1} \frac{\partial x_1^{**}(S,\alpha)}{\partial \alpha} dS = 0, \quad (5.20)$$

となる．なお $A'(\alpha) \equiv \partial A/\partial \alpha$, $\partial x_1^{**}/\partial \alpha$ はそれぞれ，α に応じて灌漑需要と経常財需要を耕作者が調整する関数である．(5.3)式と(5.20)式の比較から，$A_{BY}^* < A^*$ の関係が導ける．また，この最適化問題での解 α を所与として履行強制不可能条件つきで NIS を最大化するような A は，(5.3)式の $x_1^*(A)$ を $x_1^{**}(A,\alpha)$ で置き換えたものになるから，A_{BY}^* はそのような意味での制約付きパレート最適性をすら実現していない．分益制が持つ直接的なマーシャル非効率に加えて独占による非効率が生じるのである．

2.3 効率性への含意

以上の議論をまとめよう．第一に，管井戸所有者の自作地灌漑と競争的均衡での最適灌漑面積はパレート最適な A^* に等しい．第二に，定額地代 R が機会地代 π_0^* と等しい場合には定額地代による管井戸所有者の土地借入の最適面積も A^* と同一になる．第三に，分益制や現金定額前払による売水の最適灌漑面積は，A^* よりも過少になる．言い換えれば，売水地での限界純灌漑余剰が過大になる．これは古典的な独占モデルによる効率性への阻害である．例えば独占モデルでの現金定額制の最適面積 A_F^* は藤田(1995)同様，図5-1 に示される．ただし，分益制と現金定額前払のどちらの方がより非効率的かは理論的には確定されず，農地の灌漑への反応のあり方に依存する．第四に，非対称情報下の分益制のもとでは，この条件のもとで純灌漑余剰を最大化する面積よりもさらに過少な灌漑面積が最適解となる．これは，古典的な独占モデルが引き起こした「間接的」マーシャル非効率といえよう．

では，売水の3つの形態が併存しているのはなぜであろうか．藤田(1995)では，水を買う側の論理として稲作経営および灌漑の資本利子を支払えるかどうかに着目し，資本利子全額を払える管井戸非所有者は現金定額前払による買水を選び，稲作経営利子のみ支払える場合に分益制売買水

が，全く資本利子を負担する余裕がない場合に定額地代による管井戸所有者への土地貸出が選択されることを示唆している．しかし，この議論は管井戸所有者側の論理を無視している．独占売水モデルでは，定額あるいは分益制売水での管井戸当たりの純灌漑余剰は $R=\pi_0^*$ の時の定額地代による管井戸所有者の土地借入に比較してかなり低くなる．なぜ管井戸を持たない地主に対して独占力を享受する管井戸所有者がこの純灌漑余剰の損失をみすみす見逃すのか，古典的な独占モデルは説得的でない．資本利子全額を支払う用意がある管井戸非所有者と交渉する管井戸所有者は，非所有者からその資本を借入して利子額相当(＋微小の金額)を非所有者に支払い，一方この非所有者から定額地代で借地経営を行うことにより，管井戸非所有者，管井戸所有者双方が，売水契約よりも高い厚生を得ることができるはずである．この簡単な裁定の議論は，独占売水モデルにおいて灌漑の効率性が著しく阻害されることに由来する．限界灌漑費用よりも高率な売水価格を設定しているにも関わらず資源配分上効率的な灌漑面積決定モデルを示せば，売水の3形態併存の説明が容易になる．このようなモデルの提示が次節の課題である．

3 エージェンシー・モデルによる接近

3.1 契約パラメータ

本節が提案する効率的水市場のモデルは，南アジア各地で観察される代表的な3つの地下水取引形態が同様に効率的であり得ること，言い換えれば限界純灌漑余剰の均一化が達成され得ることを，第4章同様のエージェンシー・モデルの枠組みを用いて示す．社会・経済的に階層化の進んだ南アジア農村において農村の有力者が管井戸所有者となっている場合には，非所有者に対する影響力が大きいであろうから，管井戸所有者をプリンシパルとするエージェンシー・モデルから始めよう．プリンシパルである管井戸所有者は，エージェントとしての買水農民に対し，契約パラメータのセットを，それ以外の値は認めずに受け入れるか否かを迫る．古典的な独占モデルにおいて，独占的供給者が需要者の経済余剰をすべて吸い上げる

ことができないのは，需要者が多数存在し，価格の差別化をした場合には転売が生じてしまうからである．しかし灌漑地下水の場合，水の転売は圃場の配置等の理由から困難である．そこで経済余剰をすべて吸い上げるような 'take-it-or-leave-it offer' が可能になるのである．

モデルの鍵は，契約パラメータの想定を変えることにある．古典的な独占モデルに基づく水市場モデルでは，管井戸所有者は価格としての売水料金(w)ないしは準価格というべき分益比率(α)を買水農民に示し，買水農民は自己の利潤を最大化するために灌漑面積(A)を決定すると想定された．しかしながら，地下水のように管井戸所有者と管井戸非所有者との間で一対一に契約がなされ，しかも実際のサービスの供給が両者の協力ないし監視のもとに行われなければならない生産要素の取引において，w や α を価格的に取り扱うことがどこまで適当であろうか．むしろ，これらの(擬)価格パラメータと数量パラメータ(A)とが不可分なセットとして取引を規定していることはあるまいか．

そこで，本節においては契約パラメータを拡張し，定額地代による管井戸所有者の土地借入では (R, A)，現金定額売水制では (w, A)，分益制では (α, A) の両パラメータが，より弾力的に当事者間で契約されるものと想定する．このような想定は，その特殊な例として，2つのパラメータの片方を一当事者が，一方を別の当事者が完全に選択するという古典的な独占モデルを含んでいる点で，より一般的な想定と言える．

エージェンシー・モデルに沿って説明すれば，管井戸所有者は自己の売水利潤を最大化するような $(R, A), (w, A)$，ないしは (α, A) を探して提示するが，その最適化問題は買水農民の参加を保証するという参加制約条件つきとなる．非対称情報下の場合には，第4章で見たように，参加制約条件に加えて，誘因両立性条件がさらなる制約条件として付け加わる．

3.2 各取引形態ごとの契約

定額地代による管井戸所有者の土地借入： 定額地代による土地借入契約不成立の場合の管井戸非所有者の所得を u_L とすれば，管井戸所有者にとっての最適化問題は

第5章 灌漑水取引の効率性と経済余剰の分配──145

$$\max_{A,R,x} Y_{W,C}, \quad \text{s.t.} \quad Y_{L,C} \geq u_L, \quad (5.21)$$

となる．ここでの制約条件がいわゆる参加制約条件である．この最適化問題の x についての FOC は (5.2) 式に，A についての FOC は (5.3) 式となる．つまりパレート最適が達成される．独占モデルの時とは異なり，地代 R の水準が土地の機会利潤 π_0^* と等しくなくても効率性が達成されることに注意されたい．R は管井戸非所有者の参加制約条件を等号で成立させる水準に決定され，非所有者は u_L の所得しか得られない．

現金定額売買水：管井戸所有者の最適化問題は，

$$\max_{A,w,x} Y_{W,F}, \quad \text{s.t.} \quad Y_{L,F} \geq u_L, \quad (5.22)$$

で表わされ，これを解いた FOC として (5.2)，(5.3) 式が得られる．独占の場合と異なり，最適灌漑面積はパレート効率な A^* となる．上の式では管井戸所有者が x を決定するとしたが，水の購入者が決定するとしても議論に変化はない．水料金 w は純粋に経済余剰を分配するパラメータとなり，管井戸非所有者の参加制約条件を等号で成立させる水準，すなわち彼の所得を u_L に等しくする水準に決定される．

完全情報・完全履行強制の想定の下での分益売買水：管井戸所有者の最適化問題は，

$$\max_{A,\alpha,x} Y_{W,B}, \quad \text{s.t.} \quad Y_{L,B} \geq u_L, \quad (5.23)$$

で表わされ，この FOC はパレート最適な (5.2)，(5.3) 式となる．分益比率 α は純粋に経済余剰分配のパラメータとなり，管井戸非所有者の所得を u_L に等しくする水準に決定される．

非対称情報と履行強制不可能な想定の下での分益売買水：管井戸所有者の最適化問題は，

$$\max_{A,\alpha} Y_{W,B}, \quad (5.24)$$

s.t.

$$Y_{L,B} \geq u_L,$$
$$x = x_1^{**}(S,\alpha), \quad \forall S \in \{0,A\},$$

で表わされる．2番目の制約条件がいわゆる誘因両立性条件である．x についての FOC は (5.19)式で表わされ，経常財利用での非効率を意味する．この契約形態での最適灌漑面積 A_{BY}^{**} を特徴づける FOC は，途中の計算を省略して示せば

$$[\alpha+\lambda(1-\alpha)]f_1(A, x_1^{**}(A,\alpha))-C'(A)-\lambda\pi_0^*-\lambda r \cdot x_1^{**}(A,\alpha) = 0, \quad (5.25)$$

ただし

$$\lambda \equiv \frac{\int_0^A \left[f_1(S, x_1^{**}(S,\alpha))+\alpha\frac{\partial f_1}{\partial x_1}\frac{\partial x_1^{**}(S,\alpha)}{\partial \alpha}\right]dS}{\int_0^A f_1(S, x_1^{**}(S,\alpha))dS} < 1,$$

となる．(5.25)式を(5.3)式と比べると $A_{BY}^{**} < A^*$ を示すことができる．また，制約条件付きパレート最適が実現されていないのは独占モデルの場合と同様である．これは，履行強制が完全な場合と異なり，α が純粋な分配パラメータではなく効率性に影響するからである．

3.3 効率性への含意

以上の分析の含意をまとめよう．第一に，定額地代による管井戸所有者の土地借入，現金定額売水制，完全情報下の分益制，すべてにおいて同一の必要条件式が最適灌漑面積について得られる．言い換えれば，売水形態に関らず，限界純灌漑余剰が一定になる．古典的な独占モデルによる非効率性がなければ，3つの制度の共存も説明が容易になる．

第二に，これら3つの制度のもとでは，エージェントとしての買水農民は常にその機会所得水準(ないしはそれに微小分を加えたもの)しか得ることができない．これはエージェンシー・モデルの想定による．管井戸所有者はその強い独占力により，最大化された純灌漑余剰からエージェントの機会所得分を差し引いたすべてを手にする．このモデルの重要な含意は，2つのパラメータ群のうち，灌漑面積の A が効率的資源配分を決定するために専ら用いられ，他方 R, w ないし α は純灌漑余剰の分配面を決定するために専ら用いられる点である．機会所得水準の政治経済学的意味については後述する．

第三に，分益制のもとで非対称情報のために経常投入財に関する直接的マーシャル非効率が存在する場合，エージェンシー・モデルの解の場合でも最適灌漑面積についての間接的マーシャル非効率が生じる．

4 協力的バーゲニングのモデルへの一般化

4.1 モデルの想定

前節の想定を逆転して，買水農民の独占力が非常に強いために，プリンシパルが買水農民，エージェントが管井戸所有者と想定した場合，計算は省略するが，前節と同様の効率性が達成される．また，非対称情報下の分益制における経常投入財過小投入の問題は，当然ながら消滅する．一方，純灌漑余剰の分配パターンは逆転し，エージェントである管井戸所有者は契約不成立の場合の機会所得水準しか得られなくなる．この両極端なケースを特殊例として一般化するのが協力ゲームによるバーゲニングのモデルである．管井戸所有者と買水農民がそれぞれの機会所得水準からのプラス分を最大化するために，(A, ψ), $\psi = R, w, \alpha$ について交渉する．

バーゲニングのモデルには様々な形態があるが，ここでは，それぞれの機会所得水準からのプラス分のウエイトつきの積を最大化するように契約が決定されるという非対称ナッシュ協力均衡(asymmetric Nash cooperative equilibrium)のモデルを取り上げよう．このモデルは，交渉力を示すウエイトを変化させることにより管井戸所有者と買水農民の交渉力の様々なパターンを柔軟にモデル化でき，個人合理性，パレート最適性，利得の測定法からの独立性などの望ましい性質を持つ[4]．また，このモデルが「協力的」と呼ばれるのは，本章のモデルでいえば経常投入財の利用に関しては，まずは経済余剰の分配問題と切り離して，経済余剰そのものの総額を最大化するようにお互いに協力した上で，経済余剰の分配を交渉すると想定されているからである．

---

[4] ただしもう一つの性質である無関連な代替案からの独立が望ましいかについては議論があるし，また機会所得水準からの単調性の公準はナッシュ解では満たされない．例えば鈴木(1994)を参照．

モデルは，管井戸所有者の交渉力をγ，交渉決裂の場合の彼の所得水準をu_W，管井戸非所有者の交渉力を$1-\gamma$とすれば，

$$\max_{A,\psi} \quad [Y_W(A,\psi)-u_W]^{\gamma}[Y_L(A,\psi)-u_L]^{(1-\gamma)}, \quad (5.26)$$

s.t.

$$Y_W(A,\psi) \geq u_W, \quad Y_L(A,\psi) \geq u_L, \quad x(S) = x_1^*(S), \forall S \in \{0, A\}, \quad (5.27)$$

と定式化できる[5]．交渉決裂の場合の両者の所得水準の(u_W, u_L)がいわゆる「威嚇点」(threat point)である．なお，$\gamma=1$の時，このモデルは既に検討した管井戸所有者をプリンシパルとするエージェンシー・モデル，$\gamma=0$の時には逆に地主をプリンシパルとするエージェンシー・モデルとなる．非対称ナッシュ協力ゲームは，この意味でエージェンシー・モデルを一般化している．

均衡解を特徴づける FOC は

$$\frac{\gamma}{1-\gamma}\frac{Y_L(A,\psi)-u_L}{Y_W(A,\psi)-u_W}\frac{\partial Y_W}{\partial A}+\frac{\partial Y_L}{\partial A}=0, \quad (5.28)$$

$$\frac{\gamma}{1-\gamma}\frac{Y_L(A,\psi)-u_L}{Y_W(A,\psi)-u_W}\frac{\partial Y_W}{\partial \psi}+\frac{\partial Y_L}{\partial \psi}=0,$$

と表わされる．本章の単純なモデルでは，協力ゲームの想定から$\partial Y_W/\partial \psi = -\partial Y_L/\partial \psi$，すなわち$\psi$は純粋に経済余剰の分配を決定するパラメータとなるから，(5.28)の第2式は

$$\frac{\gamma}{1-\gamma}=\frac{Y_W-u_W}{Y_L-u_L}, \quad (5.29)$$

と変形できる．したがって，定額地代による管井戸所有者の土地借入，現金定額売買水，分益売買水ともにその最適灌漑面積はA^*に等しくなり，パレート効率が実現される．その上で，R, w, αのそれぞれのパラメータが，(5.29)式にしたがって経済余剰を分配する．経済余剰の分配が実際

---

[5] このような目的関数を正当化する理由としては，ナッシュの公理的な正当化以外に2つ考えられる．第一に，パイの取り分を決めるバーゲニング・ゲームにおいてγは，管井戸所有者と非所有者の時間選好率の比率の関数となる(Rubinstein 1982)．第二に，交渉決裂の確率を両者がどう予測するかの差がγに現われる(Binmore et al. 1986)．

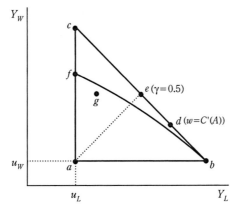

図5-2 地下水取引の効率性と経済余剰の分配
出所) 黒崎(1997), p.212を修正.

にどの水準に落ち着くかは，交渉の当事者である管井戸所有者，買水農民それぞれの機会所得の水準，および両者の間の交渉力のあり方の2つの要素に依存する．

4.2 効率性と経済余剰の分配

以上の分析を総合し，さらに第2節での古典的独占モデル，および競争的均衡モデルのケースを加えて視角的に表示したのが図5-2である．

図の三角形 abc は地下水の取引により管井戸所有者と買水農民それぞれが達成しうる所得の組合せで，かつ，機会所得水準を上回る(パレート改善)領域を示す．三角形の左下，a 点が水取引を禁じられた場合の厚生水準である．したがって，たとえ固定価格の独占売水モデルに基づき水取引がなされた場合(点 g)でも厚生水準は改善される．しかし，図で明らかなように，これはパレート最適ではない．パレート最適という意味で効率的な取引は，純灌漑余剰が最大化される線分 bc 上の取引である．線分 bc よりも左下にある点の効率性は，線分 bc に平行でその点を通る直線を引き，原点からこの平行線までの距離と線分 bc までの距離の比で表現されよう．非対称情報下で履行強制が不可能な場合の分益制のもとでは，1回きりの非協力ゲームではパレート最適は達成できない(例えば f 点)．

純灌漑余剰の分配は，三角形 abc 内のある点と a 点を結ぶ線分の傾きで表現される．この傾きが大きいほど管井戸所有者に有利に余剰が配分される．その最左端に位置し，かつ資源配分上効率的なのが管井戸所有者をプリンシパルとするエージェンシー・モデルの解である(点 c)．小さい傾きは買水農民への有利な余剰配分を意味する．競争的売水モデルでは余剰のかなりが買水農民に帰するが(点 d)，買水農民をプリンシパルとするエージェンシー・モデルの解(点 b)ほどではない．点 b においては灌漑水供給の生産者余剰の全額を買水農民が取得してしまうからである．協力的バーゲニングのナッシュ均衡解は線分 bc 上のどこか(例えば e 点は交渉力が対称な場合の解)に落ち着く．

線分 ad の傾きは，限界灌漑費用と地下水価格 w が一致する価格に対応しており，これよりも左側では地下水価格が限界灌漑費用を上回り，右側では下回る．したがって，藤田(1995)や Shah(1993)が用いたように，地下水料を限界灌漑費用で除した割合を，管井戸所有者の独占力(というよりも「交渉力」といった方が本節の分析と整合的であろう)の指標として重視することは，図 5-2 が示すより一般的なモデルにおいても意味がある．

5 非協力的バーゲニングへの拡張と効率性，権力構造

前節のモデルでは，協力的バーゲニング・モデルを想定したから，定義上 A も x も純灌漑余剰を最大化するパレート最適な水準に設定された．A に関しては，管井戸所有者がどの圃場にどれだけ灌水するかは，比較的簡単に監視できる．したがって，灌漑余剰の分配に関する契約が履行できるならば，A^* を履行することも表面的には可能であろうから，前節の想定はあながち非現実的とは言えない．

これに対し，水以外の経常投入財 x に関する非対称情報が存在するときに，その投入水準を $x_1^*(S)$ に保つ履行強制はどのように実現され得るであろうか．一つの答えは，前節のモデルを反復的非協力ゲーム(repeated non-cooperative game)に一般化することである(福井 1984, 11 章)．経常財を過小に投入すること($x = x_1^{**}(S, \alpha)$)は，1 回きりの取引では管井戸

非所有者に利得をもたらす．しかし，計算は省略するが，十分長期にわたって繰り返し取引が行われるならば，あるいはそのような取引の行われる確率がゼロでなければ，取引停止という管井戸所有者の報復的措置を避けて，将来とも有利な条件で取引を行うために，買水農民自らがパレート最適な水準($x=x_i^*(S)$)を履行することがあり得る．

しかし南アジアにおける灌漑水の取引はまだ生まれて間もない新しい生産要素市場であって，無限繰り返しゲームを想定するには無理もあろう．そこで，非協力的バーゲニングのモデルについてももう少し検討しておく．非協力モデルは，前節の(5.26)式を目的関数に，管井戸所有者と非所有者とがパラメータ(A, ψ)をめぐって交渉する．その制約条件が，前節の(5.27)式の代わりに，

$$Y_W(A, \psi) \geq u_W, \quad Y_L(A, \psi) \geq u_L,$$
$$x(S) = \arg \max_x Y_L(A, \psi), \qquad (5.30)$$

となる．第2節に示した各契約の下での地主の取り分を示す(5.5)，(5.7)，(5.9)式を見ると分かるように，バーゲニングのパラメータが管井戸非所有者にとって最適な経常投入財利用水準に影響を与えるのは，分益売買水の場合だけである．このモラルハザードは，$\partial x_i^{**}(S, \alpha)/\partial \alpha < 0$ という関係に表わされるから，非協力的バーゲニング・モデルにおいて分益売買水が採用されている場合には，γが小さければ小さいほどαも小さくなってマーシャル非効率が小さくなる．つまり分益性を採用した非協力バーゲニング・モデルの経済余剰の分配フロンティアは，図5-2の曲線bfで表わされる(図5-2)．また，バングラデシュの事例(藤田1995)では，分益制の売買水が行われるのは乾季の稲作であり，雨季の伝統的な稲作に比べて改良品種や化学肥料などの投入財が重要であるから，これらの財について産出財の分益比率αとおなじ割合で費用分担することで，マーシャルの非効率はかなり防ぐことができる．その場合，図5-2における曲線bfが線分bcにさらに近づくのである．

では，管井戸所有者と買水農民の間の純灌漑余剰の分配を決定する2つの要因，すなわち，両者の機会所得の水準及び両者の間の交渉力γを一般

に左右するのはどのような要素であろうか[6]．まず，両者の機会所得の水準であるが，ここでは藤田(1995)が着目しているように，管井戸非所有者の資本利子負担能力が非常に重要な要因となっていると見ることができる．つまり，この能力が高ければ買水農民の機会所得の水準が上昇し，したがって管井戸所有者をプリンシパルとするエージェンシー・モデルの場合でも，ナッシュ協力均衡解の場合でも買水農民に有利な灌漑余剰の分配が行われるであろう．次に両者の間の交渉力であるが，これは藤田(1995)も指摘しているように他の管井戸所有者からの給水の技術的可能性や買水農民による管井戸投資の可能性など，多くの要因が関係すると思われる．バングラデシュの事例(藤田1995)で特に興味深いのは，定額地代による管井戸所有者の土地借入が観察される村落では非灌漑条件下では土地は休閑せざるをえず，したがって土地の機会利潤がゼロに近い点である．にも関わらずかなりの額の地代が成立していて，しかもこの地代をもとに純灌漑余剰の分配を計測すると管井戸所有者への帰属分が機会利子とほぼ等しくなるというのが藤田(1995)の結論である．このことは，管井戸非所有者の交渉力がかなり高いバーゲニング・モデルによってバングラデシュの事例を分析できる可能性を示唆していよう．

　南アジアの灌漑水取引において一般に管井戸非所有者の交渉力が高いのであれば，図5-2で議論したように，仮にxに関するマーシャル非効率が存在する非協力ゲームの下でも，その非効率の度合いは非常に小さくなる．したがって3つの制度が共存しており，それらの間に顕著な効率性の差がないという状況が，理論的に説明しやすくなる．藤田(1999)によれば，バングラデシュ農村においては，管井戸所有者・非所有者，地主・土地なしといった階層間に長期的な信頼関係はなかなか醸成されにくいという．パキスタン・パンジャーブ州の灌漑管理においても，筆者は同様の現象を観察することが多い．信頼関係に問題があればなおさら，非協力ゲームでの説明が有効になる．

　管井戸所有者・非所有者，地主・土地なしといった階層間の関係が，非

---

[6]　γの理論的裏づけについては，注5を参照．

協力的なものとして特徴づけられるならば，A に関してはパレート最適な水準が履行強制できるという想定にも疑問をつけるべきかもしれない．現金定額売買水や分益売買水の制度の下では，表面的には A^* を灌漑しているように見せかけつつ，管井戸所有者は必要なタイミングで灌水しないといった対応により灌漑の質を落とすことがあり得る．このことが実際に観察されているのが，バングラデシュにおける藤田(1995)の調査村の事例である．再調査で判明したのは，管井戸所有者から買水できるにもかかわらず，管井戸を持たない農民の多くが，小型管井戸の購入に走り，明らかな過剰投資に陥っているという状況であった（藤田 2000）．南アジア，とりわけバングラデシュの地下水売買は，各経済主体の機会費用と相互に整合的であり，買水形態ごとに大きな効率性の差がないという意味では静学的な効率性がある程度保たれているが，投資のコーディネーションといった不可逆的な要素を持ち，かつ長期的信頼が重要になる動学的側面での効率性は達成されにくいと，解釈することが可能ではなかろうか．

6 結 び

「緑の革命」に代表される途上国農業の技術革新は，灌漑地下水のような新たな生産要素の私的取引を生み出した．このような新たなサービスの取引がもたらす効率性および公正上の経済的含意を分析する枠組みとして，競争的均衡か独占的売買のオーソドックスな2つのモデル(ないしそれらを両極として一般化するクールノー寡占モデル)はきわめて不十分である．現実に起きている途上国での契約の実態に則して，効率性と分配の様々な組み合わせを柔軟に分析できるモデルが求められる．本章が示した代替モデルは，特定モデルの選択によって資源配分上の効率性と経済余剰の分配との関係が一義的に関係づけられる事態を避け，両者のより柔軟な組み合わせを視野にいれることができるのである．

本章が示したモデルは，灌漑用水という生産要素を分析する上では，生産に伴う不確実性とそこから生じるリスクの分配の問題，および管井戸設置の初期投資の決定という動学的問題について捨象した．また，耕種部門

の生産技術や灌漑技術の想定も単純なものである．一対一の交渉の背後に，他の農民や管井戸所有者が潜在的な買水者や灌漑水供給者として存在する場合の分析など，検討すべき課題は多い．さらには，本章は地下水が豊富に存在するパンジャーブ農業，ベンガル農業を念頭においているため，インド西部やデカン高原の管井戸灌漑で深刻な問題となっている過剰汲み上げと維持可能性の諸問題(Shah 1993)についても捨象している．分析の対象となる生産要素取引の実態に応じて，これらの理論的課題を今後追求していくことが望まれよう．

　本書の中での本章の位置づけは，生産要素の取引が生み出す資源配分の効率性と経済余剰の分配に関して，バーゲニング・モデルを用いることで幅広い分析が可能になることを示すことにあった．前章の分益小作制の分析においては，地主がプリンシパルのエージェンシー・モデルを取り上げたから，経済余剰の分配は，地主がすべて自分の手にすることができるという極端な力関係を想定していた．現実の途上国においてこのような力関係を想定することが適切かどうかについては，一つ一つの事例研究ごとに検討していくしかない．本章で扱った灌漑水の私的取引の事例では，経済発展と新しい技術の導入につれて力関係が徐々に変化しつつあることがまさに重要なわけであるから，エージェンシー・モデルを拡張したバーゲニング・モデルの有用性が高いと考えられる．

第6章　生産要素の取引と
インターリンケージ

1　はじめに

　途上国の農村の多くで，複数の生産要素を結合したインターリンケージ (interlinkage) 取引が頻繁に観察される．例を3つ挙げよう (Bardhan and Rudra 1978; Bardhan 1980)．小作は地主から土地を借りるだけでなく，生産や消費のための信用も得る．労働者は雇用主に労働力を提供するだけでなく，賃金を前借りしたりする．農民は余剰農産物を販売する際に，生産の運転資金を借りた商人を通じて販売する．これらが典型的なインターリンケージであり，不特定の者同士が価格のみを通じて取引するという完全競争市場の仮定とは，まさにかけ離れている．そのため，インターリンケージ取引はしばしば封建的な搾取の形態と見なされる．しかし市場経済が浸透しつつある途上国においても，この取引形態は依然根強く残っている．また日本のような先進国においてすら，例えば製造業の問屋が中小製造業者に対して資金を融通するという信用供与と販売仲介のインターリンケージが，しばしば観察される．

　そこで，このインターリンケージという現象をミクロ経済学的に分析し，なぜこのような制度が採用されるのか，資源配分の効率性や経済余剰の分配に関してこの制度はどのような意味を持っているのかを考えることが重要になる．これらの考慮なしに，法律の制定や行政措置によってインターリンケージ取引を規制するような開発政策は，むしろ有害となる可能性がある．

　冒頭の3つの例に示したように，インターリンケージは通常，信用取引を核にして行われる．第1部及び第2部のこれまでの章では，信用市場に関し，流動性制約の存在を外生的に想定して分析してきた．本章の議論は，そもそもなぜ，信用市場にそのような不完全性が生じるのかという点から

始める．これは，信用というサービスの取引が，異時点間の約束という貸し手と借り手の間のまさに「信用」によって，初めて成り立つものであるということに由来する．司法制度や近代的金融機関などが十分に発達していなければ，個人的にお金を貸し借りし，その取り立ても個人的に行わざるを得ない．そこに逆選択とモラルハザードが生じるため，途上国の農村信用市場は機能不全に陥りやすい．

　この困難をインターリンケージがいかに制度的に解決しているのかを明らかにすることが，本章の主たる課題である．本章は，この課題に答えるため，第2部のこれまでの章で用いられてきたゲーム論的アプローチ，とりわけエージェンシー・モデルを生産要素の複合取引に応用する．低所得途上国の農村部において，経済的・政治的・社会的な力関係がいかなる資源配分をもたらすのかについて考察するための基礎的なミクロ経済学のツールを本章が提供できれば幸いである．

　以下，第2節においてまず，なぜ信用市場が失敗しやすいかをモラルハザードと逆選択の理論から説明する．信用取引とその他の取引が結合されることによって信用取引が行われないという最悪の結果が免れることを，信用と労働に関する基本的なインターリンケージ・モデルによって示すのが第3節である．第4節においては，農産物取引と信用取引が結合されているというこれまで十分に吟味されていない事例について，新たなモデルを提示し，農産物価格と利子率の意味を再検討する．この章の一つの鍵となる概念が交渉力，あるいは広い意味のパワーである．これについて整理する第5節が第2部全体のまとめとなる．

2　農村信用市場の特徴と信用割当

2.1　農村金融市場論

　緑の革命に代表される農業の近代化によって，途上国の農民は，化学肥料購入や農業機械導入などのために多額の資金を必要とするようになった．1950，60年代，多くの途上国において，この資金需要に対応するため農業開発銀行などが設置され，低利で公的な信用供与が行われた．しかしこの

政策は成功せず，小農は依然として公的融資から除外され，融資を受けた層では貸し倒れが一般化して農業金融機関の経営が悪化するなどの事態が生じたのである．

　この状況を説明するものとして脚光を浴びたのが，オハイオ州立大グループを中心とする農村金融市場(rural financial markets)論であった(泉田・万木 1990)．これは，マッキノン＝ショウの金融抑圧(financial repression)論(Fry 1995, Chap. 2)の農村信用市場への応用とも言うべき性格を持っていた．すなわち，途上国の農村信用市場は，資源に対する機会費用の高さなどを適切に反映した効率的なものであるから，政策による低利信用供与は逆効果で，金融自由化を通じて市場の調整力や農民の自発性・合理性を活用すべきであるという結論が導かれる．市場メカニズムを強調するこの主張は，1980年代に行われた構造調整政策下の農業金融再編に大きな影響を与えた．また，この主張が，序章で展望した開発経済学の大きな流れにおける「新古典派復興」の典型的なものであったことも特記しておくに値する．

　この理論の背景には，オーソドックスな金融仲介機能の考え方がある．途上国の農村においても，ある時点で資金に余剰を持つ者と，手持ち資金が少なく，生産や消費のために資金を借りたい者とが存在する．そこで前者から後者に資金が移転され，その異時点間サービスへの価格として利子率rが支払われれば，経済全体の資源配分が効率化して，社会的厚生が上昇する．社会的厚生の上昇は静学的なものに留まらない．資金が新たな技術や商品の開発に回ってイノベーションが促されれば，動学的な経済成長につながっていく．これこそまさに経済発展そのものである．そして，余剰資金の需給をより効率的に調整する金融仲介者として，近代的金融機関が，民間の金貸しなどのインフォーマル金融に替わっていくことで，このプロセスが加速されると見なされた．このようなプロセスを阻害するのが政府による信用市場への介入であるとの見方が，途上国において強くなったのが1980年代前半であった．

2.2 信用割当モデル

しかし,単なる農業金融の自由化は,特にサブサハラ・アフリカ諸国などではあまり成功しなかった.その理由をうまく説明している古典的な理論モデルが,Stiglitz and Weiss(1981)の信用割当(credit rationing)モデルである.信用割当とは,その貸付条件の下で信用への超過需要が存在するにも関わらず,貸し手は利子率を引き上げて全員に貸し付けすることをせずに,利子率が低いままに信用の供給を少数の者だけに割り当てることをいう.

このモデルの鍵は,情報の非対称性が逆選択とモラルハザードという2つの問題を生み出すことにある.借り手は資金Kを利子率rで借りて,何らかの投資(例えば農業を営むなど)を行う.その投資が収益Rを生む.ただしRには不確実性がある.例えば,棉花の生産に用いる化学肥料を買うための運転資本Kを貸し付けても,天候不調や病害によって棉花の収穫は皆無になるかもしれない.信用供与の際の抵当をCとすれば,投資が成功して$C+R \geq (1+r)K$となった時に貸し手は債権を回収できて,rKに相当する利子所得を得ることができる.しかしたまたま不作になったり,投資プロジェクトが失敗したりして,$C+R<(1+r)K$となれば,債務不履行(デフォールト)が生じる.その場合貸し手が回収できるのは最大限$C+R$となり,差し引きの利子所得は$C+R-K<rK$となる.

Stiglitz and Weiss(1981)モデルでの逆選択は,借り手によってRのリスクの大きさが異なっており,その違いが貸し手には事前に分からないことに由来する.単純化のためにRの期待値が,リスクの小さい借り手とリスクの大きい借り手で同一であるとしよう.利子率rが低ければ両方の借り手が資金を需要する.ある程度利子率を上げると,リスクの小さい借り手にとって資金を借りることが割に合わない点に達する.ところがそれより高い利子率でも,リスクの高い借り手は資金を需要する.なぜならRの期待値が同じでそのリスクが大きいということは,Rがたまたまうまく行って膨大な利益が上がる可能性が高いということだからである.もちろんそれは同時に,Rが大失敗する可能性も高いということであるが,その場合は借り手は債務不履行するから,投資失敗の深刻さにかかわらず最大

C を失うだけである．したがって成功の利益は借り手に，失敗の負担は主に貸し手に帰属することになる．つまり，貸し手が借り手の債務不履行の可能性を事前には完全に把握できないために，利子率を上げると逆にリスクの大きい借り手ばかり集まってしまう現象が逆選択なのである．

類似した議論がモラルハザードにも当てはまる．今度は借り手は同質であるが，リスクの大きい投資案件(例えば農場で市場向けの野菜1種を作付けするなど)と，リスクの小さい投資案件(例えば農場で収量も価格も安定した穀物を何種類も作付けするなど)を持っていて，貸し手は借り手が信用をどの案件に用いるのか，コントロールできないとしよう．すると，逆選択と全く同じ論理により，利子率 r がある程度以上高くなると借り手はリスクの大きい案件にのみ投資するようになる．つまり，信用市場におけるモラルハザードとは，事後的に貸し手が借り手の投資行動を完全には監視できないために，利子率を上げることにより，その高い利子を支払うために借り手がリスクの大きい事業に投資するようになることをいう．

いずれの場合も，その利子率を受け入れる借り手がさらに存在するからといって，利子率を引き上げて全員に信用を与えれば債務不履行が頻繁に起こり，貸し手の差し引きの利潤はむしろ減ってしまう．したがって貸し手は低い利子率で借り手を絞ることを選び，信用割当が生じる．つまり，利子率 r は，借り手のデフォールト・リスクの大きさを左右する機能を持つがために，信用の需給を一致させる価格としての機能を十分に発揮することができず，信用市場は歪められてしまうのである．

Stiglitz and Weiss (1981) の信用割当モデルでは，抵当 C が逆選択とモラルハザードの問題を緩和し，信用割当をなくすことができるかについても議論している．もし借り手が提供する抵当 C が，借り手のリスクの大きさ，あるいは投資案件のタイプと何の相関もなければ，$(1+r)K$ よりも大きい額の抵当を取ることで債務不履行は生じなくなるから，信用割当の問題もなくなる．しかし Stiglitz and Weiss (1981) は，高い C を提供できる借り手は過去にリスクの大きいプロジェクトで成功してきた「危ない」タイプである可能性が大きいこと，高い C が要求されれば資産の限られた貧困層は自分の資産水準でも抵当がまかなえるような投資案件しか採用

できなくなり，そのような案件はリスクが大きい可能性があることなどから，抵当だけではこの問題が解決できないと主張した．

3 インターリンケージの基本モデル

情報の非対称性に由来する信用割当，あるいはその極端なケースとしての信用市場の不成立などの事態を防ぐ制度的対応が，信用の取引とその他のサービスの取引とを複合契約するインターリンケージである．地主が農村の土地なし層を小作や労働者として雇い，信用を同時に与えて，彼らを自分に隷属させるという図式は，植民地インドの農村などを描写する際にしばしば強調される．しかしそのような見方は一面的である．例えば Bardhan and Rudra(1978)は，インド東部の農村における綿密な家計調査データに基づいて，この現象が1970年代にも広範に見られることを明らかにしたが，同時に，この制度が地主への全人的隷属を伴うものではなく，むしろ信用を必要とするが他に信用を得るすべのない土地なし層の合理的選択の結果生じている側面があることを明らかにし，インターリンケージ研究の重要文献となった．

本節では，Basu(1983)による労働と信用のインターリンケージ・モデルを基本モデルとして紹介する．信用供与の主体となるのは，自分では肉体労働をしない地主である．プリンシパルである地主は，エージェントである土地なし労働者を「常雇労働者」(permanent hired laborer)として n 人雇用し，農業経営を行う．生産関数は産出財をニュメレールとして $f(n)$, $f'>0$, $f''<0$ で表わされる．常雇労働者は地主の農場に住み込み，トラブルが生じない限り続けて雇用されて農場全体の労働に従事するから，信用 K を与えてもそれを確実に取り戻せると想定する．地主が労働者に信用を供与する際には，利子率 i を提示し，どれだけ実際に労働者が借りるかは労働者の信用需要関数 $K(i)$ に基づいて，労働者が決める．地主の資金は，他で運用すれば機会利子率 r を得ることができるものとする．

以上の想定の下，インターリンケージ契約に関する地主の最適化問題は，

$$\max_{w,i,n} \pi = f(n)-wn+n(i-r)K(i) \qquad (6.1)$$

第 6 章 生産要素の取引とインターリンケージ────161

s.t.
$$u = u(w, i) \geq \bar{u}, \tag{6.2}$$
と表わされる．ただし u は常雇労働者の効用で，$\bar{u}$ がその留保効用水準，$\partial u/\partial w > 0, \partial u/\partial i \leq 0$ を想定する．(6.2)式は労働者の参加制約条件である．

この最適解において，参加制約条件が等号で成立すると想定すれば，そこからインプリシットに
$$w = \phi(i, \bar{u}), \tag{6.3}$$
という関数が定義できる．すると地主の最適化問題(6.1)は，
$$\max_{i,n} \pi = f(n) - \phi(i, \bar{u})n + n(i-r)K(i), \tag{6.4}$$
と書き換えることができるから，最適化の FOC は，
$$f'(n) = \phi(i, \bar{u}) - (i-r)K(i) \equiv PWC, \tag{6.5}$$
$$\frac{\partial \phi}{\partial i} - K(i) - (i-r)K'(i) = \frac{\partial PWC}{\partial i} = 0, \tag{6.6}$$
となる(PWC は労働者1人当たりのネットの雇用コスト，'per-worker cost' である)．つまり地主は，労働の限界生産性が，賃金と信用供与をまとめたネットの雇用コストに等しくなるまで労働者を雇い，その1人当たりのネットの雇用コストが最小となるようにインターリンケージの利子率 i を決定する．

この状況を図示したのが図 6-1 である．右上第1象限に描かれているのは労働の限界生産性で，$f'' < 0$ の想定より右下がりになっている．(6.3)式，すなわち労働者の留保効用水準との無差別曲線は左上第2象限に描かれている．これがある程度高い水準の i において水平になっているのは，労働者がそのレベルではもはや信用を需要しないことを意味しており，左下第3象限にインプリシットに描かれた信用需要関数に対応している．第3象限に実際に書いてあるのは，この信用需要関数を元に計算される $iK(i)$ と $rK(i)$ である．これらを元に，(6.5)式の定義から曲線 PWC が算出される(第2象限)．均衡解は，第2象限の曲線 PWC が最も小さくなる水準 PWC^* の点 A で均衡利子率 i^* が決まり，そこから均衡賃金 w^* と最適労働投入量 n^* が決まる．

注意すべきは第一に，インターリンケージが不可能であった場合の資源

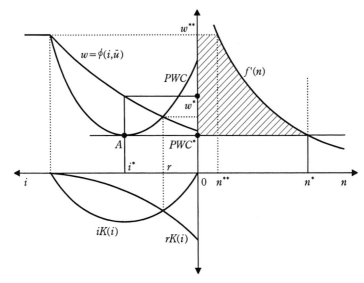

図 6-1 労働と信用のインターリンケージ
出所) Basu(1983), p. 266.

配分と経済余剰との比較である．インターリンケージなしでは地主は貸した信用を全く回収できないという極端な想定をすれば，その場合の均衡賃金は w^{**}，労働投入量は n^{**} となる．労働者の効用はインターリンケージがある時と変わらないが，地主の利潤は図 6-1 第 1 象限の PWC^* と w^{**} をそれぞれ右に伸ばした平行線で囲まれた斜線部の面積だけ減少している．つまりインターリンケージは，機会利子率 r の地主と機会利子率が無限大の小作との間に信用のやりとりを実現させるから，このモデルでは必ずパレート改善につながるのである．

第二に，図 6-1 ではたまたま均衡において，$i^* > r$ が成立するから，地主は労働者から，安い賃金 ($w^* < w^{**}$)，及び割高な利子率 ($i^* > r$) のルートで二重に「搾取」しているように見える．しかしモデルの想定上，労働者はインターリンケージ前と同じ効用を得ているから，これを「搾取」と決めつけることが適当かどうかは難しい．また，賃金に関しては，w^* と比較すべきは労働の限界生産性 $f'(n)$ であろう．それを見るとこの場合には

$w^* > f'(n^*) = PWC^*$ が成立していることが分かる．つまり図6-1の場合には，地主は，労働の限界生産性以上に賃金を支払う代わりに，地主の機会利子率 r よりも高い利子率で労働者に信用を与えているのである．

第三に，労働者の信用需要曲線の形状いかんでは $i^* < r$ となる可能性も十分にある．その場合は逆に $w^* < f'(n)$ となる．極端な場合，PWC を最小化する均衡利子率が端点解 (corner solution) になることもあり得る．その場合には $i^* = 0$ となり，一見，情け深い地主が，労働者に利子も取らずに信用を供与しているかのように見える[1]．しかしその分地主は，労働の限界生産性を下回る賃金しか支払わない．

また，このモデルに地主の多様性を導入すれば，高い利子率を課す地主は高い賃金を払い，低い利子率で貸してくれる地主は賃金が安いという関係が導ける．重要なのは，インターリンケージの下ではインターリンケージが絡むすべての取引の価格を総合的に評価することが必要で，信用の部分のみ，あるいは労働の部分のみを見て，正当な代価が支払われているか否かを議論することはできないということである．

インターリンケージのモデルはその後さらに拡張され，とりわけ小作契約と信用供与，労働契約と信用供与それぞれのモデルの精緻化が進んだ．初期の研究を手際よくまとめた Bell (1988) の展望は，農産物市場と信用供与のインターリンケージについての研究が不足していること，インターリンケージのモデルがしばしばそのパレート改善という効率性への貢献を強調し，モデルの背後にある経済余剰の分配が非常に不平等であることにあまり考慮を払わない点などに，注意を促している (pp. 827-828)．

前者に関してはその後，Crow and Murshid (1994), Bell et al. (1997) など，理論と実証をうまく結び付けた研究が出てきている．また，次節では筆者による農産物市場と信用供与のインターリンケージ・モデルの一例を示すことにする．経済発展における商人の役割を見直す研究動向 (Hicks

---

[1] イスラーム教においては，貸し手がリスクを負わずに得ることのできる利子を「リバー」と呼んで厳しく禁じているため，パキスタンの農村部などイスラーム教の影響の強い地域では，見かけの名目利子率がゼロということが頻繁に観察される．しかし本節のモデルで分かるように，ゼロ利子率は必ずしも実効名目利子率がゼロであることを意味しない．経済余剰のすべてが金貸しに他の方法で吸い取られている可能性がある．

1989)と,農産物インターリンケージへの関心の高まりは密接に関連している.このようなインターリンケージには,生産物市場に関する情報やリスク・シェアリングといったサービスを商人が農民に供与する機能がある点が,注目に値する.

経済余剰の分配に関しては最終節でさらに議論するが,通常のインターリンケージ・モデルでは,パレート改善によって生じた付加的な経済余剰を,信用供与者(ここでは地主)が一人占めできるという力関係が想定されている.このような想定が適切かどうかについては,個別の事例ごとの実証研究で検討される必要がある.また,理論モデルの構築という点に関しては,Bell(1989)は,バーゲニング・モデルとインターリンケージを結びつけ,当事者間の交渉力のあり方によってインターリンケージで実現されるパレート改善の度合いが影響されることがあること,場合によってはパレート改善技術が採用されないことがあることなどを示している.

4 インターリンケージのある場合の農産物価格と利子率

本節のモデルは,Bardhan and Udry(1999, Chap. 9)の理論モデルを筆者が拡張したものである.モデルは,安価な信用市場(外生の利子率 r がその機会費用)へのアクセスを持つ商人と,そのような信用市場へのアクセスを持たない農民を想定する.農民の生産技術は農業生産資本 K の生産関数 $F(K)$(ただし $F' > 0, F'' < 0$)で与えられる.農民は,商人とのインターリンケージ関係を持たない場合,商人からの信用に代わる資本 K^0(その機会費用は r^0,ただし $r^0 > r$)を用いて生産し,生産物を市場価格 p^0 で販売することができるものとする.

商人はこの農民に生産物を価格 p で購入し農業信用を利子率 i で供与するようなインターリンケージ契約をオファーする.農民がこのオファーを受け容れれば,その時の所得は

$$y = pF(K) - (1+i)K, \tag{6.7}$$

農民がこのオファーを受け容れなければ,その時の彼の所得は

$$y_0 = p^0 F(K^0) - (1+r^0)K^0, \tag{6.8}$$

となると想定する.

4.1　最強力商人

商人はパッケージ (K, p, i) を農民に 'take-it-or-leave-it offer' として提示する. その場合の商人の最適化問題は,

$$\max_{K,p,i} \pi = (p^0-p)F(K)+(i-r)K, \quad (6.9)$$

s.t.

$$y \geq y_0, \quad (6.10)$$

と書ける(制約条件(6.10)式は, 農民の参加制約条件). この解を特徴づける FOC は,

$$y = y_0, \quad (6.11)$$

$$K^* = \arg\max_K p^0 F(K)-(1+r)K, \quad (6.12)$$

となる. この解の特徴を3つ挙げよう. 第一に, 最適な解 K^* は, この商人の機会費用 (p^0, r) のもとで生産余剰を最大化するための FOC と一致する. すなわち社会的に効率的な資源配分が実現する. この資源配分によって実現する経済余剰の総額を $ES^* \equiv p^0 F(K^*)-(1+r)K^*$ で定義する. 第二に, 上の同時方程式体系からは, (p, i) は単一の値に決まらず, (6.11)式を満たすようなすべての組み合わせがその解となる. 第三に, この取引から生じる付加的な生産余剰はすべて商人の手に帰属する. 商人の取り分は ES^*-y_0, 農民の取り分は y_0 となる.

実はこのエージェンシー問題は, 農民から商人に支払われる取引参加の固定支払いを R とすれば, パッケージ (K, R) を農民に 'take-it-or-leave-it offer' として提示し, 農産物価格と利子率に関しては商人の機会費用 (p^0, r) で提供するのと, 数学的には同一の問題となる. つまり, このような強力なバーゲニング・パワーを持つ商人と農民の間のインターリンケージ取引においては, 部分的情報として農産物価格 p のみ, あるいは利子率 i のみを尋ねても意味がない. 取引に関わるすべての情報を集める必要があるのだ.

4.2 強力な独占商人

商人は価格パッケージ (p, i) を農民に提示し,農民がそのオファーを受け容れる場合に農民が K を選択する.その場合の商人の最適化問題は,

$$\max_{p, i} \quad \pi = (p^0 - p)F(K) + (i - r)K, \tag{6.13}$$

s.t.

$$y \geq y_0, \tag{6.14}$$

$$K = \arg\max_{K} \quad pF(K) - (1+i)K, \tag{6.15}$$

と書ける(制約条件(6.15)は農民の誘因両立性条件).この問題を解くと,最終的には

$$p^* = \gamma p^0, \tag{6.16}$$

$$i^* = \gamma r^0, \tag{6.17}$$

$$y = y_0, \tag{6.18}$$

$$K^* = \arg\max_{K} \quad p^0 F(K) - (1+r)K, \tag{6.19}$$

ただし

$$\gamma = \frac{y^0}{p^0 F(K^*) - (1+r)K^*} < 1, \tag{6.20}$$

が得られる.この解の特徴は,第一に,最適解 K^* が社会的に効率的であることである.第二の特徴としては,商人は市場価格よりも安い値段で農産物を買い上げる代わりに,農民にとってある程度有利な利子率で農民に信用を供与することが挙げられる.ここで興味深いのは,農民が農産物を買いたたかれる度合いは,農民の留保効用である y_0 に依存することである((6.20)式を見よ).第1部の用語で言えば,農民の販売価格に「非分離性」が生じる.強力な独占商人は,農民の消費者としての特性に応じて,価格の差別化をするのである.第三に,この取引から生じる生産余剰はすべて商人の手に帰属する.

このモデルは,信用の買い手である農民に信用の購入量を選ばせている点で,ある意味において古典的な独占モデルの特徴を持つ.にもかかわらず,古典的な独占モデルで生じるような非効率が生じない理由は,この商人はバーゲニング・パワーが古典的な独占モデルの想定よりも強いために,2つの契約を一緒に呑ませることができる点にある.

4.3 微力な独占商人

商人は農産物価格 p を農民にオファーし,農民がそれを受け容れれば農民が販売量を選ぶ.商人は同じ農民に信用の利子率 i をオファーし,農民がそれを受け容れれば農民が利用する信用の量を選ぶ.商人は2つの契約からの利潤の和を最大化する.

農産物市場においては,商人と農民の機会費用としての価格が p^0 で共通であるから,$p^*=p^0$ が解となることは明らかである.他方,信用市場においては両者の機会費用には差があるから,そこに商人の独占の余地が生まれる.途中を省略して結果だけ示せば,最適な (K^{**}, i^{**}) の水準は

$$F'(K^{**}) = \frac{F(K^{**})}{K^{**}} = \frac{1+i^{**}}{p^0}, \tag{6.21}$$

という関係式によって決定される.この解の特徴は,第一に,最適な解 K^{**} は社会的に非効率である.言い換えれば,古典的な独占の非効率が存在する.この場合の経済余剰を,$ES^{**} \equiv p^0 F(K^{**}) - (1+r)K^{**}$ で定義する.ES^* の定義により,$ES^{**} < ES^*$ である.第二に,商人は市場価格で農産物を買い上げ,自分の機会費用よりは割高であるが農民の機会費用よりは割安な利子率で農民に信用を供与する.第三に,この取引から生じる生産余剰は農民と商人の間で分配される.商人は農産物の取引で超過利潤を得ないから,そのインターリンケージからの所得は $(i^{**}-r)K^{**}$ となる.農民はしたがって $ES^{**} - (i^{**}-r)K^{**}$ を得るが,この値は y_0 よりも大きいことが確認できる.

4.4 完全競争的な商人

最後に,完全競争的な商人の下での資源配分も確認しておこう.この場合,商人間の競争ゆえに,商人が農民にオファーする価格は p^0,商人が農民に信用を与える時の利子率は r となる.これは,それ以外の価格,例えば r よりもやや割高な利子率を課せば,同じ機会利子率で資金を動かせるライバルの商人が価格を下げ,結局,裁定が成立して r まで利子率は下がってしまうからである.この場合,農民の投資水準はパレート最適な

K^* となり，そこから生じる余剰 ES^* はすべて農民に帰属する．

「微力な独占商人」及び「完全競争的な商人」の場合，農民は同一商人を相手に農産物取引と信用取引をしているので，一見インターリンケージが生じているように見えるが，実質的にはそうではなく，たまたま同じ商人を相手に2種類の取引をしただけである．ただしそれはあくまで数理モデルの想定であって，現実の農産物市場を考えた場合，個別契約を単純に組み合わせた場合でも，商人の側にとっては事前に販売量を確保する便益があるし，農民にとっては畑の作物という通常は抵当になりにくい資産を実質的に抵当にとってもらって信用が借りられるという便益がある．商人の便益は，輸送に規模の経済が働けばかなり大きくなる．さらには農産物価格リスクの存在まで考慮すれば，このようなインターリンケージ取引によってさらなるパレート改善が生じる可能性がある．

4.5 商人の「力」と効率性

以上の議論を資源配分の効率性と，付加的な経済余剰の分配という観点からまとめたのが表6-1である．この表で興味深いのは，第一に，商人の「力」が弱まるにつれて(相対的な意味で農民の「力」が強まるにつれて)，資源配分の効率性がU字型の非線形な経路をたどることであろう(表6-1の「所得合計」を見よ)．商人の「力」が弱まるにつれて，商人に帰する経済余剰が単調に減少し，農民に帰する経済余剰が単調に増加するのはある意味当然である．しかし効率性のU字型という可能性はこれまであまり議論されてこなかったように思われる．本節の事例は，商人の交渉力が不十分な場合にむしろ非効率が生じるというパラドキシカルな資源配分の可能性を示しているのである．

第二に，農民が商人から受け取る農産物価格であるが，これについてもある種の非線形な関係が生じる．次章で詳しく見るように，競争的均衡の下では農民が受け取る価格は p^0 (ここのモデルでは市場価格であるが，現実には市場価格から輸送費や取扱手数料を引いたものになるであろう)であり，市場価格と農民手取り価格は完全に連動する(一物一価の法則の成立)．これに対し商人の独占力が高まるとこの価格が γp^0 と割り引かれる．しかもその割

表 6-1　インターリンケージと農産物価格・利子率

	農民手取価格	均衡利子率	商人の所得	農民の所得	所得合計
最強力商人	(確定せず)	(確定せず)	$ES^* - y_0$	y_0	ES^*
強力な独占商人	γp^0	γr^0	$ES^* - y_0$	y_0	ES^*
微力な独占商人	p^0	i^{**}	$(i^{**} - r)K^{**}$	$ES^{**} - (i^{**} - r)K^{**}$	ES^{**}
完全競争的な商人	p^0	r	0	ES^*	ES^*

出所）筆者作成.
注）$\gamma < 1$, $\gamma < i^{**} < r^0$, $ES^{**} - (i^{**} - r)K^{**} > y_0$, $ES^{**} < ES^*$ が成立する.

引の度合いは農民ごとに異なり得る．この場合，一物一価の法則は成立せず，市場価格と農民価格の連動も完全でなくなる．しかし，さらに商人の交渉力が強まれば，農民の手取り価格は信用供与の利子率とのセットで決まり，個別には意味をなさなくなる．その場合，p^0 が記録されることもあれば，これをはるかに下回る値が記録されることもあろう．

5　結び——農村の権力構造と農業契約

　本章では，低所得途上国の農村経済を分析する上で重要な特徴である信用市場の不完全性と，それへの制度的対応としてのインターリンケージについて理論的検討を加えた．その結果，インターリンケージには，フォーマル金融へのアクセスを持たない貧困層や低資産者に対して異時点間資源配分を可能にするという意味で，パレート改善を実現することが一般的に示された．つまりこの制度は，情報の非対称性とそれに由来する様々な不完備市場を所与とした時に，経済の潜在的生産力を拡張する意義がある．
　ただしこれは，あくまで効率性に焦点を絞った議論である．インターリンケージによる効率性の改善が生み出した付加的な経済余剰は，途上国農村で特に貴重な資源である信用へのアクセスを持つ者に有利に配分される．基本的なインターリンケージ・モデルでは，しばしばその経済余剰はすべて金貸し（兼地主，あるいは兼雇用主，あるいは兼商人）に帰属してしまう．
　もちろんこれはモデルの想定に依存しており，バーゲニングの枠組みに拡張すること，あるいは部分的に競争的な関係を取り入れて，農村の実態

に近い力関係をモデル化することも可能である．その場合，交渉力の変化が必ずしもパレート改善をもたらさないことが本節のモデルで示された．第2部全体から明らかになったのは，誰がどの契約パラメータを指定するのか，誰が先に行動を始めるのか，契約に盛り込めない行動を誰がどのように支配するのか，契約を締結する上での留保水準はどの程度か，これらのミクロ経済学的要素に，農村の権力構造のかなりの部分を取り入れることができることである．

とはいえ，二者間の権力関係だけでは低所得国の経済取引の全側面は捉え切れない．エージェンシー・モデルにせよ，バーゲニング・モデルにせよ，留保水準を下回るような契約を受け容れることはないというのが「個人合理性条件」ないし「参加制約条件」である．しかし現実の途上国では，留保水準すら下回るような契約を呑まされているとしか考えられない農村底辺層の姿が時折観察される．Basu (1997, Chap. 15) ではそのような現象を，単なる暴力的強制あるいは社会的理由に帰せてしまうのではなく，第三者が絡める関係として，経済学的に合理的な説明を試みている．つまり非常に強力な地主であれば，小作との契約の交渉の際に，その契約を受け容れなければ自分との交渉決裂だけでなく，相手にとって大切な取引相手（例えばその小作に掛け売りしてくれる商人など）との将来の取引も停止させると脅迫し，無限繰り返しゲームの枠組みによってその脅迫を確実なものにできれば，小作はそれ以前の留保効用よりも明らかに下がってしまうような，無茶な地主の要求を，「合理的に」受け容れるかもしれない．

経済発展は，自らの意志によって参加できる市場取引を通じて，誰もがそれぞれの厚生を高めていくプロセスと考えることもできる．第2部で扱った戦略的行動と非対称な交渉力の重要性が徐々に後退していくことが，経済余剰の分配という点で望ましいのは言うまでもない．しかし競争的な市場取引それ自体は，価格と購買力という2つのパラメータのみによって力関係が一義的に決定される世界でもある．経済発展と権力という魅力的なテーマに市場取引の特徴と参加形態という視点から切り込むことは，これからのミクロ開発経済学の重要なテーマとなるであろう．

最後に，第2部で扱った農村制度・組織の分析が途上国の開発問題を考

える上で持つ意義をまとめておこう．まず，分益小作制にしてもインフォーマル信用にしても，これを非効率・搾取的と決めつけて法律で制限するような措置は，農村の低所得層の生活水準をむしろ悪化させかねない．これらの制度・組織は当事者間においては合理性を持った最適な契約である場合が少なくないからである．ただし，社会的な観点からは非効率である場合，これらの制度・組織を取り巻く農村市場の不完全さを除去するために政策介入を行うこと，例えば農村の運輸・通信インフラを整備して市場取引をしやすくする，情報の共有につながる初等教育の普及を進めるなどの政策は，小作制度や農村金融の近代化に役立つであろう．

また，不完全市場下の農村信用や分益小作契約は，農業のリスクを回避し消費を安定させる効果があることからわかるように，農村家計の消費面と密接に結びついている．したがって，低所得層の生活水準向上のためにも，農業生産の効率性改善のためにも，生産目的に用途を限定しない資金あるいは消費信用の供与こそが効果的となる．その際，取引先の家計をよく知る親類・友人，地主や民間金貸しなどのインフォーマルな経済主体の方が，政府や民間金融機関よりも効率的な可能性がある．つまり，公的機関・フォーマル金融とこうしたインフォーマル部門とが相互補完し合うような開発政策が重要になると考えられる．

第3部　市場取引の効率性

第7章 農産物市場の統合

1 はじめに

　本書第1部では，外生的な市場における様々な不完全性に対して，プライス・テーカーとしての家計がどのように反応するかを「ハウスホールド・モデル」として分析し，第2部では，戦略的行動を明示的にモデルに入れて，主に二者間の契約がどのように決定されるかを分析した．これまでに明らかになったのは，二者間の力関係や競争条件に応じて，資源配分の効率性は非線形な関係になることがあり得るが，完全競争により近い局面では，資源配分もパレートの意味で改善されていく傾向である．そこで，2つの章からなる第3部「市場取引の効率性」においては，多数の市場参加者によって担われる資源配分がどのような特色を持つかを，競争的均衡を基準にして考察する．

　全くの自給自足的な経済主体が孤立した状況と，一国の国民すべてが一つの市場に組み込まれ，それぞれが比較優位に特化した生産を行っている状況とは，ある意味で経済発展の両極端の姿である．現実に我々が観察する途上国の状況は，この中間に位置すると予測される．ではその市場発展の度合いを定量的に分析するにはどうすればよいであろうか．第3部に収められる2つの章においては，この問題に答えるために，パレート最適な競争的均衡解を基準におき，現実の途上国における資源配分がその効率的な資源配分からどの程度離れているかを検証する．その意味では，本書の中で最も一般均衡的な視点に立つものであるが，実証作業との関連上，効率性を検証する市場以外については捨象されている点で，部分均衡分析の枠を出ない．

　第3部最初の本章は，発展途上国における農産物市場の特徴に焦点を当てる．効率的な農産物市場は，消費者の嗜好や技術の変化などの情報を価格という形態で生産者に伝え，それによって生産面のダイナミックな反応

を引き起こす．このダイナミックスこそが経済発展の主要な一側面であるから，農産物市場の効率性は経済開発上の重要な問題となる．このため，途上国における農産物市場の効率性に関しては膨大な実証研究が存在し，その分析手法も日進月歩の発展を見せている[1]．構造調整政策をとる近年の多くの途上国において，農産物流通への政府介入を縮小する改革が行われていることから，この問題は研究意義を新たにしている．なぜなら，これらの政策改革が期待された供給効果を持つためには，効率的な民間農産物流通の存在が必要条件となるためである．したがって，この効率性を個々の途上国において検証する作業がますます重要になっている．

本章では，まず第2節で，競争的均衡に基づくパレート最適な資源配分の必要条件として，農産物市場の価格統合に関する理論的関係を導く．そこから導かれた様々な実証モデルを展望するのが，続く第3節，理論モデルのインプリケーションを，パキスタン・パンジャーブ州の穀物市場を事例に検証するのが第4節である[2]．

2 競争的均衡の下での価格統合

2.1 農産物市場の一般均衡の特徴

完全競争市場が完備しているという条件の下で競争的均衡の解がパレート最適を達成することは，Arrow and Debreu(1954)等により，一般的な数理モデルで証明されている．農産物の場合でもこれは当てはまる．しかし農産物市場をArrow and Debreu(1954)の世界から免脱させる特徴として，ここでは2点に着目する．農場が空間的に散らばっており，製品も物理的にかさばるために輸送費用が大きくなること，及び農産物の生産が季節的なものであるために，貯蔵という経済活動が重要なことである．他方

---

1) インドの農産物を扱ったLele(1971)，アフリカの事例のJones(1972)の2点は代表的な古典的研究である．近年の研究書では，バングラデシュを扱ったRavallion(1987)，インドネシアを事例とするHayami and Kawagoe(1993)，アジア途上国の卸売市場を比較研究した小林他(1995)などが重要な実証研究であろう．分析手法については第3節で参照する論文を参照のこと．

2) 第4節の実証分析は，黒崎(1994)及びKurosaki(1996)に多く依っている．

農産物の輸送と貯蔵に関わるアグリビジネスの企業数はかなり多いし，途上国では多種多様な商人が農産物流通に関与している．つまりこれらの経済主体の間では，ある程度競争的な関係が存在すると考えられる．さらに，第2部で扱った労働や土地用益権，信用といったサービスの取引に比べれば，農産物の取引は財の標準化が物理的に容易であるため，情報の非対称性の問題も多少は緩和される．

そこで農産物市場の均衡分析においては，空間と時間に十分な配慮をした上で，競争的均衡を基準に分析する研究が発達した．先駆的研究が，Takayama and Judge(1971)である．彼らはまず，競争的一般均衡とソーシャル・プランナーによるパレート最適化問題とが同一の資源配分を導くことを一般的に示した．その上で，農産物の特性に十分な配慮をした詳細な数理計画法によって，空間的・異時点間の一般均衡(spatial and intertemporal general equilibrium)を特徴づけた．

ただし Takayama and Judge(1971)の異時点間モデルでは，農産物において特に問題となる生産リスクと，それに由来する価格リスクについての議論が不十分であった．この点に関する次世代の研究を集大成したのが，確率的な動学的最適化のモデルを十分に活用した Williams and Wright(1991)である．彼らは，生産の不確実性，貯蔵が市場全体では必ず正かゼロになるという非負制約，そして時系列の非可逆性という3つの貯蔵活動の特色を厳密にモデルに取り入れた．その上で，合理的期待を形成して期待利潤を最大化する経済主体によって貯蔵活動の中心が担われる場合の一般均衡を分析した．

2.2 競争的均衡の下での価格裁定式

これらの研究から導かれるのが，空間的・異時点間一般均衡の必要条件としての価格裁定式である．この式は，ある形態の財が別の形態の財に変容されるならば，新しい財の価格はもとの財の価格に変容費用を加えたものであり，それ以上の価格差が生じていないということを意味する[3]．

---

3) 財の形態の変容は，農産物の加工のみならず，空間的移動(輸送)や時間的移動(貯蔵)を含む．物理的には同じ財でも，空間的・時間的に異なれば経済的には異なる財である．

地点 i と j の間の空間的均衡に関しては，価格裁定式は次の 3 つのどれかが成立することと定義される：

$$p_i = p_j + C_{ji}^T, \quad if \quad Q_{ji}^T > 0, \tag{7.1}$$

$$p_j = p_i + C_{ij}^T, \quad if \quad Q_{ij}^T > 0, \tag{7.2}$$

$$Q_{ji}^T = Q_{ij}^T = 0, \quad if \quad p_i - p_j < C_{ji}^T \text{ and } p_j - p_i < C_{ij}^T, \tag{7.3}$$

(ただし C_{ji}^T は j から i 地点への単位輸送費用, Q_{ji}^T は j から i 地点への輸送量である). 当然のことながら, 式(7.1), (7.2), (7.3)は同時には成立し得ないから, その中のいずれかが成立していれば, 空間的な裁定(アービトラージ)の余地がないことを意味する. 逆に, 例えば(7.1)式が成立せずに, $Q_{ji}^T > 0$ の時に $p_i > p_j + C_{ji}^T$ が成立していたならば, j から i にさらに財を輸送すれば超過利潤が手に入るから, 均衡とは言えない. 同様に, (7.3)式が成立せずに, $p_i - p_j < C_{ji}^T$ かつ $p_j - p_i < C_{ij}^T$ の時に $Q_{ji}^T > 0$ または $Q_{ij}^T > 0$ であればその輸送は明らかに商人の損失を生み出すから, 均衡とは言えない.

同様の関係が異時点間の貯蔵に関しても成立する. t 期における異時点間の均衡は, 価格裁定式

$$E[p_{t+1}] = p_t + C_t^S, \quad if \quad Q_t^S > 0, \tag{7.4}$$

$$Q_t^S = 0, \quad if \quad E[p_{t+1}] < p_t + C_t^S, \tag{7.5}$$

で表わされる(ただし C_t^S は t から $t+1$ 期への単位貯蔵費用, Q_t^S は t 期からの持ち越し貯蔵量, $E[.]$ はこれまで通り, t 期の情報集合の下での条件つき期待値を取る関数である).

空間的均衡と違う点は, 第一に財を変容させる先の将来価格, すなわち p_{t+1} は t 期においては分からない不確実なものなので, これを期待値で置き換えてあることである. この関係は, Williams and Wright(1991)に倣って貯蔵者がリスク中立かつ合理的期待を形成すると想定していることによる. もちろん貯蔵それ自体が何らかの外部性を生むことや, リスクに考慮した予備的動機を考慮すれば, (7.4), (7.5)式は成立しないかもしれない. しかし Williams and Wright(1991)は, 市場全体の均衡においてはリスク中立で合理的期待を持つ商人が価格形成の主導権を握り, リスク回避的な商人はリスク中立的な商人から保険サービスを購入できると想定す

ることで，市場価格に関する分析としては(7.4)，(7.5)式が有効になると論じている．第二の違いは，貯蔵の場合，市場全体の持ち越し量はマイナスの値を取れないため，(7.4)式の t と $t+1$ を入れ替えた式は存在しない．これが貯蔵における非負制約である．

以上に示した価格の裁定式が成立していれば，必要以上の農産物価格の乱高下は防がれる．また，農産物がどこで不足しているのか，どの時期に不足が期待されるのかという情報が，市場価格を通じて迅速に伝わることにより，農産物余剰を持つ地域や時期から不足している地域や時期への財の移動がスムーズに行われる．この意味で，価格裁定式の成立は効率的な農産物取引の必要条件なのである．価格裁定式の成立はまた，家計や地域の食糧安全保障を向上させる．裁定式が満たされていれば，局地的に生じた生産のショックは，全市場(一国，時には全世界)に伝わって薄められるからである．価格裁定式は，地域間・異時点間の価格が連動することを意味するから，「価格統合」(price integration)とも呼ばれる．

3 計量経済学的実証モデル

では，前節で導いた競争的均衡解の下での価格統合を，直接的に，あるいはそこから導出される必要条件を通じて間接的に検証するには，どのような計量モデルを用いることができるだろうか．例えば Bivings(1997)のように，途上国国内での農産物の移動と地域間・異時点間の価格関係を，この理論モデルに基づいたシミュレーションで実証分析する数値的アプローチも，興味深いものではある．しかしながら，実際の途上国のデータから前節の理論モデルが統計的に支持されるかどうかを検証するアプローチは，その地域の経済発展の一つの指標として，さらに示唆深いと考えられる．

先進国，途上国とも，スポット市場の価格データは空間的に散らばった諸市場それぞれについての時系列データ，つまりパネルデータとして容易に手に入る．例えばパキスタンやインド，バングラデシュでは，年平均，月平均，週平均の価格は統計資料に整理されているし，一次資料を用いれ

ば日次データも手に入る．これに対し，異時点間のモデルで重要になる将来の期待価格は，先進国のように先物取引市場が発達していれば先物価格をその代理変数として使えるが，多くの途上国の場合にはそのような制度化された先物取引市場は存在しない．また，前節の価格裁定式に出てきた重要なパラメータである単位輸送費用や単位貯蔵費用，そして重要な変数である実際の輸送量や貯蔵量に関しては，既存の統計からはほとんど得られない[4]．

そのため，途上国の農産物市場の価格統合に関する実証研究は，価格データを使った空間的統合の検定に焦点が当てられてきた．Baulch (1997a)のまとめにより，これらを紹介しよう．

3.1　一物一価の法則モデル

空間的均衡が常に一定方向の輸送で特徴づけられるならば(例えば(7.1)式のみが常に成立するならば)，i地点の価格は，常にj地点の価格に単位輸送費用を足したものになる．単位輸送費用が一定であると想定すれば，この関係は，回帰モデル

$$\Delta p_{i,t} = \alpha + \beta \Delta p_{j,t} + \varepsilon_t, \qquad (7.6)$$

で検定することができる．αとβが推定するパラメータ，ε_tが期待値ゼロの誤差項である．帰無仮説$\beta=1$を計量経済学的に検定した結果，棄却されなければ，あるいは帰無仮説$\beta=0$を計量経済学的に検定した結果，対立仮説$\beta>0$に対して有意に棄却されれば，価格の空間的統合が支持されたと解釈できる．後者の検定は，$\Delta p_{i,t}$と$\Delta p_{j,t}$との相関係数が統計的に有意に正であるかの検定と同じである．

Lele (1971)やJones (1972)などの初期の研究では，階差を取らずに$p_{i,t}$と$p_{j,t}$との相関係数が統計的に有意であるかが検討されており，インドの穀物市場もアフリカの食糧市場もかなり空間的に統合されているとの結論を得ている．しかしこの方法では，時系列データの非定常性(non-

---

[4] 貯蔵量については政府による公的備蓄の統計がかなりの途上国で使えるが，理論モデルの貯蔵量は民間商人の貯蔵量を含んだ市場全体の持ち越し量であり，それに関する推計は，おおまかな推定ですら，ほとんど存在しない．

stationarity)などが配慮されていないため,「見せかけの相関」(spurious correlation)を表わしている可能性もある. (7.6)式で一階の階差を取って価格変化の相関を問題にしているのは, 価格が1次の和分系列であれば, 見せかけの相関をコントロールする最も簡単で強力な方法となるためである.

3.2 ラヴァリオン・モデル

単純な一物一価モデルでは, 価格の調整に時間がかかる状況を考慮できない. そこで Ravallion(1986)は, ラグつき調整を考慮した市場統合モデルを提案した. このモデルでは, ある市場の価格は, その市場のラグつき価格と他市場の価格(ラグなし, 及びラグつき), 及び, その期の他の影響要因(ベクトル x_t)で説明され, 他市場の価格変化がその市場に係数1をもって伝達されればその市場は他市場に「統合」されていると解釈される. 推定式は,

$$p_{i,t} = \sum_{k=1}^{m} \alpha_k p_{i,t-k} + \sum_{k=0}^{n} \beta_k p_{j,t-k} + \gamma \cdot x_t + \varepsilon_t, \qquad (7.7)$$

である. この式の推定パラメータについて様々な検定が提案された. まず, $\beta_k=0, \forall k$ であれば, j 地点の価格が i 地点に全く影響しないから,「市場分断」(market segmentation)が検出されたことになる. 次に, 帰無仮説 $\sum_{k=1}^{m}\alpha_k + \sum_{k=0}^{n}\beta_k = 1$ が棄却されなければ, j 地点の価格に生じたショックが i 地点に長期的には100%伝達されるから,「長期統合」(long-run integration)の検出となる. また帰無仮説 $\beta_0=1$ が棄却されなければ, j 地点の価格ショックが瞬時に i 地点に100%伝達されるから,「短期統合」(short-run integration)の検出となる. 短期統合の検定には, $\sum_{k=1}^{m}\alpha_k + \sum_{k=1}^{n}\beta_k = 0$ と一緒にした「緩やかな短期統合」と, $\alpha_k = \beta_k = 0, k = 1, 2, \cdots$ を一緒にした「厳密な短期統合」の2種類がある.

ラヴァリオン・モデルは本来, 大市場 j に他の市場 i が放射状に連結している場合に, 周辺市場と中心市場の間の価格統合を検証するものである. その場合には, 小さな周辺市場が中心市場に影響力を及ぼすことは希であると考えて, (7.7)式右辺の $p_{j,t}$ を通常の外生変数と扱った OLS 推定が使

える．しかし検定結果から市場の統合関係を見るためにラヴァリオン・モデルを用いる場合には，右辺の $p_{j,t}$ を内生変数と見なして，その内生性をコントロールすることが必要になる．Ravallion (1986) は，バングラデシュの米市場にこのモデルを応用し，平常時には予想外に価格の統合が成立していることを示したが，より総括的な研究である Ravallion (1987) においては，1974年のバングラデシュ飢饉時の米市場が効率的な情報伝達機能を果たしていなかったことも立証しており，途上国の農産物市場を分析する上で，平常時と緊急時の区別の重要性が窺われる．

3.3 時系列モデル

ラヴァリオン・モデルに刺激されて，近年進展の著しい時系列計量モデルを応用する試みも盛んである．Gupta and Mueller (1982) や Alexander and Wyeth (1994) は，グレンジャー因果性 (Granger causality) の考え方を農産物市場の価格統合に応用した．推定モデルは，

$$\Delta p_{i,t} = \alpha_0 + \sum_{k=1}^{n} \alpha_k \Delta p_{i,t-k} + \beta p_{i,t-n-1} + \sum_{l=1}^{m} \gamma_l \Delta p_{j,t-l} + \delta p_{j,t-m-1} + \varepsilon_t, \quad (7.8)$$

である．この推定結果において帰無仮説 $\gamma_l = 0, \forall l$ かつ $\delta = 0$ が棄却されれば，市場 j の価格から市場 i の価格へのグレンジャーの意味での因果関係が検出されたことになる．グレンジャー因果性の検出は，空間的価格裁定式が常に一定方向の輸送で特徴づけられるならば(例えば (7.1) 式の成立)，価格統合の必要条件となる．

また，Palaskas and Harris-White (1993)，Alexander and Wyeth (1994) や Goletti et al. (1995) などの研究は，途上国の農産物市場価格に共和分 (cointegration) 分析を応用した．このアプローチでは，まず価格が1次の和分系列であることを確認した上で，いわゆる共和分回帰 (cointegration regression) のモデル

$$p_{i,t} = a + b p_{j,t} + \varepsilon_t, \quad (7.9)$$

を OLS 推定し，その推定残差の系列が定常性を満たすかどうかを検証する．推定残差を $\hat{\varepsilon}_t$ とすれば，自己回帰過程のモデル，例えば

$$\Delta \hat{\varepsilon}_t = \alpha + \beta \hat{\varepsilon}_{t-1} + \gamma t + \sum_{j=1}^{N} \delta_j \Delta \hat{\varepsilon}_{t-j}, \tag{7.10}$$

をさらに推定して,帰無仮説 $\beta=0$ を Dickey-Fuller 検定を用いて検証することになる.帰無仮説が棄却できれば,$p_{i,t}$ と $p_{j,t}$ の間には長期的な線形の均衡関係があると結論できるから,価格統合の必要条件が満たされていることになる.

3.4 価格のみに基づくモデルの問題点

以上挙げたように,途上国農産物市場のデータを用いた空間的価格統合の検定は,手法的にかなり洗練されてきた.しかしそこには大きな問題点がいくつかある.

第一に,本来の空間的競争的均衡の必要条件は,(7.1),(7.2),(7.3)式のセットであって,一方向に常に輸送が行われて(7.1)式のみが成立するという状況は,むしろ特殊である.現実の途上国では,農業生産の季節性ゆえに,しばしば逆向きの輸送や,(7.3)式に表わされる一時的孤立も生じる.この問題に対して Baulch(1997b) は,実際のデータが (7.1),(7.2),(7.3)式の3つのパターンすべてを含んでいる可能性を明示的にモデルに取り入れ,2地点の価格差が C_{ij}^T 及び C_{ji}^T によって定義される「平価帯」(parity bounds) の中に収まっているかどうかに着目した時系列モデルを提唱した.このモデルでは,2地点の価格関係が,(7.1)式または(7.2)式のように等号で結ばれている状況を,平価帯上にある第1レジーム,(7.3)式に表わされる状況を平価帯内にある第2レジーム,裁定式が満たされない状況を平価帯外にある第3レジームと呼び,ある時点が統計的にどのレジームに当たるかを確定する計量モデルを考案した.推定結果において第3レジームの生じる頻度が高ければ高いほど,その2地点の価格統合には問題があることになるため,この実証モデルは農産物市場の発展度を計測する上で,注目すべき手法である.Baulch(1997b) はこのモデルをフィリピンの米市場に応用し,第3レジームの頻度が非常に低いという意味で効率的な農産物市場である可能性が強いことを示した.

第二に,本来の競争的均衡の必要条件は,輸送量や貯蔵量という数量変

数の値に応じて変化する．このことは，2地点間や2時点間の価格関係を誘導形で推定する場合に，輸送量や貯蔵量という変数が入る必要があることを意味するが，それについてのモデル化がBaulch (1997b)の平価帯モデル以外にはあまり見られない．

　第三に，輸送量や貯蔵量という数量変数データがなく，かつ実際に取引が行われている産業組織の特徴を考察せずに価格関係だけを見た場合，仮に一物一価の法則が成立していたとしても，それが競争的均衡の結果生じているのか，それとも非常に独占的な商人による全市場の私物化によって生じているのかは判別できない．第2節で導いた価格関係は，あくまで競争的均衡の必要条件であって，十分条件ではない．仮に農産物の取引が，本書第2部で見たような戦略的行動によってなされていたとしても，第6章第4節に示したように，農民の価格は市場価格と完全に連動することもあり得る．これらの問題点を考慮して，より本来の必要条件に近い検定を試みるのが次節の課題である．

4　パキスタン・パンジャーブ州の事例への応用

4.1　調査地域の特徴

　本節ではパキスタンの食生活で最も重要なカロリー源である小麦に関して，その空間的・異時点間の価格統合の成立を検証する．1960年代末以降，パキスタンの小麦生産は急増し，80年代前半にはほぼ自給を達成したが，90年代に入って再び輸入量も増えてきている（黒崎1994, p. 33）．パキスタンを構成する4つの州のうち，パンジャーブ州は唯一生産余剰を持つ州であり，他の3州は州内で作られた小麦に輸入小麦やパンジャーブ産の小麦を加えて住民の食糧を調達している．

　低所得国のパキスタンにおいては，主食を安価にかつ安定的に消費者に供給することが，政府にとって至急の課題であるため，様々な形で小麦の流通に政府が介入してきた．市場への放出は豊作年・不作年を問わず，余剰州・不足州の両方で行われ，消費者に暗黙の補助金を流す構造になっている．政府は，「政府支持価格」(government support price)と呼ばれる固定

価格で，農民や農村のミドルマンから直接小麦を調達し，端境期に市場への放出を行っている．その一方で民間の流通もかなり自由である．農民はミドルマンに小麦を売ったり，自ら政府の調達センターに小麦を運んだりして販売する．あるいは，マンディー (mandi) と呼ばれる卸売市場に持ち込み，アールティー (arhtis) と呼ばれる代理商を通じて小麦を売ることもできる．1980年代の調査によれば，生産された小麦のうち約50%が市販余剰や現物賃金として市場に出回るが，その流通量のおよそ3分の1は全く政府の流通網と関係を持たずに，民間商人だけの手を経て消費者に到達する (黒崎1994, pp. 34-37)．

つまり，調査地域の小麦流通においては，農民から消費者までをつなぐ活発な民間流通網が存在する．この民間流通網に政府が介入する地点は2カ所ある．第一は生産者支持価格による政府買付であり，第二は固定放出価格による政府放出である．このような制度のもとで民間流通網が形成する価格を定量的に分析することが本節の課題となる．

4.2 農家庭先販売価格の空間的統合

この項ではまず，流通への第一の政府介入，即ち，政府調達センターでの買上価格が村の小売商や各種ミドルマンなど多岐な販売経路を持つ農民の手取価格に与える影響をクロスセクション・データの情報を主に用いて考察する．用いるデータは，第3章第3節で用いたPERIデータである．農家の3カ年ミクロデータから，標本農家の主要作物である小麦とバースマティー米に関して，その生産物の処理方法，販売量，販売した分についての販売価格などを整理した．一般に農産物の販売については，販売時期・販売方法等において様々な差異が農家間，時には同一農家内ですら存在する．本調査では，収穫直後の取引で最もシェアの大きい販売分の価格を，収穫ひと月後ぐらいの時期に直接農家から聴取し，それを記録している．当該地域の大規模農家の中には村外，具体的には他村や町のマンディー，政府調達センターなどで直接販売するものも存在するが，農家の数で言うと集落内や農家庭先で販売する者が多数を占める．そのため，村外での販売分については輸送実費を差し引いて農家庭先レベルに調整した．こ

表 7-1　パキスタン・パンジャーブ州米・小麦作地帯の農家庭先価格の決定要因(小麦)

説明変数(単位)	モデル A	モデル B	説明変数の平均	[標準偏差]
定数項	5.066　(6.390)***	4.844　(6.319)***		
p_t^* (Rs/40 kg)	0.949　(125.6)***	0.950　(126.9)***	96.53	[11.81]
D_i (km)	-0.361　(-16.51)***	-0.367　(-17.40)***	8.99	[4.19]
$1/Q_{i,t}$ (1/40 kg)	-6.888　(-1.220)		0.0306	[0.0387]
$\bar{R}^2$	0.989	0.989		

出所 　Kurosaki (1996), Table 1.
注 　(1)標本数は全 297 標本中，小麦を販売した 182 標本．
　　(2)推定方法は $1/Q_{i,t}$ を内生変数とした 2SLS で，操作変数には $1/Q_{i,t}$ 以外の説明変数，農家の農地経営規模，世帯員数，家畜規模，トラクター所有ダミー，管井戸所有ダミーを用いた．これらの変数の統計については，表 3-1 を参照．
　　(3)被説明変数は $p_{i,t}^f$ で，その平均は 93.20，標準偏差は 11.50 (Rs./40 kg)．
　　(4)かっこ内に示したのは t 統計量で，***は 1% 有意(両側検定)．

のようにして得られた価格をここでは「収穫時農家庭先販売価格」として扱う．

　ここで取り上げる価格は，農家が実際に販売した場合の販売価格であるから，競争的均衡の裁定の等式(7.1)が成立しているかどうかを検討する．すなわち，農家 i の t 年における庭先価格 $p_{i,t}^f$ に町までの 1 販売単位当たり輸送費用 C_{it}^T を加えたものが町での市場価格 p_t^* に等しければ裁定式が成立していることになる．輸送費用は輸送距離 D_i と販売量 $Q_{i,t}$ に比例する部分 β_1 と，輸送 1 件ごとの固定費用 β_2 からなるモデル，具体的には，

$$C_{it}^T Q_{i,t} = \beta_1 D_i Q_{i,t} + \beta_2 \tag{7.11}$$

を想定した．p_t^* は村での個々の取引の影響を受けないから外生と扱い，その代理変数として政府支持価格を用いた．したがって，実際の推定式は，

$$p_{i,t}^f = \alpha_1 + \alpha_2 p_t^* - \beta_1 D_i - \beta_2 \frac{1}{Q_{i,t}} + \varepsilon_{i,t}, \tag{7.12}$$

である．(7.12)式の推定結果及び各変数の統計量を表 7-1 に示す．回帰分析では，3 カ年にわたる標本をプールしたうえで，変数の $1/Q$ が内生変数であることから操作変数を用いて推計した．分析結果をみると，修正済み決定係数は 0.99 と非常に高く，輸送費用の係数については適切な符号が示されている．ただし，$1/Q$ の係数は統計的に有意でないため，これを除

いて推計しなおしたものをモデルBとして示す．規模の経済が検出されなかった原因としては，小麦が地域の主食として，少量であってもそれに応じた需要が村内で見込めることが考えられる．p_i^* の係数の推定値は 0.95 であり，理論モデルが示す値の 1 にかなり近いといってよいであろう[5]．

このように，調査地域の農家庭先小麦価格に関しては，支持価格と輸送距離だけで価格変動のほとんどが説明され，支持価格の係数 α_2 の推定値が 1 に近い．この第一の理由は，毎年，政府調達センターが調査地域のそばの町に開設され，小麦が実際に買い上げられており，少数ながらも村内に直接政府調達センターに売る農家が存在することが挙げられる．第二に，村の内部でも商人間の競争が実際にある程度存在することが重要であろう．これらの条件が，価格の効率的な空間的関係を生み出していると考えられる．ただし，このような関係が収穫直後の時期を越えて存在するか，あるいは，調達センターからの距離がもっと遠い場合にどの程度あてはまるかについては，さらなる研究が必要であろう．

4.3　パンジャーブ州における小麦卸売価格の空間的統合

この項では，第3節で展望した，価格データのみに基づいた計量分析モデルを，パンジャーブ州各地の小麦卸売価格に応用した結果を簡単に報告する．データは1980年1月から93年6月までの月次データで，連邦統計局がまとめている主要10卸売市場の小麦価格である．当初の4年半については6つの市場についてしかデータが手に入らない．そこで，この期間を便宜的に，6市場のみをカバーする80年1月から84年9月までの第1

---

[5]　表7-1の推定結果をもとに検定を行えば，実証モデル(7.12)式において帰無仮説 $\alpha_2=1$ は 1% 水準で棄却される．しかしながら，実証モデルで用いたのは市場価格の代理変数としての政府支持価格であるのに対し，理論モデルでの p^* は，村での販売時にはかからない直接販売費用（マンディーで売る場合には仲介料，施設使用料，計量費などの費用，政府調達センターで売る場合には販売のための列で待つ機会費用など）を除去した町でのネットの価格である．この費用についての信頼できる推計値はないが，筆者が現地調査で得た情報からは販売額の数% に達するものと考えられる．実証モデル(7.12)の変数 p_i^* を政府支持価格の 3% 割引額に置き換えて再推定したところ，α_2 の推定値はさらに 1 に近くなり，$\alpha_2=1$ は統計的に棄却されなくなった．このような意味で，表7-1に示した推定パラメータ 0.95 は，理論モデルが示すべき値の 1 にかなり近いと結論する．

期,84年10月から88年6月までの第2期,最後の88年7月から93年6月までの第3期に分けた.第3期は,87年の小麦配給制廃止など小麦流通における自由化が行われた後の時期である.

　推定したのは第一に,一物一価モデル(7.6)式の変形である.価格の一階の階差をとり,2地点間の相関係数を求めた.第1期については15,第2, 第3期については45通りの組み合わせについて相関係数を計算した.これが有意であれば,空間的統合が示唆される.

　第二の推定モデルは,(7.7)式に示したラヴァリオン・モデルである.推定においてはパンジャーブの10市場間に前もって中心市場と周辺市場の関係は仮定せずに,検定結果から市場の統合関係を見るというアプローチをとった.つまり,i市場とj市場間の統合については,(7.7)式と同時に(7.7)式のiとjを入れ替えた式も推定し,双方について市場統合関係を検定した.したがって,第1期については30本,第2, 第3期については90本の式を推定した.ラヴァリオン・モデルのその他の影響要因を表わす変数xには,政府買上月ダミー,政府放出月ダミー,定数項を用いた.(7.7)式右辺の$p_{j,t}$には内生性の問題があるので,(7.7)式に含まれない他市場のラグつき価格,およびラグつきxを操作変数に加えた2段階最小二乗法を用いて推定した.最適ラグ数は,残差項に自己相関や移動平均がないことをボックス＝ジェンキンス法で確かめた上で2期とした.4つの検定には,ワルド検定法を用いた.

　詳しい推定結果は黒崎(1994)に委ね,ここではその要約を表7-2に示す.まず,価格変化の相関係数は,第1期で7%,第3期で20%の例外を除いて,すべて5%水準で有意であった.つまり全体にかなり空間的統合の度合いは高いが,第3期ではやや統合の度合いが下がっている.

　このパターンは,ラヴァリオン・モデルでの市場分断仮説や緩やかな短期統合仮説でも同じ結果となった.厳密な短期統合仮説の検定結果は,5%水準ですべて棄却されたので表には省略した.長期統合の検定結果では,5%水準で長期統合が支持された組み合わせが,第1期で83%,第2期77%,第3期で88%となり,第3期での統合低下は観察されない.

　以上,パキスタン・パンジャーブ州の卸売小麦価格は,全体的にかなり

表 7-2 パキスタン・パンジャーブ州小麦卸売価格の空間的統合

推定モデルと検定仮説	第1期	第2期	第3期
1. 価格変化の相関係数(相関係数が5%水準で有意な頻度)	93.3	100.0	80.0
2. ラヴァリオン・モデル, 市場分断仮説(5%水準で棄却された頻度)	100.0	100.0	98.9
3. 同上, 長期統合仮説(5%水準で棄却されなかった頻度)	83.3	76.7	87.8
4. 同上, 緩やかな短期統合仮説(5%水準で棄却されなかった頻度)	46.7	43.3	27.8

出所) 黒崎(1994), 付表1, 2, 3, 4より筆者作成.
注) 空間的統合が支持された組み合わせが, 全体の組み合わせに対してどれだけの頻度であったかを%で示した.

高い空間的統合によって特徴づけられることが示された. また, 本書では省略したが, 統計的分析が明らかにした価格情報の伝達方向と, 実際の小麦の物流の流れとはかなり整合的であった(黒崎1994). ある市場に生じた何らかの攪乱はそこでの価格に反映し, その価格変化は, その市場との統合度の高い市場に対してはほぼ瞬時に, それ以外の市場に対しても1, 2カ月のラグを考慮に入れればほぼ完全に他の市場に伝達されることが本項の分析で明らかになった.

4.4 異時点間の価格統合

最後に, 小麦の卸売価格データが異時点間でどのような動きを示しているかを分析しよう. ここでは小麦価格の季節性を検討して, 異時点間の価格統合への公的調達・放出の影響を分析する.

卸売価格のデータは, 前項と同じパンジャーブ州10卸売市場での月平均小麦価格である. 加えて, 本項では政府放出量の県別・月次データを使用する. パキスタンにおける政府介入の民間小麦価格への影響に関し, 月ごとの放出量データを価格データと組み合わせて分析するのはこれが初めての試みである. 分析対象期間は, 放出量データが入手できた1989/90食糧年度から1991/92食糧年度の3年間である. 会計年度での小麦生産と食糧年度で対象となる小麦には1年のずれがあるため, この3年間は農家庭先価格の分析を行った1988/89〜90/91年度と一致する.

第2節の理論モデルを背景にして, 次のような実証モデルを推定した (Kurosaki 1996).

$$p_{i,t} = p_{i,t-1} \exp(\alpha + \beta D_{i,t}) + \varepsilon_{i,t}, \qquad (7.13)$$

ただし α と β は推定するパラメータ, $D_{i,t}$ は卸売市場 i において t 期の政府放出量が人口 1 人当たり 2.5 kg を上回った場合のダミー変数[6], ε は期待値ゼロの攪乱項である. また, t は各月を示し, 食糧年度が 5 月に始まることから, (7.13)式においては $t=6$ 月, 7 月, …, 4 月となる. 4 月から 5 月にかけては食糧年度が変わって新しい小麦が市場に溢れるので, 季節性におけるこの断絶を考慮して推定には含めなかった. なお, (7.4)式に出てくる貯蔵費用が, t 期の価格に比例的な物理的費用と, 利子率 r からなっているとすれば, (7.4)式を変形して,

$$E[p_{t+1}] = p_t + C_t^S = p_t(1+c)(1+r) \equiv p_t \exp(\alpha), \qquad (7.14)$$

と書けることから, $\alpha \approx c+r$, すなわち α は全貯蔵費用率のパラメータと解釈できる. β は価格変化への政府放出の効果を示す. これがゼロであれば, 政府の小麦放出は市場価格に影響を与えないし, これが負であれば政府の放出によって民間卸売市場での小麦の価格上昇が抑えられることが分かる.

(7.13)式を最尤法によって推定した結果を表 7-3 に示す. モデル A として示したのは, 全 10 市場の 3 年間のデータをプールし, 各年度それぞれ α と β の値が違うものとして推定した結果である. α が 3 年間一定という帰無仮説は, ワルド検定の結果 10% 水準で棄却されなかったため, α が一定という制約を加えた推定結果をモデル B として示す.

α の推定値(モデル B)は, 月率 1.7%, 年率 21% 程度の貯蔵費用を示す. 調査時期のパキスタンにおける名目利子率は, 商業銀行の民間部門への平均貸出金利をとれば年率約 11%, 農業開発銀行からの短期融資利子率は 12-12.5% であったから, 総貯蔵費用 21% という推計値は, 利子率が半分強の 12% 前後, 残りが貯蔵損失などの物理的貯蔵費用と考えると妥当なものと思われる. また, 政府放出が本格化するのが 10 月頃であるから, 収穫月からそれまでの貯蔵費用は収穫時価格の 10% 程度となるが, これは当時の政府の放出価格・調達価格差にほぼ相当する. したがって, この

[6) 閾値 2.5 kg という数字を 0.5 倍から 2 倍の範囲で変えても, 推定結果は定性的に変わらなかった.

表7-3 小麦卸売価格の異時点間の関係と政府介入

(7.13)式のパラメータ	モデル A	モデル B
$\alpha_{1989/90}$	0.0208 (3.676)***	
$\alpha_{1990/91}$	0.0175 (3.371)***	
$\alpha_{1991/92}$	0.0139 (3.296)***	
α		0.0167 (5.882)***
$\beta_{1989/90}$	-0.0140 (-1.872)*	-0.0099 (-1.756)*
$\beta_{1990/91}$	-0.0043 (-0.633)	-0.0035 (-0.667)
$\beta_{1991/92}$	0.0076 (1.334)	0.0048 (1.010)
R^2	0.946	0.946
対数尤度	-820.440	-820.925

出所) Kurosaki(1996), Table 3.
注) (1) かっこ内は漸近的 t 統計量を示す.
　　(2) 被説明変数 $p_{i,t}$ の平均は 114.8, 標準偏差は 16.0 (Rs./40 kg) である.
　　(3) 食糧年度の分断を考慮し，5月と4月を省いたため，標本数は，10市場×10月×3年＝300である．うち，政府放出ダミー $D_{i,t}$ が1の値を取るのは 1989/90 年度が 53 標本，1990/91 年度が 54 標本，1991/92 年度が 51 標本である.
　　(4) ***1% 有意, **5% 有意, *10% 有意.

回帰分析結果は，政府放出が本格化するまでの期間は，価格裁定条件の (7.4) 式，すなわち民間貯蔵が正で，期待価格が規則的に上昇していく状況が見られることを示唆する.

β の値は，1989/90 年度については統計的に有意に負であるが，続く2年は有意でない．したがって，初年度に関してのみ，政府放出が小麦の卸売価格を引き下げる効果が検出されたことになる．一方，$\alpha+\beta=0$ であれば，$D_{i,t}=1$ の時に政府放出の効果により価格が上昇しなくなることを意味する．1989/90 年度についてこれを帰無仮説にしたワルド検定を行った結果は，モデル A, B ともに5％では棄却されないが，10％で棄却されるというものであった．これはあまり強力ではないが，政府放出の効果で自由市場価格が安定した 1989/90 年度においても，政府放出期にわずかな価格上昇が続いていることを示していると解釈できよう．なお小麦の生産は，1989/90 年度が豊作年，続く2年度はどちらかといえば不作年であった．

推定結果をまとめると，第一に，政府による調達小麦の市場放出が少量

の時期に関しては，パキスタンの民間卸売市場における異時点間の価格の動きは，おおむね競争的均衡の必要条件である価格統合を満たしていたことが重要であろう．第二に，政府放出が民間市場価格を押し下げて安定させる効果は年によって異なり，豊作年においては市場価格を抑える効果が強いことが分かった．第三に，不作年においては政府放出にもかかわらず卸売価格は上昇し続けた．

　第二，第三の点は，政府放出の主たる目的が小麦不足時の価格安定にあるとした場合には理解しがたい．しかし実際の政府放出は，豊作年・不足年ともに似たテンポで行われる．このことを考慮すると，第二，第三の推定結果は，政府放出が主に小麦粉でなされるために貯蔵性の高い小麦(粒)との間の代替の不完全さが特に不作年において問題になること，政府放出が十分かどうかに関する民間業者にとっての不確実性が上昇するために小麦(粒)へのリスク・プレミアムが上昇すること，政府放出小麦の輸入小麦混入比率が高くなると民間流通小麦との品質差が拡大することなどで説明できよう．

4.5　推定結果の政策的インプリケーション

　本節の実証分析の結果から，調査地域の民間流通網における価格形成は，収穫時および政府放出が本格化するまでの時期においては競争的均衡の必要条件である裁定式が示すものにかなり近いと見られ，そのかぎりで効率的な価格形成に近いと結論できる．この効率的な価格形成を可能ならしめているのは，農村から小麦を集荷する各種ミドルマン間および，小麦の長距離輸送と貯蔵に従事する卸売業者間の競争であると考えられる．このことは，パキスタンの小麦流通における民間の役割を拡大させるという政策に一つの根拠を与える面がある．現行の制度のまま，政府調達量・放出量を若干縮小しても，すぐには中間商人による搾取的な流通に直結しないという政策インプリケーションを意味していよう．

　しかしながら，政府による放出が本格化する端境期においては，年による違いが大きく，単純な裁定式では表現しきれない価格の動きが見られる．その原因として，不作年においては，政府放出小麦と民間貯蔵小麦の間の

代替性が低下し,政府放出に関する不確実性が増大している可能性を筆者は示唆した.このような事態を,政府調達と放出が「効率的な」民間流通に与えた歪みと見るべきか,それとも調査地域の民間流通は端境期が本来持つリスクに対し効率的に対応できないことの現われと見るべきか,ここでの分析からは十分な解答を出すことはできない.今後の課題として,民間流通業者の実際の貯蔵行動をミクロ的に分析する必要がある.本節の分析から示唆される政策含意としては,不作時にこそ,政府放出計画の迅速かつ安定的な実施と民間業者への情報提供の徹底が,小麦卸売価格の安定にとって重要となる可能性を述べておきたい.

5 結び——途上国農産物市場の効率性と開発政策

本章は,発展途上国における農産物市場がどれだけ効率的に,地域間・異時点間の財の配分を達成しているかを,パレート最適な競争的均衡解の必要条件としての価格統合に着目して分析した.また,理論モデルから導かれた必要条件を,定量的に検証可能な実証モデルにする際にはさらにインプリシットな想定が付け加わり,かなり弱い必要条件となったものしか,定量分析ができないという問題点についても指摘した.

本章の第4節では,パキスタン・パンジャーブ州の農産物市場に関する筆者の推定結果を紹介した.価格データのみを用いた「かなり弱い必要条件」の検定だけでなく,調査地域の流通制度に配慮して,政府介入の影響や,輸送量・政府放出量といった数量変数を入れた推定も試みた.推定結果を一言で言えば,途上国の農産物市場における既存の研究同様に,主要食糧の民間流通はかなりの程度,効率的と見られることが示唆されたことになり,やや目新しさに欠ける.

しかし第4節の分析で強調したいのはむしろ,途上国における農産物市場への政府介入の影響という点である.その点で興味深い発見をもう一度抜き出すと,第一に,常設の卸売市場を通じた民間流通の歴史が古く,その効率性が高いといわれているパキスタン・パンジャーブ州の農産物流通においてすら,不作時と豊作時で政府放出の効果が違うなど,その効率性

の度合いは単純には一般化できない．途上国において農産物流通改革が企図される際には，地域的・時間的に限られた価格系列の分析しか行われない場合も多いが，そのような代表的データあるいは平均のデータに基づいた分析では不十分な可能性がある．

　第二に，民間部門による流通に政府調達と放出が介入しているような事例では，生産者価格として政府買上価格を，消費者価格として放出価格を，そのまま用いることは不適切であることが示された．民間価格は政府介入に応じて変化する．したがってこの民間価格の変動も含めた生産者価格，消費者価格の分析が必要になる．

　第三に，以上2点の帰結として，農産物流通改革は，地域的，時期的にどのように行われるかという実施方法に応じて，異なった影響を及ぼすことが考えられる．

　これらの結論は，市場価格，農家経営データ，政府介入に関する量的データなどを同時に用いることから導かれた．農産物市場の効率性を途上国で検討する際の手法として，容易に手に入る価格データ以外の情報を集める努力が，十分報われるものであることを示唆していよう．

　最後に，農産物市場において空間的価格統合，異時点間価格統合が成立していることは，市場の自由化のみで経済発展が促進されることを意味しないことを強調しておきたい．まず，価格統合はあくまで競争的均衡の必要条件であって十分条件ではない．第2部で検討したような戦略的取引によって市場が分断されている場合，特に農産物市場での販売と短期資本調達との間にインターリンケージが存在しているような場合(第6章第4節参照)には，価格統合は全く別の意味を持つ．圧倒的交渉力によって農民から最も効率的に経済余剰を奪っている結果として価格統合が生じているならば，都市需要の増加が生み出す付加的な生産者余剰が農民にほとんど到達しないなど，持続的な農業成長につながらないかもしれない．本章第4節の事例に関しては，筆者は調査地の農民だけでなく，各種ミドルマンや代理商の調査も実施しており，その観察に基づいて，この地域の商人と農民の関係が，圧倒的交渉力を持つ商人のモデルとはかけ離れていることを確認した．このような現場の裏づけなしに価格データのみを操作した定量

分析を行うことは，途上国の農産物市場の場合，非常に危険である．

また，市場価格が効率的であることは，生産面でダイナミックな供給反応が生じることを必ずしも意味しない．生産要素市場や消費財市場の不完全性の制約を農家が強く受けているならば，効率的な農産物市場が伝える価格情報に対し，その農家が生産を調整し得る幅は狭まる(第1部参照)．したがって，途上国での農産物市場の研究は他市場の分析と平行して行う必要がある．

農産物市場の統合と，農業生産のダイナミックな反応に関しては，別の側面から検証することも可能である．農産物市場が空間的に統合してそのカバーする地理的範囲が拡大し，かつ，農家が新しい市場機会に対応して生産を調整することが可能になるような他市場の条件が整っていれば，農業生産統計をよりミクロに見れば見るほど比較優位に基づいた「特化」(specialization)が観察できるはずである．黒崎(2000a)はパンジャーブ農業の20世紀初頭以降，約100年の作付データを用いてこの点を定量的に検討した．一国レベルのデータ，県データ，農家個票データそれぞれの作付多様化の指標は時期ごとに異なった動きを見せており，とりわけ1950年代半ば以降は，県レベルの特化が急速かつ持続的に進んでいることが明らかになった．このことは，この時期に農産物市場の広域化とそれに応える農家の作物シフトが進んだことを示唆しており，本章の実証分析結果を農産物市場の効率性の現われと見なすための傍証になると解釈できる．

第8章 リスク・シェアリング

1 はじめに

　本章は，途上国農村における保険・信用市場がどれほど効率的であるかを，完備市場の下での競争的均衡解がもたらす効率的リスク・シェアリングのモデルを基準にして検討する．途上国の家計が利用する様々な消費平準化(consumption smoothing)のメカニズムが，総体としてどれほど消費の安定をもたらしているのかを定量的に分析することが本章の課題である．

　開発のミクロ経済学の本論最後にあたるこの章でリスク・シェアリングについて取り上げるのは，どれだけ効率的に消費の平準化ができるかということが，低所得途上国の農村部における諸市場の発達を最も端的に表わしていると考えられるところにある．前章で取り上げた農産物市場は，市場取引の効率性と，市場に関連したインフラストラクチャーや制度とが直結しているため，効率性を向上させるための政策も比較的はっきりしている．通信・運輸インフラの整備は，市場圏が拡大し市場情報がスムーズに流れるようになることを通じて，農産物市場を効率的にするであろう．政府の監視の下に，自由に取引が行われる公設市場を設置し，農産物の標準化を進めるといった制度的措置は，直接，農産物取引を活発にするであろう．これに対し，リスクを取引するということは容易なことではない．先進国ですら，生命保険や火災保険などの例外を除き，消費者が自由に購入できる保険サービスは少ない．生産面でも，例えば農業生産に関する保険は日本の共済制度やアメリカの雹保険など限られている．そこで多くの場合，信用市場に代表される異時点間取引を用いて，消費の平準化が図られている．

　途上国においては，信用や保険を含む広い意味の金融サービス市場は，さらに限定されている．それならば消費の平準化など不可能かといえば，そうではない．第2章第5節で議論したように，途上国の家計は様々な方

法で消費を安定させようと努めてきたし，むしろ途上国の方が，世帯をベースにした密接な人間関係を通じて個人情報が共有されている面もあるから，リスクの共有もある程度可能かもしれない．また，途上国の世帯が生活する低所得と高リスクの環境においては，何らかの方法でうまくリスクを共有できない集団は，集団として生き残れないかもしれない．

このような問題意識から，本章では途上国におけるリスク・シェアリングについて検討する．以下，第2節では，完備市場の下での競争的均衡解としての効率的リスク・シェアリングの理論モデルを構築して，そのインプリケーションを検討する．ここでのモデルの新たな貢献は，既存の文献では十分に検討されてこなかったリスク選好・時間選好が異質な場合の資源配分について，厳密な検討を加えていることである．第3節[1]においては，パキスタンの事例に関し，リスク選好・時間選好が同質な場合のリスク・シェアリング・モデルを，市場の空間的広がりに着目して推定する．第4節[2]は，リスク選好・時間選好が異質である可能性を考慮した実証モデルを，比較的長期のパネル・データであるインド半乾燥農業地域の農村家計データを用いて検証する．

2 リスク・シェアリングのモデル

2.1 リスク・シェアリングの考え方と研究展望

交換経済におけるリスク・シェアリングのメカニズムを，次のような「バナナ経済」の数値例で説明しよう．2つの家計AとBで構成される共同体を考える．経済には2つの潜在的な状態(state)が存在し，それらの状況が起こる確率は等しく50％ずつであるものとする．両家計のバナナの賦存量は状態に依存して表8-1のように与えられるものとする．

さらに，バナナは貯蔵することができず，また信用市場も存在しないものと考える．ここで，各家計のバナナの生存必要水準が1.4であると仮定

---

[1] 第3節は，黒崎・澤田(1999a; 1999b)から抜粋した．
[2] 第4節は，Kurosaki(1999)から抜粋した．第4節の推定結果はKurosaki(2000)にも紹介してある．

表 8-1 バナナ経済の利得

状態(state)	家計 A	家計 B	完全なリスク・シェアリング
S_1	1	3	2
S_2	2	1	1.5

出所) 黒崎・澤田(1999a),表 2-1.

しよう.状態 S_1 が実現した場合,家計 A のバナナ資源は生存必要水準を下回っているために,事後的な危機に直面する.一方,状態 S_2 が実現した場合に,家計 B は生存を維持するためのバナナが不足する.各状態が起こる確率は 50% であるから,両家計は常に 50% の確率で飢餓の危険にさらされていることになる.

ここで,両家計がリスク・シェアリングの取り決めを行うケースを考えてみよう.リスク・シェアリングとは,両家計の収穫したバナナを共同体内でプールし,あるウエイトに基づいて再配分するしくみのことである.表 8-1 のケースにおいて,この共同体の総バナナ資源を折半する取り決めが行われたとすると,両家計が消費できるバナナは S_1 の状態では 2,S_2 の状態では 1.5 となり,個別の家計に生じるイディオシンクラティック (idiosyncratic) な所得変動による飢餓のリスクを両家計ともに回避することができる.

無限繰り返しゲームの枠組みを用いることにより,共同体における長期的関係の下では,このようなリスク・シェアリングが,明示的契約のない非協力ゲームの完全均衡として達成できることが示される (Kimball 1988; Coate and Ravallion 1993).つまり,緊密な関係のある共同体の内部では,長期的な互酬性が自己拘束的に維持され得るのである.とはいえ,状態 S_2 でシェアされる 1 家計当たりのバナナの量 1.5 は,状態 S_1 での量 2 より小さく,共同体内のリスク・シェアリングによっては回避できない共同体の集計的リスクが存在していることも分かる.

このような共同体内での完全なリスク・シェアリングの必要条件は,次項に述べるような理論モデルと,近年整備されつつある途上国のミクロデータを用いることにより,幅広く計量経済学的に検定されてきた.とりわ

け Townsend(1994)は，世帯がイディオシンクラティックな所得変動を相互保険を通じて平準化しているという完全なリスク・シェアリング仮説をインドの ICRISAT データを用いて検証し，この仮説が統計上棄却されるが，家計の消費の多くの部分が村の平均消費に従って変動していることを示している．

　他の地域に目を向けると，Udry(1994)は，ナイジェリア村落においては資金貸借が相互保険の役割を持っていることを示したが，効率的なリスク・シェアリング・モデルは統計的に棄却されるとの結果を得ている．また，北部タイ村落のフィールド調査データを分析した Townsend(1995b)は，リスク・シェアリングが成立していないことを示唆しているし，タイの全国家計標本調査データに基づいても完全なリスク・シェアリング仮説は全ての地域において統計的に棄却された(Townsend 1995a)．Townsend(1995a)は，完全なリスク・シェアリング仮説が棄却される理由として，情報の問題，すなわちモラルハザードや逆選択の問題があることを推測している．コートジボワールの事例でも，タイの全国調査データと同様に，完全なリスク・シェアリング仮説は棄却されている(Deaton 1997, Chap. 6)．

　ここで問題となるのは，実際にどのような形態を通じてリスク・シェアリングが行われるのかということである．これまで知られているメカニズムには，互酬的な非公式相互保険(共同体内の「助け合い」)，「講」などに見られるような所得プーリングのメカニズム，共同体内での共有地の利用，贈与・所得移転，課税や再配分政策による資源の移転，共同体内での非公式の信用市場，家畜・穀物・金・宝石など物的な資産の取引，貨幣や労働など非実物的資産・サービスの取引などが挙げられる．例えば，Ravallion and Dearden(1988)は，インドネシアにおける家計間の資金移転が，とりわけ都市以外の地域において，所得再配分機能を持っていること，高齢者・失業者など社会的弱者に対する所得移転が相対的に大きいという社会保障システムとしての「モラルエコノミー」が存在することを発見した．Platteau and Abraham(1987)は，インド・ケーララ州の漁村において，互恵的な資金貸借関係(reciprocal credit)が飢餓に対する保険の役割を持っていることを示した．同様に Lund and Fafchamps(1997)は，フィリピ

ン高地における農村調査結果から，近親間での無利子のインフォーマルな資金貸借が持つ消費平準化のための相互保険機能を明らかにした．また，Fafchamps(1992b) は，アフリカのサヘル地域において 3, 4 人の個人が労働をプールし共同収穫を行うしくみを通じて，予期せぬ個人的事情から収穫不能に陥る事態に対処することが幅広く観察されるとしている．

とはいえ，天候及び旱魃のようなリスクは，村落全体に影響を与え，表 8-1 でも見たように，集計的リスクは村落内の相互保険によって回避することが本質的に不可能である．このような場合，家計は村落を越える保険手段を用いる必要がある．Caldwell et al. (1986) は南インド・カルターナカ州の 9 村落におけるフィールド調査に基づいて，旱魃で所得が減少した時には，村の外部に居住する親戚からの送金が消費維持のための保険的役割を果たすことを示した．さらに Lucas and Stark (1985) は，旱魃が厳しい時には都市在住の家族が送金を増やして，家計の資産を守ろうとすることをボツワナのデータより明らかにした．このことは，所得リスクの相関が小さい他地域に家族を配置することにより家計が非公式の所得保険機能を確保していることを意味している．また，インドの ICRISAT データの分析から，Rosenzweig and Stark (1989) は，結婚を通じた娘の労働移動が家計の食料消費の平準化に著しく貢献していること，したがってより大きな農業所得の変動に直面する家計がより長距離を隔てた婚姻関係を持つ傾向があるということを明らかにした．このことは，娘の婚姻先からの所得移転が保険機能を持っていることを示している．

以上のような近年のミクロ計量開発経済学的分析より得られつつあるコンセンサスは，自己保険・相互保険は完全ではないものの，それらの発展の程度は従来考えられていたよりもかなり高く，とりわけ裕福な世帯の多くは，ほぼ完全な保険・信用市場に実質的に直面しているといっても過言ではない，というものである (Morduch 1995, p. 103)．しかしこのことを言い換えれば，リスク・シェアリングのネットワークから除外されがちな貧困層においては，消費の変動が深刻な厚生上の損失につながっているということでもある．

2.2 完全なリスク・シェアリングのモデル

2.2.1 一般的モデル
表8-1に示された相互保険のアイデアを，Cochrane (1991), Mace (1991), Hayashi (1997), Udry (1994), 及びTownsend (1994)に示された純粋交換経済の数理モデルとして示し，完備保険市場の必要条件を導出しよう[3]．N家計で構成される村落経済を考える．不確実性は，t期に状態sが生じる確率π_{st}で表現する．簡単化のため，家計iの所得は確率的な要因のみに依存して，y_{ist}と外生的に与えられるものとする．内生的に決まる消費水準c_{ist}から家計は，フォン・ノイマン＝モルゲンシュテルン効用関数$u_i(c_{ist})$を得る ($u_i'>0, u_i''<0$). さらに消費支出と余暇の間に分離性を想定すれば，パレート最適な資源配分は，以下のようなソーシャル・プランナーの最適化問題として表わされる：

$$\max_{\{c_{ist}\}} \sum_{i=1}^N \lambda_i \sum_{t=1}^\infty \rho_i^t \sum_s \pi_{st} u_i(c_{ist}) \quad (8.1)$$

s.t.
$$\sum_{i=1}^N c_{ist} \leq \sum_{i=1}^N y_{ist}, \quad \forall(s,t), \quad (8.2)$$

及び$c_{ist} \geq 0$．ただしλ_iは，家計iのパレート根岸ウエイト(Pareto-Negishi weight)，ρ_iは家計iの主観的割引ファクターである[4]．

内点解を想定すれば，パレート最適な資源配分はFOC

$$\lambda_i \rho_i^t u_i'(c_{ist}) = \mu_{st}, \quad \forall i, \quad (8.3)$$

で表わされる(ただしμ_{st}はt期の状態sの下での予算制約式(8.2)のラグランジュ乗数を，その状態の起きる確率π_{st}で割ったもの)．(8.3)式は，λでウエイトづけされた各家計の限界効用が，均一になることを示している．その重要なインプリケーションは，イディオシンクラティックなショックが各家計の消費に何の影響も及ぼさないことである．各家計の消費に影響するのは，

---

[3] これらのモデルを，資金の貸借や資産の蓄積がある場合に拡張したケースに関しては，Fafchamps (1997)を参照．

[4] 第2章で用いた主観的割引率δとの間には，$\rho=1/(1+\delta)$という関係がある．なお，この定式化にインプリシットに含まれる想定は，ソーシャル・プランナーが最大化するのは各家計の各期の効用を各家計の割引ファクターで評価して現在価値に直し，そのウエイトづけされたものを目的関数とするということである．各期の各家計の効用をウエイトづけして合計したものを，ソーシャル・プランナーの主観的割引ファクターで評価して現在価値にするという順番でないことに注意されたい．この想定は，各家計の割引ファクターが異質な場合にも，ソーシャル・プランナーのパレート最適化問題と競争的均衡問題とが一対一写像になることを保証する．

μ_{st} に表わされる村全体の集計的な所得ショックである.このインプリケーションが,次節以降の実証モデルの出発点となる.

(8.3)式はソーシャル・プランナーの最適化問題として導出したが,その想定において,完全情報を想定しているわけであるから,状態依存債権市場が完備している限り,分権的な競争的均衡の解としても導出できる[5].これが完備市場の下での,完全なリスク・シェアリング状態である.

2.2.2 リスク回避度が一定のケース

(8.3)式で表わされる完全な消費保険の必要条件を統計的に検証するステップとして,特定の効用関数を想定しよう.既存の文献で頻繁に用いられるのが,絶対的リスク回避度が一定(CARA)の効用関数と,相対的リスク回避度が一定(CRRA)のケースである.加えて,そのリスク回避度が各家計の間で同一であれば,CARAの場合には消費の変化量,CRRAの場合には消費の変化率が,全村人の間で同一になることが導かれる.

ここでは,リスク選好,時間選好ともに各家計間で異なっている可能性を考慮に入れたモデルを提示する.以下では,数式を見易くするために下付き文字の s を省略する.実証モデルとの関連で言えば,我々に観察できるのはあくまで事後的に実現した状態 s だけであり,ある t 期に事後的に実現した状態とは定義上一つに限られるからである.

まずCARAの場合から始めよう.その場合の効用関数は,

$$u_i(c_i) = -\frac{1}{A_i}\exp[-A_i c_i], \tag{8.4}$$

(ただし A_i は Arrow-Pratt の絶対的リスク回避度係数)と表わされる.これを(8.3)式と(8.2)式に代入して整理すると,

$$c_{it} = -\frac{1}{A_i}\ln\mu_t + \frac{1}{A_i}\ln\lambda_i + \frac{1}{A_i}t\ln\rho_i = \alpha_i\bar{c}_t + \beta_i + \gamma_i t, \tag{8.5}$$

ただし

---

[5] Udry(1994)は,信用市場と状態依存債権市場のそれぞれの完備は十分条件であって,完全なリスク・シェアリングは状態依存貸付け(state-contingent loans)の市場が完備していれば達成できることを示した.

$$\alpha_i \equiv \frac{1}{A_i} \left[\frac{1}{N} \sum_j \frac{1}{A_j} \right]^{-1}, \tag{8.6}$$

$$\beta_i \equiv \frac{1}{A_i} \left[\ln \lambda_i - \frac{1}{N} \sum_j \alpha_j \ln \lambda_j \right], \tag{8.7}$$

$$\gamma_i \equiv \frac{1}{A_i} \left[\ln \rho_i - \frac{1}{N} \sum_j \alpha_j \ln \rho_j \right], \tag{8.8}$$

が得られる($\bar{c}_t$は村の平均消費水準).(8.5)式右辺は,最適な消費が,α_i というレートで村の平均の消費に連動して変わる可変部分と,$\beta_i + \gamma_i t$ という固定的な消費の部分とに分けられることを,直感的に示している.

この特殊ケースとして,$\rho_i = \rho, \forall i$ であれば,$\gamma_i = 0$ となる.これは,分益小作制度の下でのリスク配分に類似している(第4章第2節参照).定義式(8.6)は,家計のリスク選好が,$\frac{1}{A_i} < \frac{1}{N} \sum_j \frac{1}{A_j}$ という意味で,村の平均よりもリスク回避的であれば,$\alpha_i < 1$ となって,家計の消費における可変部分が小さくなることを意味している.

定義式(8.7)は,λ_i が高い家計に,より多くの消費が割り当てられることを意味している.競争的均衡の解においては,λ_i は平均してより多くの所得を村の所得プールに供給できる家計ほど高くなる.

時間選好の効果に関しては,家計がよりせっかちであればあるほど(ρ_i が小さければ小さいほど),γ_i はマイナスの度合いを強める.そのような家計の消費は,まずできるだけ早く消費し,徐々に時間を経るにつれて減っていく(第2章第2節参照).

(8.5)式を異時点間の階差に変換することで,λ_i を消去できる:

$$c_{i,t+1} - c_{it} = -\frac{1}{A_i} [\ln \mu_{t+1} - \ln \mu_t - \ln \rho_i] = \alpha_i (\bar{c}_{t+1} - \bar{c}_t) + \gamma_i. \tag{8.9}$$

この式が,第4節の実証モデルの基礎となる.そのインプリケーションは明確である.被説明変数を消費の階差としても,その変動は家計によって構造的に異なり得る.言い換えると,パネル推定で用いられる家計に特有の「固定効果」(fixed effects)が,村平均消費の係数及び切片の両方に入ってくるのである.その特殊ケースとして,リスク選好と時間選好が家計間で同一であれば,階差を取ることで固定効果は全く必要がなくなる.この

特殊ケースを推定するのが第3節となる.
　CRRA効用関数の場合,

$$u_i(c_i) = \frac{1}{1-R_i} c_i^{1-R_i}, \tag{8.10}$$

(ただし R_i は Arrow-Pratt の相対的リスク回避度係数)と定義される. 同様の計算過程を経て, 最適消費は,

$$\ln c_{it} = -\frac{1}{R_i}\ln\mu_t + \frac{1}{R_i}\ln\lambda_i + \frac{1}{R_i}t\ln\rho_i$$
$$= \alpha'_i \overline{\ln c_t} + \beta'_i + \gamma'_i t, \tag{8.11}$$

(ただし α'_i, β'_i, 及び γ'_i は (8.6), (8.7), 及び (8.8)の各式の A_i を R_i で置き換えたもの, $\overline{\ln c_t}$ は各家計消費額の対数をとり, その村全体の平均をとったものである)と導出できる. CARA の場合と同様, 消費の対数は, 村の平均に比例して変動する可変部分と, 固定部分とからなる. CRRAの場合の階差式は,

$$\ln c_{i,t+1} - \ln c_{it} = -\frac{1}{R_i}[\ln\mu_{t+1} - \ln\mu_t - \ln\rho_i]$$
$$= \alpha'_i(\overline{\ln c_{t+1}} - \overline{\ln c_t}) + \gamma'_i, \tag{8.12}$$

となるが, この式から, 消費の成長率は各家計の間で構造的に異なり得ることが分かる. もちろんその特殊ケースとして, リスク選好と時間選好が家計間で同一であれば, 消費の成長率は村人すべて同じになる. いずれにしても, この CRRA のケースは重要である. なぜなら, (8.10)式と(8.1)式とを合わせると, 異時点間の消費代替の弾力性(intertemporal elasticity of substitution)が, $1/R_i$ というコンスタントな値を取るからである.

2.3 実証モデル

　Townsend(1994)など既存の完全消費保険モデルの実証分析では, 以上の理論モデルに基づき, 集計的ショックをコントロールした上でもなお, 各家計へのイディオシンクラティックなショックが, 各家計の消費に統計的に有意な影響を与えるかが検証された. 家計間のリスク選好, 時間選好が異質である可能性がある場合に実証モデルを拡張すると, (8.9)式に基づいた CARA 型のモデルは,

$$\Delta c_{it} = b_i + a_i \Delta \bar{c}_t + \zeta_i X_{it} + u_{it}, \quad i = 1, \cdots, N, \quad t = 1, \cdots, T, \quad (8.13)$$

となる(ただし $\Delta c_t = c_t - c_{t-1}$, b_i, a_i, 及び ζ_i が推定すべきパラメータ, X_{it} はイディオシンクラティックな所得ショック, u_{it} は期待値ゼロの誤差項). リスク・シェアリングの有効性は各家計ごとに違っているかもしれないから, ζ は i ごとに異なった値を取り得るものとする.

この式の, 消費変数 c_{it} を, 消費の対数 $\ln c_{it}$ で置き換えれば, CRRA型の(8.12)式に対応した実証モデルとなる.

帰無仮説 $\zeta_i = 0$ がすべての家計 i について受容されれば, この村は完全なリスク・シェアリングを達成していることになる. もしある家計について帰無仮説が棄却されれば, パラメータ ζ_i の大きさが, 家計のイディオシンクラティックなショックへの脆弱性を, 我々に示してくれる.

家計の時系列データが多数の家計について得られれば, (8.13)式を各家計に関する時系列モデルとして推定することができる. Townsend(1994)は, 時間選好の同質性をインプリシットに想定して, (8.5)式の γ_i がないバージョンを, ICRISAT データを用いて推定した. 本章の第4節では, 同じデータを用いて, より一般的なモデル, すなわち γ_i が入った時間選好が異質な場合を許容するモデルを推定する.

ただし, ICRISAT データにしても時系列としては非常に短いから, (8.13)式およびその CRRA バージョンを, そのまま推定した場合の自由度は非常に低くなる. そこで, 3つのパラメータ (b_i, a_i, ζ_i) が, 家計に固有の要因, 例えば社会的地位のような変数のベクトル Z_i と構造的に結びついていれば, 推定の自由度は大幅に高まる. 各パラメータと Z_i の間に線形の関係を想定すれば, パネル・データをプールして,

$$\Delta c_{it} = (b_0 + Z_i \cdot b_1) + (a_0 + Z_i \cdot a_1) \Delta \bar{c}_t + (\zeta_0 + Z_i \cdot \zeta_1) X_{it} + u_{it},$$
$$i = 1, \cdots, N, \quad t = 1, \cdots, T, \quad (8.14)$$

というモデルを推定することもできる. b_1, a_1, ζ_1 が統計的に有意であれば, 我々はどのようなタイプの家計が, どのようなタイプのリスクに対して脆弱であるか, またどのような消費の動学的経路を享受しているかを明らかにすることができるのである.

なお，Townsend(1994)の用いた推定方法に徹底的な批判を加えたのがRavallion and Chaudhuri(1997)である．彼らの批判は適切な操作変数の用い方，モデルの定式化，消費支出の定義方法の大きく3つに集約され，これを順次直していくことによって，Townsend(1994)によるζの推定値が下方バイアスを持っていたことを証明した．彼らの定式化のエッセンスは，(8.13)式右辺においてリスク選好・時間選好を同一と想定した場合の第2項$a\Delta\bar{c}_t$を，$\sum_t \delta_t D_t$で置き換えるところにある(D_tは年ダミー)．この場合，推定された係数δ_tが村落経済に生じた集計的なショックをすべて吸収するため，パラメータζは所得のイディオシンクラティックな変動部分の影響のみを正しく反映する．これに対し，$a\Delta\bar{c}_t$をそのまま用いた場合には，村消費$\bar{c}_t$を計算する時の計測誤差とX_{it}の計測誤差の間に正の相関が期待されるために，真のζが正の時にはζの推定値が過少になってしまうのである．そこで第3節のパキスタンへの応用では，年次ダミーを用いた方法を採用する．ただし，リスク選好・時間選好が異質な場合を許容する第4節のインドの実証部分においては，$a_i \Delta \bar{c}_t$を，$\sum_t \delta_t D_t$で置き換えることが直接にはできない．間接的な採用方法については第4節で議論する．

2.4 農村市場の発達と完全なリスク・シェアリング検定の関係

パキスタン及びインドへの応用に移る前に，このような実証分析で検討される相互保険と農村の諸市場の発達との関連について議論しておく必要がある．現実の農村経済においては，理論モデルで捨象した信用市場や様々な生産財・生産要素市場が不完全なものであれ機能している．例えば，村ごとに断絶してはいるが村内では完全な信用市場が存在し，その下での恒常所得仮説が当てはまれば，仮にリスク・シェアリングがなされていなくても，村平均消費と家計の消費とは正の相関を持ち，自己保険によってζは理論的に小さな値を取るはずである(第2章4.2項参照)．その場合，計測誤差を考慮すると，(8.13)式に基づく検定においてζが有意な値をとらないかもしれない．また，生産財・生産要素市場の空間的統合がイディオシンクラティックな所得の変動を小さくする可能性もある．

しかしながら，現実的には市場統合度と農業生産リスクの分散可能性の

間には正の関係があるであろうから，$\zeta=0$ という帰無仮説の棄却は広い意味での市場統合・市場発達が遅れた状態に対応していると見なせる．このことが，本章で(8.13)式を推定する最大の理由である．帰無仮説の受容がはたして自己保険ではなく相互保険によって行われているのかについては，個別の状況に関する傍証から考察する．

なお，個別の市場の空間的統合とリスク・シェアリングの空間的広がりとの関係については，利潤関数を援用した議論を黒崎・澤田(1999a，補論B)で行った．それによると，$\zeta=0$ 仮説を統計的に棄却するということは，(1)リスク・シェアリングが不完全であり，かつ，農産物市場が分断されている場合，(2)リスク・シェアリングが不完全であり，かつ，農産物市場がよく統合されているが農産物市場へのショック要因として収量リスクが定量的に重要な場合，のどちらかということになる．一方，$\zeta=0$ 仮説が統計的に棄却できない場合には，(1)農産物市場統合の度合いに関わらずリスク・シェアリングが効率的に行われている場合，(2)農産物市場へのショック要因として収量リスクが定量的に重要でなく，かつ市場がよく統合されているために，そもそも(8.13)式右辺におけるイディオシンクラティックなショック X_{it} が重要でない場合，という2つの可能性があると考えられる．したがって $\zeta=0$ 仮説の統計的検定と農産物市場の統合の間には，必要条件の関係も十分条件の関係も存在しないし，$\zeta=0$ 仮説の統計的検定とリスク・シェアリングの間にも，厳密には必要条件の関係も十分条件の関係も存在しない．しかしながら，市場統合度が非常に高いにも関わらず収量リスクが削減されていないという状況が非現実的であるとすれば，帰無仮説の棄却は広い意味での市場統合度・市場の発達度が低い状態に対応していると考えることができる．一方，帰無仮説の受容はリスク・シェアリングと市場統合の両要因によって得られたと考えるのが現実的であろうから，このケースは市場経済が良く機能している状態に対応していると考えることができる．

3 リスク選好・時間選好が同質な場合の実証
——パキスタンの事例

パキスタンの事例への応用は，リスク・シェアリングの空間的範囲がどの程度であるかを検証することに焦点を置く．そこで実証作業では，パンジャーブ州米・小麦作地帯の標本農家を対象としたPERIによる小規模村落調査と，IFPRIが行った全国規模の生活水準標本調査データの2種類のデータセットを用いる．ただし残念ながら，いずれのデータセットも，時系列としては3年から5年という，ごく短いものなので，前節で議論したリスク選好と時間選好が異質な場合のモデルは推定できない．そこで，Townsend(1994)等の既存研究同様に，これらの選好が各家計で同一であると想定したモデル，すなわち(8.13)式において，家計の固定効果が全く入らないモデルを推定する．Ravallion and Chaudhuri(1997)に倣い，(8.13)式の第2項 $a\Delta\bar{c}_t$ は，$\sum_t \delta_t D_t$ で置き換えて推定した．

3.1 パンジャーブ州米・小麦作地帯の事例

用いるデータは，1988/89年度から1990/91年度まで，3カ年の間に隣接する5村から集められたPERIによる農家データである(第3章第3節参照)．3カ年を通じて調査された完全なパネルデータは59戸×3年なので，本節ではこの部分のみを用いる．

3.1.1 推定結果
基本推定結果を，リスク・シェアリングの効率性を示すパラメータζについてのみ抜き出して表8-2にまとめる．最初の2つの列が消費水準変化を被説明変数とするCARA型モデル，次の二列が消費の対数値変化を被説明変数とするCRRA型モデルに対応し，それぞれ消費の定義を消費額合計と食料消費額のみとした場合の両方で推定した．変数はすべて1人当たりの実質値である．パラメータの解釈が容易になるように，CARAモデルの説明変数 X_{it} には所得水準の変化，CRRAモデルでは所得の対数値の変化を用いた．

表 8-2 パキスタン PERI データに基づくリスク・シェアリング・モデルの推定結果

	CARA 型		CRRA 型	
	総消費	食料消費	総消費	食料消費
モデル A: 各村落の相互保険の有効性が異なる場合				
ζ_{v1}	0.062 (0.777)	0.152 (0.932)	0.153 (1.083)	0.332 (1.391)
ζ_{v2}	−0.005 (0.287)	−0.146 (0.525)	0.001 (0.038)	−0.543 (1.341)
ζ_{v3}	−0.056 (2.183)**	−0.020 (0.233)	−0.089 (1.769)*	−0.138 (0.529)
ζ_{v4}	0.067 (0.758)	−0.027 (0.253)	0.063 (0.512)	0.161 (0.528)
ζ_{v5}	0.015 (0.677)	−0.045 (0.444)	0.037 (0.855)	0.171 (0.261)
モデル B: 各村落の相互保険の有効性が均一な場合				
ζ	0.014 (0.589)	−0.029 (0.414)	0.029 (0.787)	−0.040 (0.180)
モデル C: 隣接 5 村が一つの相互保険ユニットの場合				
ζ	0.012 (0.490)	−0.020 (0.279)	0.026 (0.712)	0.026 (0.123)
χ^2 統計値				
B vs. A (df=4)	7.48	4.28	8.45*	5.42
C vs. A (df=12)	19.10*	9.92	21.26**	11.15
C vs. B (df=8)	11.62	5.64	12.80	5.73

出所)　黒崎・澤田 (1999b),表 1.
注)　(1) 被説明変数は, CARA 型の場合は家計の 1 人当たり消費変化量, CRRA 型の場合には, 家計の 1 人当たり対数消費変化量 (近似的に消費成長率に等しい) である.
　　 (2) 報告されている係数は説明変数の所得変化についての係数である.
　　 (3) 標本数は 118, プールしたデータによる OLS 推計.
　　 (4) かっこ内は, 分散不均一性のもとでも一致性のある Huber-White 方法による分散推定法を用いた t 値の絶対値を示す. *10% で統計的に有意, **5% 有意, ***1% 有意 (両側検定).

　モデル A は地理的に隣接した 5 標本村のそれぞれがばらばらの相互保険のユニットであり, かつパラメータ ζ も各村ごとに異なることを想定, モデル B は各村での相互保険の度合が似通っているために ζ が単一の値を取ることを想定, モデル C はモデル B に加えて相互保険の範囲が 5 つの村一体となっているとの想定を加えたモデルである. 各村を訪ねて得た情報や標本統計からは, 各村の農業技術, 資産の分配, 社会構造などに際立った差はなく, したがって, ζ の値に大きな差はないであろうというのが事前の予想である.

　総消費を被説明変数とした場合のモデル A の推定結果を見ると, 村内完備市場仮説は第 3 の村を除いて棄却されず, 第 3 村でもその負の係数は 5% から 10% 水準で有意であったにすぎない. つまり, 第 3 村を除く

4村においては,村内の消費水準をコントロールすれば,個別の家計に生じた所得ショックが家計の消費水準に影響を与えないことが示された.5つの村それぞれのζが同一との制約を課したモデルBを推定した場合のζは,CARAで0.014,CRRAで0.029と絶対値がかなり小さく,統計的にも有意でなかった.さらに制約を課して,リスク・シェアリングの単位が5つそれぞれの村ではなく,5村からなるより広範な地域であるとした場合(モデルC),この制約はモデルAに対しては10%から5%水準で棄却されたがモデルBに対してはおおむね棄却されず,モデルBと比較して推定パラメータにはあまり変化がなかった.また,消費を食料消費のみに定義を変えて推定した場合,モデルA,B,Cすべて,CARA,CRRA型両方ともζは有意でなかった.

3.1.2 解 釈 以上の推定結果は2点にまとめられる.第一に,調査地においてはイディオシンクラティックな所得ショックが消費水準に与える影響は一般にそれほど大きくないこと,言い換えると村内で効率的なリスクの共有が行われている可能性が示唆された.第二に,家計の消費の基幹となる食料に関しては所得ショックからほとんど影響を受けていない.

本節が明らかにした消費安定化のどの程度が相互保険によるものであるかについては,残念ながらPERIデータに定量的分析を可能にする情報が欠けている.調査村での筆者の観察によれば,リスク・シェアリングの具体的形態として最も重要なのはインフォーマルな信用や個人的関係に基づく所得移転である.とりわけインフォーマルな信用には,Udry(1994)が強調した状態依存貸付けの性格が見いだされた.

ではこの実証結果から,調査世帯には効率的な保険メカニズムが存在していると解釈できるであろうか.仮にイディオシンクラティックな所得ショックのみが調査農家の直面するリスクであれば,そのような解釈も可能である.その場合には,たとえ選好としてはリスク回避的な農家であっても,農業生産リスクの存在が生産行動に何の影響も与えないはずである.しかし,この仮説は同じデータを用いた第3章第3節の実証分析から明確に否定された.生産行動の分析からも,イディオシンクラティックな所得

ショックのかなりの部分が保険されている可能性はあるが,村落レベルの共通リスクがほとんど保険されていないために,農家は自己保険としてリスク回避的生産行動を強いられていることが明らかになっている.

3.2 IFPRI データの分析

本項では,国際食糧政策研究所(IFPRI)によって収集された 1986/87 年度より 1990/91 年度までの 5 カ年パネルデータを用いる.調査が行われたのは,パキスタンの相対的後進地域から選ばれたパンジャーブ州アトック(Attock)県,スィンド州バディーン(Badin)県,北西辺境州ディール(Dir)県と,相対的先進地域のパンジャーブ州ファイサラーバード(Faisalabad)県の合計 4 県 44 村落である(Adams and He 1995).IFPRI データを用いた完全なリスク・シェアリングの検証は,Gillani(1996)が最初の 3 年間のみを使ったクロスセクション分析を行っている.ここでの分析は,5 年間のパネルを全て用いていること,村ごとに相互保険の有効性が異なるモデルを推定した上で村を越えた相互保険について検定していることなどが新たな視点である.

3.2.1 基本推定結果
推定したモデルは各村落で相互保険の有効性が異なる点で,前項のモデル A に相当するが,全村落をプールせずに村落ごとに推定を行った点はやや異なる.PERI データの対象となっている村落は隣接した村落である一方,IFPRI データでは異なる州に属する地理的に隔たった村落が数多く含まれているため,村ごとに推定を行った.前項の推定と同様に,被説明変数には家計の総消費額あるいは総食料消費額を家計構成員数で除したものを用いている.

5 年間の IFPRI パネルデータの中から,消費・所得データの欠損値のない 789 家計のデータ(総標本数は 2219)を用いた村落ごとの推定結果を整理して示したのが表 8-3 である(各村の係数 ζ の推定値それぞれについては黒崎・澤田 1999a,表 4-2 を参照).CRRA モデルで総消費支出を見た場合,ファイサラーバード県,バディーン県において約 50% の村落が効率的なリスク・シェアリングを行っている一方,アトック県,ディール県ではそれ

表 8-3 パキスタン IFPRI データに基づく村落内リスク・シェアリング・モデルの推定結果まとめ

	CARA 型		CRRA 型	
	総消費	食料	総消費	食料
$\zeta=0$ が棄却できないケースが占める割合(%)				
ファイサラーバード県	16.7	16.7	50.0	66.7
アトック県	62.5	87.5	25.0	50.0
バディーン県	57.9	68.4	47.4	57.9
ディール県	63.6	63.6	36.4	54.5
ζ 係数の推定値の平均				
ファイサラーバード県	0.07	0.05	0.11	0.10
アトック県	0.09	0.04	0.09	0.08
バディーン県	0.11	0.06	0.17	0.14
ディール県	0.06	0.02	0.09	0.10

出所) 黒崎・澤田(1999b), 表 4.
注) (1) 被説明変数は, CARA 型の場合は家計の 1 人当たり消費変化量, CRRA 型の場合には, 家計の 1 人当たり対数消費変化量(近似的に消費成長率に等しい)である.
(2) 報告されている係数 ζ は, 説明変数の(対数)所得変化についての係数であり, その t 検定には分散不均一性のもとでも一致性のある Huber-White 方法による分散推定法を用いた.

ぞれ 75%, 64% の村落において消費保険が不完全であると計測された. 計測された弾力性が統計的に有意と判定されたケースにおいても, イディオシンクラティックな所得に対する消費の弾力性 ζ の推定値は概して小さく, 0.1 から 0.2 の間に集中している. 所得の 1% の変動に対し消費は 0.15% 前後しか変動しないことになる. CARA モデルではファイサラーバードで特にリスク・シェアリング仮説が棄却される例が増えるが, そのようなケースにおいても係数 ζ の推定値は概して小さい.

被説明変数に食料消費のみを用いた場合, 第一に完全なリスク・シェアリングが行われているとされるケースが, 全ての地域において, 総消費の場合よりも多く観察される. 第二に, 食料消費に関しては, 係数 ζ の推定値が総消費の場合よりもほぼ全てのケースにおいて小さく, 食料消費の変動は村落内でかなりの程度平準化されていることがわかる. 言い換えれば, 所得変動は非食料消費により強く反映されることになる.

3.2.2 相互保険の空間的規模

以上の計測においては，リスク・シェアリングの単位が村落であると仮定した上で分析を行った．前項で示唆されたように，パキスタン農村，とりわけ開発の進んだ地域では村落内部の相互保険がある程度機能している反面，村落内の共通リスクを村外とシェアするメカニズムがあまり発達していない可能性がある．ここでは，村落を越えた，より広い範囲でリスク・シェアリングが存在するかどうかを検証する．具体的には，県別にプールしたデータを用いて再推定する．これは前項のモデル C をさらに広域に拡張したものと言えるのでモデル D と呼ぼう．これらの推定式を用いた検定では，県レベルでの集計ショックの影響をコントロールした上で，県レベルの集計ショックによらないイディオシンクラティックな家計所得変動(村レベルで生じる村内家計全員に共通するショックを含む)が消費変動に影響しているかどうかを分析することになる．推定された t の値が統計的に有意でなければ，個々の家計の消費は県レベルでの消費に従って変動することになり，リスク・シェアリング仮説が支持されることになる．

また，全ての地域データをプールして推定すれば，全国レベルあるいは県間(inter-district)でのリスク・シェアリングのメカニズムがあるかどうかの分析を行うことができる．このような非常に広範囲な相互保険検定のモデルをモデル E と呼ぶことにしよう．

計測結果を表 8-4 に報告する．モデル D の結果については，CARA 型効用関数のケースにおいて，アトック県における完全なリスク・シェアリングの存在が棄却できないものの，その他のケースでは完全な相互保険仮説が全て棄却される．また，モデル E の結果よりわかるように，全国レベルでの保険メカニズムの存在は統計的に強く棄却される．しかしながら，村落レベルでの計測結果と同様に，計測された t の値は小さく，定量的には消費平準化のための保険メカニズムがある程度働いていることが示唆される．

3.2.3 解釈

以上の IFPRI データを用いた実証結果は 3 点に集約できる．まず第一に，厳密なリスク・シェアリングの仮説は多くの場合統

表 8-4 県内・全国リスク・シェアリング・モデルの推定結果

	CARA 型		CRRA 型	
	総消費	食料消費	総消費	食料消費
モデル D				
ファイサラーバード県	0.046 (2.296)**	0.026 (2.601)***	0.136 (6.527)***	0.128 (5.411)***
アトック県	0.028 (0.861)	0.002 (0.134)	0.076 (3.779)***	0.074 (3.791)***
バディーン県	0.081 (6.100)***	0.042 (3.411)***	0.142 (7.247)***	0.108 (4.629)***
ディール県	0.062 (2.149)**	0.024 (2.081)**	0.106 (4.371)***	0.114 (4.525)***
モデル E				
全地域	0.052 (3.381)***	0.111 (9.896)***	0.024 (2.940)***	0.114 (9.771)***

出所) 黒崎・澤田(1999b),表 5.
注) (1)前表に同じ.
(2)報告されている係数は,説明変数の(対数)所得変化についての係数ζであり,かっこ内の数字は Huber-White 方法による t 統計量を示す.
(3)*は 10% 水準,**は 5% 水準,***は 1% 水準で統計的に有意であることを示している(両側検定).

計的に棄却されるものの,食料消費の変動はかなり平準化されている.

　第二に,より広範囲,具体的には県,州,あるいは一国レベルでのリスク・シェアリング仮説は,村落レベルよりも強く棄却される.これはパキスタンの農村における信用市場・保険市場の空間的発達が未だ十分ではなく,近隣を越えた相互保険が困難であることを示唆している.

　第三に,リスク・シェアリング仮説が統計的に棄却されたケースについても,所得ショックの消費変動に与える定量的な影響は非常に小さい.推定されたζの推定値は,CARA 型の場合には 0.1 程度,したがって,所得1ルピーの落ち込みに対して消費の変化が受ける影響は多く見積もっても 0.1 ルピー程度であると考えられる.このことは,約 90% の所得変動が自己保険もしくは相互保険のメカニズムによって吸収されていることを示している.一方,CRRA 型効用関数の場合,係数ζの多くが 0.1 未満,最大でも平均して 0.2 より小さい値を取っている(バディーン県では平均して高めである).このことは,所得の 1% の変動に対し消費はせいぜい 0.15% 程度しか変動しないことを示している.

　しかしながら,第2節で既に指摘したように,以上のような統計的検定によってはこれらのパキスタン農村調査地におけるリスク・シェアリングによる消費平準化の具体的形態は必ずしも明らかとはならず,とりわけ自

己保険と相互保険の相対的重要性を判別することができない．したがって，各調査村での相互保険の具体的な形態を解明する必要がある．IFPRIデータを使った既存研究の分析結果は，インフォーマルな信用と国内での所得移転が相互保険の重要な方法であることを示唆している(Gillani 1994)．Alderman (1996)は，長期的な関係に基づいたインフォーマルな借入れが結局所得移転になっていると述べており，Udry (1994)のいう「状態依存貸付け」がこれらパキスタン農村においても見られることを示唆している．さらに，Alderman(1996)は，海外送金からの限界貯蓄性向が0.84と，ほとんど貯蓄に回っているのに対し，国内送金の消費性向は相対的に高いこと，国内送金は資金借入れと負の偏相関係数を持っており，借入れと代替的であることなどを示している．つまり，国内送金やインフォーマルな信用が相互保険の重要な手段であることが示唆される．

3.3 小 括

本節は，パキスタンの農村部に生活する家計の消費が所得ショックからどれだけ遮断されているかを実証的に分析した．異なるタイプの2つのデータを分析した結果明らかになったのは，第一に，村落内部で生じるイディオシンクラティックなショックが予想以上に相互に保険されていたことである．このこと自体は，第2節で見た既存の研究を改めてサポートするものであるが，所得変動が消費に反映される度合いを示すパラメータζの絶対値が小さいことが頑健に確認されたことは新たな事実として興味深い．

第二に，パンジャーブ州PERIデータの分析結果と，灌漑農業の歴史と農業余剰の点で比較可能なIFPRIデータのファイサラーバード県に関する分析結果とを比較すると，後者の方が村内部の効率的リスク・シェアリングが棄却されるケースが多かった．これは，前者が農家を対象とした分析であるために自動的に農村社会における最下層を抜いた分析になっているのに対し，後者が農村居住世帯全体を母集団にしたデータであることの違いが反映されているように思われる．つまり，村内部のリスク・シェアリングが効率的に行われ得る範囲として，経済的には所得変動の特徴がより多様な集団であることが望ましい反面，情報面でのコストを下げるた

めにも社会的には均質な集団であることが重要であるため，パキスタン農村において農家階層とは社会的に分断された出自を持つ非農家階層(Hirashima 1978)にまで，有効な相互保険のネットワークが届いていない可能性がある．

　もう一つ重要なファインディングは，パキスタン農村におけるリスク・シェアリングが広域になればなるほど成立しにくいことが，2種類のデータセットの定量的分析結果を結合することで明確に確認されたことである．このことと農業経営の特徴とを合わせて考えると，灌漑に代表される農業技術の発展とそれに伴う市場余剰の増大が，農家経済にとってはリスク面で厚生コストを引き上げる側面があるという事実が示されているように思われる．第一に，灌漑農業はイディオシンクラティックな収量リスクを軽減する反面，広域の収量相関を高め，むしろ共通な収量リスクを拡大する可能性がある．第二に，灌漑農業に伴う購入投入財使用の増加は，たとえ農家レベルの収量の変動が灌漑によって小さくなろうとも，所得に直結する単位利潤の変動を大きくする可能性がある(Kurosaki 1997)．第三に，市場参加が恒常化することにより，村内でシェアできない外生ショックが市場価格を通じて農家経済を左右することが多くなる．

　しかしながら，市場指向の灌漑農業を縮小するといった後ろ向きの対応がこの問題を解決しないことも確かであろう．パキスタンの村落経済は，農産物取引に関しては既に，全国市場・国際市場との連関抜きに機能しなくなっており，その否定は厚生水準の直接的な大幅低下につながる．むしろ，村域を越えてリスクをプールすることを阻害している要因が何か，これらの阻害要因を克服するためにどのような政策が有効かについて探っていくことが重要であると思われる．これらの政策としては，例えば政府によるインフラストラクチャーの整備，洪水や旱魃などに対する全国的な作物保険など政府による直接的な保険制度，ないしは保険的性格が強い雇用創設事業，例えばインド・マハーラーシュトラ州の雇用保証計画(Employment Guarantee Scheme)のようなものが考えられるであろう．

4 リスク選好・時間選好が異質な場合の実証——インドの事例

インドの事例への応用は，ある程度長めのパネルデータを用いて，リスク・シェアリングが家計の多様なリスク選好，時間選好を反映したものであると見なせるかどうかを，計量的に検証することに焦点を置く．実証作業では，第 2 章第 5 節での消費平準化に関する研究展望においても頻繁に言及されたインド半乾燥地帯の農村家計データ，いわゆる ICRISAT データを用いる．推定モデルは，第 2 節の (8.13) 式，及び (8.14) 式である．

4.1 ICRISAT データ

本節で用いるのは，1975 年から 84 年にかけて ICRISAT が集めた村落レベル調査 (Village-Level Surveys) のうち，より長期のパネルが得られる 3 村のデータである．調査地域の詳細な特徴と標本農家については Walker and Ryan (1990) を参照されたい．3 村は，アーンドラ・プラデーシュ州のアウレパリ (Aurepalle) 村，マハーラーシュトラ州のシラプール (Shirapur) 村とカンザラ (Kanzara) 村で，すべてインド半島部の半乾燥地帯に属する．各村 40 世帯についてパネル調査が行われたが，世帯の分裂その他の理由により，本節で用いるのはアウレパリ 35 戸，シラプール 33 戸，カンザラ 36 戸の 10 年間にわたるパネルデータである．

実証に用いた変数の定義と基本統計量を表 8-5 に示す．(8.13) 式における消費変数 c_{it} は家計の成人換算単位当たりに直した[6]．この一階の階差が CARA バージョンの推定式で，対数を取ってから階差にしたものが CRRA バージョンの推定式で用いられる．Ravallion and Chaudhuri (1997) はフロー・アカウンティングによる c_{it} の再推計を主張したが，本節ではデータの都合から Townsend (1994) と同じ定義の c_{it} を用いる．

(8.13) 式の右辺に入る村平均の消費を計算する際には，見せかけの相関を防ぐため，当該家計の値を抜いた残りの標本家計の平均を用いた．問

---

[6] 用いた成人換算単位は，成人男性 1.0, 成人女性 0.9, 12 歳までの子供 0.52 である．

表 8-5 インド ICRISAT データによる変数の定義と基本統計量

		平均値	標準偏差	最小値	最大値
c_{it}	1人当たり実質消費支出:	1109.1	563.7	112.4	5384.2
	1983 年インドルピーでの家計総消費支出を成人換算単位による世帯規模で割ったもの				
y_{it}	1人当たり実質所得:	1498.6	1267.4	2.4	10098.8
	農業所得, 賃労働収入, その他自営業所得の合計(1983 年インドルピー)を成人換算単位による世帯規模で割ったもの				
Z_i	家計の社会的地位を示す属性:				
LANDD	1975 年における農地所有ダミー	0.788	0.410	0	1
LANDPC	1975 年における農地資産額(10,000 Rs.)を成人換算単位による世帯規模で割ったもの	0.339	0.422	0	1.857
CHILDR	成人換算単位による世帯規模に占める子供の比率(1975 年)	0.289	0.147	0	0.622
SCHOOL	世帯主の教育水準(修了教育年数)	2.519	3.312	0	12
JGRRANK	J. G. Ryan によるカースト順位指標(最も高いカースト=1, 最も低いカースト=4)	2.356	1.173	1	4

出所) Kurosaki(1999), Table 1.
注) 標本数(NOB)は c_{it} と y_{it} が 1040 (=104 家計×10 年), Z_i が 104.

題となる ζ_i パラメータが関わる変数 X_{it} は, 1人当たり実質家計所得 y_{it} を用いて, CARA の場合には $X_{it} \equiv y_{it} - y_{i,t-1}$, CRRA の場合には $X_{it} \equiv \ln y_{it} - \ln y_{i,t-1}$ と定義した.

データは 1975 年から 84 年までカバーするが, 最初の年度と最後の 3 年間については, 一部の変数の信頼度が落ちると報告されている(Walker and Ryan 1990, p. 67). そこで, 時系列の長さが決定的に重要な(8.13)式を推定する際には全 10 年間のパネルを使い, 構造的関係の想定によって自由度に余裕が生まれる(8.14)式を推定する際には全 10 年間のパネルと 6 年間の部分パネルの両方を使う. 後者において年次選択による違いを検討することによってデータの質の影響をチェックする.

4.2 時系列モデルの推定結果

まず(8.13)式を,各家計の時系列モデルとして推定した.パラメータ b_i, a_i, ζ_i の各家計ごとの推定値は Kurosaki(1999, Appendix Table 1)に譲り,その要約結果を表8-6 にまとめる.

まず時間選好の違いに応じた消費再配分などによる消費変化率の世帯固有効果を示す b_i は,ほとんどの場合,統計的に有意でなかった.CARA モデル,CRRA モデルともに.帰無仮説 $b_i=0$ が 5% 水準で棄却されたのは,全標本のわずか 2% にすぎない.これに対し,帰無仮説 $a_i=1$,及び帰無仮説 $\zeta_i=0$ は,より頻繁に棄却された.前者は CARA の場合に 16% のケース,CRRA の場合に 11% のケースで棄却され,村別にはシラプールで棄却頻度が高い.帰無仮説 $\zeta_i=0$ は全体の 18% の家計で棄却されたが,村別にはカンザラ村で棄却頻度が低かった.

Kurosaki(1999)では,b_i, a_i, ζ_i が各家計で異なるかどうかを吟味するために,それらが同一であるとの帰無仮説をパネル推定により検定した.その結果は,すべての i に関して $b_i=b$ という帰無仮説は棄却されなかったが,すべての i に関して $b_i=b, a_i=a, \zeta_i=\zeta$ という強い制約は多くの場合に棄却された.

つまり標本家計の消費のダイナミックスは,リスク選好が異質であること,イディオシンクラティックなショックへの脆弱性が家計ごとに異なることの2点については強く支持するものであったが,家計ごとに異なった長期的な消費変化の経路は示さなかったことになる.最後の点を言い換えると,推定結果は,家計の主観的割引率が同一であるか,または,村落経済が消費を家計の主観的割引率に応じて異時点間に配分できていないことを示している.

4.3 家計の属性と消費動学パラメータの関係

このような家計レベルの消費ダイナミックスが,家計の属性,とりわけインド農村における「力関係」(第2部参照)に影響する社会的地位とどのように関連しているかを,もう少し考察しよう.(8.13)式から推定された b_i, a_i,及び ζ_i の値と,家計の属性 Z_i との相関を調べた.Z_i としては,表

表8-6 インドICRISATデータによるリスク・シェアリング・モデルの時系列推定結果まとめ

CARA型

村名	平均値	標準偏差	最小値	最大値	帰無仮説の棄却頻度(5%)
パラメータ $\hat{b}_i$ の基本統計量					帰無仮説 $H_0: b_i=0$
3村をプール	−7.4	87.9	−396.3	301.3	1.9%
Aurepalle	−8.1	118.9	−396.3	301.3	2.9%
Shirapur	0.2	72.1	−196.9	163.7	0.0%
Kanzara	−13.7	61.0	−112.3	149.7	2.8%
パラメータ $\hat{a}_i$ の基本統計量					帰無仮説 $H_0: a_i=1$
3村をプール	0.735	1.238	−2.544	4.173	16.3%
Aurepalle	0.900	1.000	−0.526	3.484	14.3%
Shirapur	0.413	1.385	−2.544	3.222	21.2%
Kanzara	0.870	1.246	−1.981	4.173	13.9%
パラメータ $\hat{\zeta}_i$ の基本統計量					帰無仮説 $H_0: \zeta_i=0$
3村をプール	0.203	0.448	−1.050	1.344	18.3%
Aurepalle	0.169	0.459	−0.932	1.287	22.9%
Shirapur	0.313	0.440	−0.488	1.149	18.2%
Kanzara	0.134	0.424	−1.050	1.344	13.9%

CRRA型

村名	平均値	標準偏差	最小値	最大値	帰無仮説の棄却頻度(5%)
パラメータ $\hat{b}_i$ の基本統計量					帰無仮説 $H_0: b_i=0$
3村をプール	−0.013	0.078	−0.325	0.196	1.9%
Aurepalle	−0.030	0.110	−0.325	0.196	2.9%
Shirapur	0.001	0.058	−0.184	0.111	0.0%
Kanzara	−0.008	0.049	−0.139	0.083	2.8%
パラメータ $\hat{a}_i$ の基本統計量					帰無仮説 $H_0: a_i=1$
3村をプール	0.558	0.802	−1.258	2.609	10.6%
Aurepalle	0.942	0.801	−0.318	2.609	2.9%
Shirapur	0.196	0.686	−1.258	1.500	24.2%
Kanzara	0.517	0.733	−0.947	2.083	5.6%
パラメータ $\hat{\zeta}_i$ の基本統計量					帰無仮説 $H_0: \zeta_i=0$
3村をプール	0.233	0.439	−0.906	1.607	18.3%
Aurepalle	0.213	0.433	−0.906	1.607	20.0%
Shirapur	0.314	0.434	−0.491	1.172	27.3%
Kanzara	0.178	0.438	−0.851	0.941	8.3%

出所) Kurosaki(1999), Table 2.

8-5に示した5つの変数を試みた．すなわち，調査開始初期時点(1975年)の農地保有ダミー(LANDD)，その農地の1人当たり資産額(LANDPC)，世帯主の教育水準(SCHOOL)，世帯規模に占める子供の比率(CHILDR)，そして家計のカースト順位指標(JGRRANK)である．

家計の属性を示す変数としては内生的決定の影響を受けない変数が望ましく，その意味で経済資産の変数は長期的に家計の投資決定の影響を受ける点で問題があるが，インド農村での土地資産や教育の重要性を鑑みて，初期時点の値を取るという妥協の元に，これらの変数も試した．また，5つの変数は，CHILDRを除いて，互いに相関が強く，一緒に回帰分析に入れると多重共線性の問題が生じた．土地持ち家計の教育水準が高く，土地持ち家計は高カーストに集中しているというインド農村の実態が，ここに現われている．相関の高い変数については，それぞれ別に回帰分析に用いて，定性的に違う結果が出るかどうかを検討した．

まず時系列モデルによる推定パラメータ $\hat{b}_i, \hat{a}_i, \hat{\xi}_i$ と Z_i それぞれとの単純な相関係数を計算して，構造的関係が存在するかどうかを考察した(Kurosaki 1999, Table 3)．その上で，(8.14)式を推定した結果をCRRA型モデルに限って示したのが表8-7である．上半分には10年間のパネルすべてを用いた場合，下半分にはデータの信頼度が高い6年間の部分パネルを使用した場合の推定結果を示す．Z_i はベクトルとしてではなく，一つ一つ別々に入れて推定した．

第一に，パラメータ b は，家計属性 Z_i のどの変数からも，有意なシフト効果が検出できなかった．第二に，村レベルの集計的リスクへの感応度を示すパラメータ a は，土地所有によって有意に正の影響を受けること，教育水準からもやや正の影響を受けることが分かった．第三に，イディオシンクラティックな所得ショックへの脆弱性を示すパラメータ ζ は初期時点での土地所有者や土地所有規模が大きければ大きいほど，教育水準が高ければ高いほど，カースト順位が社会的に高ければ高いほど小さくなることが，統計的に有意に検出された．

これは，社会的・経済的地位の高い家計ほど，イディオシンクラティックなショックに対して頑強であり，かつ村落の集計リスクをより多く負担

表8-7 構造的シフター付きリスク・シェアリング・モデル(CRRA型)の推定結果

全3村をプール,期間1975-84(NOB=936)

	LANDD	LANDPC	CHILDR	SCHOOL	JGRRANK
b_0	−0.021	−0.011	−0.041	−0.012	−0.020
	(0.76)	(0.66)	(1.46)	(0.77)	(0.72)
b_1	0.011	−0.007	0.103	0.000	0.004
	(0.36)	(0.23)	(1.20)	(0.08)	(0.33)
a_0	0.417***	0.392***	0.578***	0.483***	0.672***
	(2.73)	(4.34)	(3.60)	(5.48)	(4.30)
a_1	0.170	0.534***	−0.055	0.032	−0.052
	(0.99)	(3.02)	(0.11)	(1.39)	(0.88)
ζ_0	0.308***	0.188***	0.115***	0.178***	−0.009
	(4.46)	(6.46)	(2.84)	(6.27)	(0.25)
ζ_1	−0.229***	−0.217***	−0.079	−0.026***	0.056***
	(3.20)	(4.14)	(0.59)	(3.79)	(3.45)
R^2	0.110	0.121	0.101	0.114	0.111
$\bar{R}^2$	0.105	0.116	0.097	0.109	0.107
F統計量	3.499**	7.473***	0.604	4.965***	4.054***

全3村をプール,期間1976-81(NOB=520)

	LANDD	LANDPC	CHILDR	SCHOOL	JGRRANK
b_0	−0.013	0.019	−0.021	0.009	−0.014
	(0.40)	(1.01)	(0.62)	(0.46)	(0.41)
b_1	0.020	−0.044	0.083	−0.002	0.008
	(0.54)	(1.24)	(0.81)	(0.38)	(0.60)
a_0	0.114	0.148	0.376*	0.317***	0.711***
	(0.57)	(1.27)	(1.80)	(2.73)	(3.36)
a_1	0.445**	0.979***	0.303	0.054*	−0.115
	(1.97)	(4.41)	(0.47)	(1.91)	(1.44)
ζ_0	0.333***	0.142***	0.097**	0.177***	−0.053
	(4.15)	(4.44)	(2.10)	(5.45)	(1.42)
ζ_1	−0.287***	−0.186***	−0.114	−0.034***	0.069***
	(3.47)	(3.18)	(0.80)	(4.37)	(3.70)
R^2	0.093	0.113	0.067	0.102	0.092
$\bar{R}^2$	0.084	0.105	0.058	0.093	0.083
F統計量	5.333***	9.420***	0.520	7.136***	5.193***

出所) Kurosaki(1999), Appendix Tables 2, 4, より作成.
注) (1)'F統計量'は,帰無仮説$b_1=a_1=\zeta_1=0$を検定するためのF値で,期間1975-84の場合$F(3, 930)$,期間1976-81の場合$F(3, 514)$.
   (2)かっこ内はt統計量の絶対値で,両側検定により***は1%有意,**は5%,*は10%有意.

していることを示唆する．不完全な保険市場を所与とすれば，集計リスクの共有という点では静学的に効率的なリスクの配分と見ることもできる．ただし，時間選好の違いに応じた再配分は生じていない．Pender (1996) は同じ ICRISAT 家計を対象に，時間選好の違いを実験によって分析し，家計によってかなり割引率が異なることを示しているから，$b_i = 0, \forall i$ という推定結果を，家計の主観的割引ファクターが同一であることの現われだと判断するのは適切でないように思われる．むしろ，消費資源の配分において，村レベルの集計リスクへの対応は比較的短期の異時点間資源配分で済むためにある程度効率的に機能しているが，時間選好の差に基づく配分は非常に長期の資源移転となるためにうまく機能していないと解釈したい．

表8-7の下半分に示した分析結果は，データの信頼度の高い時期のみを対象としているが，定性的にはほとんど同じ結果となっている．なお，表8-7は，消費再配分パラメータ b_i, a_i, ζ_i と Z_i の間の関係が全3村で同一であるとの想定に基づいている．Walker and Ryan (1990) に詳しく描写されているように，調査時の3村は，作付パターン，所得・消費水準，経済インフラの発達，教育機関の浸透，カースト規制の強さなど，様々な面でかなり異なっていた．そこで村ごとに消費再配分パラメータと Z_i の関係が異なるモデルも推定し，村ごとの違いがおおむね各村の社会・経済状況と整合的であることを確認した (Kurosaki 1999, Tables 5, 7)．

表8-7から判明するもう一つの興味深い点は，相互の相関が高い土地，教育，カーストの3つの変数の効果が，必ずしも定性的に同じでないことである．したがって，調査農村でこれらの変数が消費のダイナミックスに与える影響は微妙に違っていることになる．残念ながら多重共線性のために，これらを一緒に入れた推定結果は不安定なものになったため，ここには示さなかったが，各属性の捉える要素の違いには注意を払う必要があろう．

Kurosaki (1999) では以上の推定結果の頑健性を調べるために，Ravallion and Chaudhuri (1997) に倣った集計的ショックのコントロールも試みた．ただし (8.13) の $\Delta \bar{c}_t$ を直接ダミー変数で置き換えると推定パラメータ δ_t と a_i が乗数的に入ってしまって識別不能になる．そこで2段階に分け

て,最初のステップで $\Delta \bar{c}_t$ を年次ダミーに回帰して $\hat{\delta}_t$ を推定し,第2ステップでこれを(8.13)に代入するという推定方法を試みた.推定結果は省略するが,おおむねこれまで報告したものと同じ結論が得られた.

4.4 小 括

本節では,Townsend(1994)の村内完全リスク・シェアリングのモデルを,リスク選好・時間選好が異質な場合に拡張し,インドICRISATのデータに応用した.全体的には本節からもTownsend(1994)と同じ結論,すなわち,完全な相互保険のモデルは統計上棄却されるが,家計の消費の多くの部分が村の平均消費に従って変動していることが示された[7].本節の実証作業の貢献は,第一に,各家計の消費が村の平均消費に従う際の連動の度合いや,イディオシンクラティックなショックの影響の度合いが家計によって異なること,その異なり具合が土地や教育,カーストといった,インド農村における家計間の力関係を見る場合の重要変数と相関していることを明らかにした点である.第二の貢献は,時間選好が異質たり得る実証モデルを推定し,異質な時間選好に応じた消費の配分とデータとが整合的でないことを,定量的に示した点である.

これらのファインディングは,調査地域におけるリスク・シェアリングの効率性に関する2つの限界を示していると考えられる.第一に,低所得家計のイディオシンクラティックなショックへの脆弱性が高いという意味で調査地の相互保険は完全でない.推定結果からは,その分,社会的,経済的な上層に属する家計が村レベルの集計ショックを多く負担していることを示唆しており,この調整は確かに静学的な資源配分の効率性を高める.しかしその場合,低資産家計は,その保険サービスへの対価として,高資産家計に対する何らかの所得移転を強いられている可能性がある.

第二の限界は,より長期的な異時点間の消費配分である.Pender(1996)が示した時間割引率の家計間多様性が,ICRISATデータの時期にも当て

---

7) 本章第2節で指摘したように,これらの統計的検定で示された消費平準化のどこまでが相互保険によるもので,どれだけが自己保険により達成されているかは判断できない.ICRISATの事例においても,インフォーマルな信用と送金が相互保険として重要である.Walker and Ryan(1990)や黒崎(1996b)の文献解題を参照.

はまると想定すれば，本節の推定結果は，調査地の長期信用市場が非常に不完全であるがために，せっかちな選好を持つ家計が将来の所得と引き換えに現在の消費水準を引き上げることができないことを示唆している．第2章第2節の数値例で示したように，時間選好の差に応じた消費の再配分には，かなり長期的な資源の移動が必要になる．調査地の長期信用市場が不完全であるため，推定結果ではbが有意でなくなったという解釈は，信用市場の不完備性を様々な側面から明らかにしているPender(1996)の調査結果とも整合的である．この解釈が正しければ，調査地の貧困家計が仮に教育投資の私的収益性が非常に高いことを知っていたとしても，流動性制約と予備的動機の貯蓄の必要ゆえに，おいそれとは教育に投資できないことが示唆される(Jacoby and Skoufias 1997も参照).

この解釈との関連で興味深いのが，不完全情報や不完全なコミットメントの下でリスク・シェアリングがどのようになされるかを理論的，実証的に検討している近年の研究である．Ligon(1998)は不完全情報の下でTownsend(1994)のモデルを拡張し，Ligon et al.(1999)は将来へのコミットメントが完全にはできない場合の理論モデルを展開した．どちらの研究もICRISATデータに実証モデルを当てはめた結果，単純なTownsend(1994)のモデルよりも説明力が有意に高いことを示している．本節の理論モデルでは，イディオシンクラティックなショックへの脆弱性のパラメータζ_iがどのようにして決まるかについては明示的に議論できない．その点でも，これらの新しい理論的研究が注目される．

5 結び——消費の平準化と経済発展

本章は，途上国農村における異時点間取引や状態依存取引がどれほど効率的であるかを，パレート最適なリスク・シェアリングのモデルを基準にして検討した．理論モデルの検討により，リスク選好や時間選好等において多様な家計が取引する際に，仮に完全競争市場が完備していればどのような資源配分が実現するかを明らかにした．

もちろん現実の途上国のデータに現われる家計消費のダイナミックスは，

理論モデルが示すものと同一ではない．本章では，パキスタンおよびインドの家計データに理論モデルから導かれた実証モデルを応用して，リスク・シェアリングの特徴について多面的に分析した．あえて一言でまとめれば，両地域とも，完全な相互保険のモデルは統計上棄却されるが，家計の消費の多くの部分が村の平均消費に従って変動するという点で，ある程度のリスク・シェアリングが検出された．これは，両地域とも早くから市場経済が浸透し，商品作物の栽培が植民地時代から広まった地域であること，機関金融もインフォーマル信用制度もそれなりに存在することからすると，納得できる結論である．

　しかし実在するリスク・シェアリングの限界も明らかになった．まず，リスク選好・時間選好が同質であると想定したモデルを当てはめたパキスタンの場合，リスク・シェアリングの空間的広がりに焦点を当て，比較的情報が共有しやすい農家間や単独の村の内部では，イディオシンクラティックなショックがある程度吸収されているのに対し，非農家と農家の間や，村と村との間，あるいは県や州を越えた地域とのリスクの共有はあまりなされていないことが示された．その結果，農家は生産面での事前的リスク分散を余儀なくされて，資源配分の社会的効率性が落ちてしまう．

　リスク選好・時間選好が異質であると想定したモデルを当てはめた半乾燥地域のインドの事例からは，第一に，社会・経済的地位が低い家計はイディオシンクラティックなショックに脆弱である反面，地位の高い家計は村レベルの集計ショックを多く負担していることが示唆された．この調整は確かに静学的な資源配分としてはパレート改善的であるが，同時に低資産家計から高資産家計への所得移転を対価として伴っている可能性がある．第二に，より長期的な異時点間の消費再配分を必要とする調整，すなわち各家計の時間割引率の違いに応じた消費の調整は，定量的に検出できなかった．これは，短期の信用市場や状態依存取引ではある程度市場メカニズムが機能していても，長期信用となると市場が不完備な度合いが高まることを示唆している．その結果，農村の低所得層は流動性制約に直面して，目の前の投資機会をみすみす見逃すという，資源配分における社会的な非効率が生じるのである．

経済発展の究極の目的は国民厚生の向上にある．本書が基づくミクロ経済学の用語では，それは，1人当たり消費水準の持続的な上昇と不安定性の克服で表わされる．マクロの生産統計は，あくまでその経済にとって利用可能な資源の総量を決定するという手段的意味においてのみ，重要なのである．同様に，様々な市場の不完備に本書が着目するのも，完備市場が1人当たり消費の最適な経路を実現するという手段としての重要性ゆえにすぎない．したがって，本章で取り上げた，個別世帯の消費のダイナミクスを途上国のデータで定量的に分析する作業は，経済発展の成果を測るという意味でまさに中心的意義を持つと考えられる．近年は，世銀の努力等により，途上国でもミクロデータが豊富に整備され，利用可能になりつつある(Grosh and Glewwe 1998; 黒崎1998b)．これらを活用した実証研究の進展が期待される[8]．

---

[8] とはいえ，途上国のミクロデータの利用には危険も伴う．マクロデータよりも入力ミスや異常値が多く含まれるために，それらの存在(あるいはそれらの除去の方法)によって推定結果が大きく左右されることがある．また，ミクロデータの多くは標本調査に基づいているため，母集団からどのように標本が抽出され，各変数がどのように定義・収集されたかについて細心の注意を払う必要がある．インターネットからダウンロードしたミクロデータに機械的にミクロ計量モデルを当てはめるアプローチだけは避けるべきであろう．

終章　開発のミクロ経済学と開発政策

　開発経済学(development economics)は，そもそもいかにして途上国経済の発展を促し，国民一人一人の生活の質を高め，貧困問題をなくしていくかというところから出発した学問である．その意味で，実践的課題と密接に結びついた規範的経済学(normative economics)の性格が強い．日本語の「開発経済学」という言葉にも，途上国を「開発する」ための学問というニュアンスがある．

　これに対し英語の 'development economics' は，あくまで 'development' の経済学を意味するから，途上国の経済発展のメカニズムを客観的に分析するための実証的経済学(positive economics)としての性格も持つ．この場合に適切な訳語は，おそらく「経済発展論」となるであろう．

　本書のここまでの内容は後者に重点を置いた．各分析ツールの紹介では，理論モデルや実証分析がどのような政策的インプリケーションを持つのかについてできるだけ説明するように努めたが，本書の構成自体が，低所得経済を客観的に分析するためのミクロ経済学のツールを段階的に説明する形を取っている．

　そこでこの終章では，本書で議論されたミクロ分析の諸ツールを，開発経済学としての政策的インプリケーションに焦点を当てて整理する．第1節は一般的な議論に充てる．まず本書で扱えなかったテーマへの簡単な展望を加え，その上で本書のミクロ経済モデルから導出される開発政策への含意を議論する．第2節は本書で扱った理論の多くが常に意識し，筆者による実証研究の舞台ともなった南アジア経済にとっての開発のミクロ経済学の意味を再検討する．これらを通じて読者が，「経済発展のミクロ経済学」ではなく「開発のミクロ経済学」のイメージを明確にすることができれば幸いである．

230

1 開発のミクロ経済学理論の展望

本書が扱ったテーマは，経済発展のミクロ理論モデルとしては網羅的でない．そこで本書の構成をもう一度振り返り，筆者のカバーできる範囲を越えているがゆえに十分扱えなかったトピックを簡単に紹介することから始めよう．

1.1 ハウスホールド・モデル

まず第1部では，低所得途上国で重要な小規模自営業者(農家を含む)の経済行動を，プライス・テーカーとしてのハウスホールド・モデルという数理モデルを用いて分析した．第1部の最も重要なメッセージは，市場の特徴が完備市場に近づけば近づくほど，消費者としての家計は安定し，生産者としての家計の行動は利潤極大化の企業行動に近づくということである．これが社会全体として資源配分の効率性向上につながる．経済発展とは，まさにこのプロセスの複雑な進展であると言える．市場取引が末端まで浸透せず，人間関係それ自体が信用の基礎となっているような場合，家内企業や農家に第1部のハウスホールド・モデルを当てはめるメリットは大きい．消費者としての家計の特性が生産活動に決定的な影響を与える世界，それが低所得経済の特徴であるのだから，家計の合理的な効用最大化のメカニズムを考慮に入れた誘因両立的な開発政策を策定することが特に重要になる．その意味で，非分離型ハウスホールド・モデルのさらなる拡張は今後においても有望な研究分野と考えられる．

ハウスホールド・モデルに関連したテーマでありながら本書がほとんど議論できなかった点は，第一に人口問題と世帯の形成・変容・移民である．序章で示したように，本書が扱った南アジア経済はスリランカを例外として深刻な人口爆発に悩まされている．同時に，断種手術などの強制的な家族計画がむしろ有害であることを生々しく示したのも南アジアである．世帯がどのように再生産されるのか，子供の数がどのような経済インセンティブを通じて変化するのか，教育や保健を通じて子供の「数」が問題であ

る社会から子供の「質」が問題な社会へと変わっていくミクロ経済学的メカニズムは何か——これらのテーマのミクロ経済学的探求が近年急速に進展している．第2章第5節や第8章では消費平準化と関わる範囲で世帯形成や子供の教育について議論したが，より詳しくは Rosenzweig and Stark (1997) 所収の各論文や Bardhan and Udry (1999, Chap. 3) を参照されたい．

また，教育も含めた家計の長期的投資行動や，技術進歩・技術採択に関する分析も本書の扱いは不十分である．第2章で取り上げた動学的ハウスホールド・モデルはこれらのテーマを分析するための基本ツールとなるが，長期的投資や新技術の採択で問題になる投資必要額の不可分性，将来の収益に関する不確実性，新しい投資機会に関する学習過程 (learning process) などを，明示的に入れた分析が必要になろう (Evenson and Westphal 1995; Bardhan and Udry 1999, Chaps. 10, 12; Foster and Rosenzweig 1996)．

1.2 戦略的行動と途上国の制度・組織

第2部は，情報の非対称性の下で生じる戦略的行動に焦点を当て，エージェンシー・モデルによる地主・小作関係の分析，灌漑水取引への応用，バーゲニング・モデルへの拡張，生産要素と信用取引が結合された複合取引(インターリンケージ)の分析などを扱った．これらの数理モデルの背後の問題意識は，途上国農村部における経済力や社会的力関係をミクロ経済学で分析することである．このようなモデルは，一見搾取的に見える制度が実は経済的に合理的であることを示すから，時に，現実の不均等な搾取関係の継続を容認する理論であると非難されることがある．だがこのような非難は，ある状況の存在メカニズムを説明する実証的経済学としての議論と，その存在が「良き状態」と見なせるかどうかを考察する規範的経済学としての議論とを混同する間違いを犯している．第2部において，非対称情報の下でパレート改善につながる分益小作制度やインターリンケージの採用がいかに不平等な経済余剰の分配を伴っているかについて詳しく議論したのは，この点への誤解を解きたかったからである．

第2部の最も重要な結論は，当事者間の力関係がもたらす資源配分の効

率性と経済余剰の分配パターンは高度に非線形なものであるということである．土地も資産も持たない弱い者へのエンパワーメントが，経済余剰の分配を彼らに有利に変えるのは言うまでもないが，分配率の下がった高資産層に十分な補填ができるだけのパレート改善が生じるかどうかは技術やその他の市場条件によって決まり，一概には確定しない．開発政策を考える上で，個別のケースに応じた綿密な調査がいかに必要であるかを示している例であろう．

　戦略的行動が重要になる開発問題の中で本書がほとんど議論できなかった重要な研究テーマは，不確実性と情報の非対称性の下で，いかに人々が長期的に協調して，集団として望ましい行動をとることができるのかに関する分析である．第4, 5章では，2者間の関係において無限繰り返しゲームを想定することである程度の協調が引き出せることを簡単に議論した．しかしこれが2者間ではなく，集団の中での行動となると，さらに協調が難しくなる．いわゆる「共有地の悲劇」[1]のようなパレート非効率が生まれかねない．集団としての協調をどう引き出すかは，現在途上国で深刻になっている環境問題においてとりわけ重要である．第2部で強調した「誘因両立性条件」の考え方は，環境問題に対してミクロ開発経済学を応用する際にも鍵となる．詳しくは Seabright (1993) や Dasgupta and Mäler (1995), Bardhan and Udry (1999, Chap. 13) などを参照されたい．

1.3　市場均衡のミクロ経済学的分析

　プライス・テーカーを想定した第1部でのハウスホールド・モデル，戦略的取引を数理モデルに表現した第2部のゲーム論的アプローチに続く第3部では，現実の途上国の市場取引が，結果的にどれほど効率的な資源配

---

[1]　共有地 (commons) の利用が共同体構成員全員のオープン・アクセスになっており，それを管理する共同体が各構成員をうまく協調させることができない場合には，各自が個人合理的に行動する結果，共有地の過剰利用が進むことを指す．典型的なのは共同放牧地である．各自が限界的に放牧利用を強化する便益はそのまま自分に帰属するのに対し，そのコストは放牧地の減少という形で全構成員に分散して負担される．したがって，各自が他人の行動を所与として行動するという非協調条件の下では，社会的に効率的な放牧水準が守られず，過度な放牧が実現してしまう．このことを「共有地の悲劇」(tragedy of commons) と呼ぶ．

分を実現しているかを検討した．実証モデルにおいては，競争的な一般均衡解の必要条件を基準として，そこからどれだけ現実の農産物市場の価格やリスク・シェアリングの下での消費配分が乖離しているかを定量的に分析するというアプローチを取った．第3部の分析から明らかになった最も重要な点は，途上国農村の諸市場が全体としてはある程度効率的な資源配分を実現している場合ですら，効率の度合いは時期，財・サービスの種類，空間などによって多様であり，単純な一般化はできないことである．

なお，第3部は本書の中では最も市場均衡に考慮しているが，実証作業においては対象とする市場以外について捨象せざるを得なかったのも事実である．第3部に，途上国の現実を適切に反映した村落均衡モデル(例えば村落 SAM[village social accounting matrix]など)や一国の CGE モデルあるいはマルチ・マーケット・モデルを扱った章を入れることができればベストであったが，筆者の力量から見送らざるを得なかった．第1部で議論した非分離型ハウスホールド・モデルは，ごく簡略化した CGE モデルと数学的に同一である．ただし現実的な村落 SAM や CGE モデルとなると，不完備市場をどのようにモデル化するかの違いで無数のバリエーションを生じる．詳しくは，Dervis et al.(1982)や Sadoulet and de Janvry (1995, Chaps. 11, 12), Taylor and Adelman (1996) などを参照されたい．

また，マクロ経済学のミクロ的基礎を重視するという経済学全般の流れは，開発経済学のマクロモデルにおいても強まっている．消費者の異時点間最適化と生産者行動，そして両者をつなぐ市場均衡のそれぞれを厳密にモデル化した上で，人的資本や学習効果などを取り入れた内生経済成長理論の興隆が典型的である．本書で取り上げたミクロ経済主体の最適化問題は，これら新しい成長モデルを理解する上での基本ツールでもある．

1.4 開発政策とミクロ開発経済学

本書の分析ツールから得られる開発政策へのインプリケーションを，最後にやや一般化してまとめておこう．第一に，国家の役割は伝統的な新古典派経済学が主張するような私的所有権の確立や公共財の供給のみに限定されない．途上国における諸市場の不完全さを克服し，取引費用を減らす

ための積極的な介入を行うことによって経済の効率を高めるという役割が示唆される．そのような介入がパレート改善をもたらすだけでなく，経済余剰の分配も低所得者層に厚くすることが可能な場合がある．逆に低資産者への資産の再分配が，情報の非対称性を弱めることを通じて市場の不完備性を克服し，生産効率の向上を引き出す可能性もある．言い換えれば，効率と公正は常にトレードオフの関係にあるわけではなく，効率も公正も改善させるような政策介入が理論的にあり得ることを示すのが，開発のミクロ経済学なのである．

第二に，国家と個人，あるいは国家と市場の間で，取引費用を節減させるための経済組織・制度が重要な役割を果たすようになる．そのような中間的組織の代表例として共同体に着目しているのが石川(1990)や速水(1995)である．石川(1990)は，アジアなど後発国の工業化においては，市場経済が共同体の支えを受けながら進められていることに注意を払っている．速水(1995)はまた，村落など小集団内に人間的な信頼関係に基づいて共同行動を組織する共同体は，受益者が地域的に限定される地域的公共財の供給において有効な組織であると主張している．本書が示した農村組織・制度分析の理論的枠組みが，まさしくこの主張を正当づけていることについては，これ以上の説明は要らないであろう．

第三に，では国家は無制限に介入してよいのか，共同体は役に立つ中間組織として常に推進すべきなのかと言えば，当然ながらそうではない．本書の理論的分析は，パラメータやゲームの想定の微妙な違いによって全く違った資源配分と経済余剰の分配が実現することを明らかにした．本書の実証分析は，全体的にはある程度市場メカニズムが機能しているように見える状況でも，階層間や地域間，資産の差などに応じて様々な非効率が生じていることを明らかにした．個々の地域や事例ごとに市場の実状は異なり，それぞれに固有の制度や組織が機能しているのであるから，その現状を的確に把握した上で，望ましい介入のあり方や推進すべき中間組織のあり方について慎重に議論する必要がある．言い換えれば，開発政策策定においては地域研究的な視角が不可欠であり，個別の違いに十分な注意を払わない画一的な政策パッケージには大きな限界があるのである．これまで

の世銀・IMF の構造調整政策にそのような画一的な傾向がなかったとは言い難い.

　最後に付け加えておきたいことは，本書に展開された開発のミクロ経済学に基づいて望ましい開発政策を提言することと，政策が実際に採用され，施行されることとの間にあるギャップについてである．政策介入は，たとえ効率と公正の両方を改善する場合でも相対的に多くの利益を受ける者とそうでない者を生み出すし，短期的にパレート改善が望めない政策の場合には損失を被る者が必ず現われる．政策の採用と施行は，その利害対立を調整した結果決まるものであるから，これまでは政治学の分析領域と考えられてきた．しかし第2部の分析ツールの論理を応用すれば，経済政策の採用・実施に関する政治経済学的側面をミクロ経済学的に分析することが可能になる(Dixit 1996)．今後の研究の進展が期待される分野である．

2　開発のミクロ経済学による南アジア農村の経済分析

　本書で取り上げた理論モデルの多くが，南アジア農村での観察から生まれてきたものである．そして本書では可能な限り，南アジア農村における筆者のオリジナルの実証研究を分析ツールの展望と一緒に提示した．そこで本節ではまず，この地域の事例研究として何をどのように分析したかを総括し，その上で南アジアにおける経済発展について議論したい．

2.1　家計の市場環境への反応

　第1部では，パキスタン・パンジャーブ州の農家の生産行動が市場構造とどのように関連しているかについて，非分離型ハウスホールド・モデルを用いて検討した．まずシミュレーションに基づいて，棉作地帯農家の価格反応について考察した．次に不確実性下の非分離型ハウスホールド・モデルを，米・小麦作地帯の農家ミクロデータを用いて，構造的に推定した．

　これらの分析から明らかになったのは，外的環境，とりわけ商品作物価格の変化に対する農家の反応は，その資産基盤や信用市場・労働市場等へのアクセスなどによって同じ地域でもかなり異なること，市場不完備の度

合いが高いほど生産の反応は抑えられること,実際の標本農家の生産行動は期待利潤最大化行動から統計的に有意に乖離していることなどである.第3部第7章での実証分析は,パキスタン・パンジャーブ州の農産物市場がある程度競争的かつ効率的であることを示したが,他の市場の不完備性が存在すれば農業生産は様々な制約を受ける.実証結果が示唆するのは,マクロの時系列データから推計された過去の価格反応の弾力性が,新技術の導入などの歴史的要因の効果を含んだものであって,現時点での供給反応の指標としては過大推計である可能性である.ここから,今後のパキスタン農業が市場誘因に弾力的に反応できるかどうかの一つの鍵が,長期信用市場や保険メカニズムの整備にあることが示唆された.

第8章のリスク・シェアリングの分析からは,パキスタンの事例に関しては,効率的な消費保険メカニズムが働いているのが村の内部,それも農家間に限られていることが判明した.したがって長期信用市場や保険メカニズムの整備は,農村内部の低資産層とりわけ土地なし非農家層に相対的に大きな便益をもたらすと予想される.

同様のリスク・シェアリング・モデルを,インド半乾燥農業地帯のICRISATデータに応用したところ,第一に,効率的な消費保険メカニズムが働いているのが土地や教育,カーストなどで見た社会的地位の高い階層であること,この階層はその優位を利用して低資産層への保険供給者という役割をインプリシットに果たしていることが示唆された.この資源配分は,村落の集計的リスクの共有という点では効率的であるが,インプリシットな保険プレミアムの支払いを通じて低資産層の平均消費水準を引き下げている可能性がある.第二に,消費資源の配分が家計の時間選好の差を反映しているという証左は検出できなかった.つまり長期信用市場に不完全性があるために,貧困層は懐妊期間の長い投資(例えば教育)をあきらめざるを得ない状況であることが示唆された.

これらの分析から浮き上がるのは,パキスタンやインドの農村において,資産レベルの格差が家計の市場サービスへのアクセスを左右する最も重要な要因となっており,低資産層はそのアクセス不足ゆえに,期待利潤を最大化する機会をみすみす失っている状況である.市場メカニズムは,自動

的にこの格差を縮める機能を持たないどころか，生産リスクの存在ゆえにむしろ格差を拡大する機能を果たすのだ．

2.2 南アジアの生産要素取引と農村の権力構造

以上の実証分析から示唆されるのは，南アジア農村における土地持ち層と土地なし層との間の明確な経済的分断である．この格差は，両者の間で生産要素や消費のための信用が取引される際に情報の非対称性を強め，取引の際の交渉力に直接反映されると考えられる．

理論モデルの検討からは，当事者間の力関係に応じて資源配分の効率性が非線形な経路をたどる可能性が示唆された．つまり理論的には，土地の借入面積から経常投入財の利用，消費信用の受取額まで，すべて小作に指示・履行強制できるほど力が強い地主（金貸し業を兼ねる）であれば，小作にこれらの選択の一部を任せる場合よりも生産資源を効率的に用いることができるのである．しかし南アジア農村の文脈を考慮すると，この様な状況でのパレート「最適」な資源配分には2つの問題があるように思われる．

第一に，経済余剰のすべてが地主に帰属するという状況は，現在の民主主義体制においては政治的な摩擦を生み出すことであろう．しかしながら理論モデルが示唆するところによれば，この最も強力な地主層が土地なし層に対して交渉力をやや弱めた場合には，資源配分が非効率になる可能性，つまり経済成長にマイナスの影響を及ぼす可能性がある．

第二の問題は，すべてを小作に指示・履行強制できるほど地主の力が強かったならば，小作の側の生産意欲は長期的に阻害され，その経営者としての能力が低下してしまう可能性を理論モデルは捨象している点である．もし経営能力低下の効果が十分に大きければ，力関係の修正による小作の厚生改善は，長期的にはむしろパレート改善，すなわち経済成長にプラスの影響をもたらすかもしれない．

長期的なパレート改善をもたらす経済的変化がスムーズに進むために必要なのは，経済的取引において信頼関係やコーディネーションを重視する伝統あるいは社会規範の存在である．しかし第5章においてバングラデシュの管井戸投資の事例で紹介したように，南アジア農村にはそのような伝

統があまり見られない．筆者によるパキスタン・パンジャーブ州における灌漑管理の調査においても，自己利益を短期的に追求する行動が互いに衝突する事態を何度となく見せつけられた．

　経済発展という現象を，市場の不完全性への対応として様々な制度や組織，人間関係などが支配的な役割を果たす状態から，市場メカニズムがより重要な役割を果たす状態へと置き換えられ，それにつれて生産の効率化と消費の安定的成長が実現するプロセスととらえるのが本書の立場である．本書の諸モデルが明らかにしているように，このプロセスは各経済主体間の資産水準や力関係における微妙な差異に応じて，様々な方向に進む可能性がある．本書が取り上げた南アジア農村の事例は，不平等な資産配分に基づくいびつな農村権力構造がスムーズな移行を阻害している事例と一般化できるのではなかろうか．そしてその開発戦略へのインプリケーションを一言で言えば，在地権力の圧倒的支配力を弱めることが長期的・持続的な成長には不可欠だということになる．

　ただし本書の実証分析では，資産配分を外生的に決まった所与のものとして扱った．上のインプリケーションを具体的な開発政策に結びつけるためには，資産蓄積のプロセスを内生化した理論モデルに基づいて実証分析を行い，政策・環境変化に家計の資産水準がどう反応するかを厳密に定量化する作業が必要となる．この作業は筆者の南アジア農村研究における今後の課題となろう．

　パンジャーブ農業を支えるインダスの大河とその用水路網は，不適切な維持管理によって，現在持続性の危機にある(黒崎1996a)．筆者にはその姿が，持続的な経済成長に乗り切れないパキスタンのマクロ経済と，生活水準が停滞する農村低資産層の姿に重なってならない．どのような経済政策が採られようと，インダス河は流れ続け，農村の人々も生き続けるのかもしれない．とはいえその流れ・生活を少しでも安定した豊かなものに変えていくために，開発のミクロ経済学に貢献できることがあるはずであると信じて，本書を閉じたい．

参 考 文 献

Adams, R. H. Jr., and Jane J. He (1995) *Sources of Income Inequality and Poverty in Rural Pakistan*, IFPRI Research Report No. 102, Washington D.C.: International Food Policy Research Institute (IFPRI).

Alderman, Harold (1996) "Saving and Economic Shocks in Rural Pakistan," *Journal of Development Economics*, 51 (2) : 343–365.

Alderman, Harold, and M. Garcia (1993) *Poverty, Household Food Security, and Nutrition in Rural Pakistan*, IFPRI Research Report No. 96.

Alderman, Harold, and C. H. Paxson (1992) "Do the Poor Insure? An Synthesis of the Literature on Risk and Consumption in Developing Countries," World Bank Policy Reseacrh Working Paper WPS 1008, Washington D.C.: World Bank.

Alexander, C., and J. Wyeth (1994) "Cointegration and Market Integration: An Application to the Indonesian Rice Market," *Journal of Development Studies*, 30 (2) : 303–328.

Allen, F. (1985) "On the Fixed Nature of Sharecropping Contracts," *Economic Journal*, 95: 30–48.

Arrow, Kenneth J. (1971) *Essyas in the Theory of Risk-Bearing*, Amsterdam: North-Holland.

Arrow, Kenneth J., and G. Debreu (1954) "Existence of an Equilibrium for a Competitive Economy," *Econometrica*, 22: 265–290.

Bardhan, Kalpana (1970) "Price and Output Response of Marketed Surplus of Foodgrains: A Cross-Sectional Study of Some Northern Indian Villages," *American Journal of Agricultural Economics*, 52 (1) : 51–61.

Bardhan, P. K. (1980) "Interlocking Factor Markets and Agrarian Development: A Review of Issues," *Oxford Economic Papers*, 32 (1) : 82–98.

—— (ed.) (1989) *The Economic Theory of Agrarian Institutions*, Oxford: Clarendon Press.

Bardhan, Pranab K., and Ashok Rudra (1978) "Interlinkage of Land, Labour and Credit Relations: An Analysis of Village Survey Data in East India," *Economic and Political Weekly*, 13 (6/7) : 367–384.

Bardhan, Pranab, and Christopher Udry (1999) *Development Microeconomics*, Oxford: Oxford University Press.

Basu, Kaushik (1983) "The Emergence of Isolation and Interlinkage in Rural Markets," *Oxford Economic Papers*, 35: 262–280.

—— (1992) "Limited Liability and the Existence of Share Tenancy," *Journal of Development Economics, 38(1) : 203–220.

———— (1997) *Analytical Development Economics : The Less Developed Economy Revisited*, Cambridge, MA : MIT Press.

Baulch, Bob (1997a) "Testing for Food Market Integration Revisited," *Journal of Development Studies*, 33(4) : 512–534.

———— (1997b) "Transfer Costs, Spatial Arbitrage, and Testing Food Market Integration," *American Journal of Agricultural Economics*, 79(2) : 477–487.

Behrman, Jere (1997) "Intrahousehold Distribution and the Family," in Rosenzweig and Stark (eds.) (1997) : 125–187.

———— (1999) "Labor Markets in Developing Countries," in O. Ashenfelter and D. Card (eds.), *Handbook of Labor Economics, Volume 3*, Amsterdam, North-Holland : 2859–2939.

Behrman, Jere, and T. N. Srinivasan (eds.) (1995) *Handbook of Development Economics, Volume III*, Amsterdam : North-Holland.

Bell, Clive (1988) "Credit Markets and Interlinked Transactions," in Chenery and Srinivasan (eds.) (1988) : 763–830.

———— (1989) "A Comparison of Principal-Agent and Bargaining Solutions : The Case of Tenancy Contracts," in Bardhan (ed.) (1989) : 73–92.

Bell, C., T. N. Srinivasan, and C. Udry (1997) "Rationing, Spillover, and Interlinking in Credit : The Case of Rural Punjab," *Oxford Economic Papers*, 49(4): 557–585.

Benjamin, D. (1992) "Household Composition, Labor Markets, and Labor Demand : Testing for Separation in Agricultural Household Models," *Econometrica*, 60(2) : 287–322.

Bhargava, A., and M. Ravallion (1993) "Does Household Consumption Behave as a Martingale? A Test for Rural South India," *Review of Economics and Statistics*, 75(3) : 500–550.

Binmore, Ken, A. Rubinstein, and A. Wolinsky (1986) "The Nash Bargaining Solution in Economic Modelling," *Rand Journal of Economics*, 17 (2): 176–188.

Binswanger, Hans P., Klaus Deininger, and Gershon Feder (1995) "Power, Distortions, Revolt and Reform in Agricultural Land Relations," in Behrman and Srinivasan (eds.) (1995) : 2661–2772.

Bivings, E. Leigh (1997) "The Seasonal and Spatial Dimensions of Sorghum Market Liberalization in Mexico," *American Journal of Agricultural Economics*, 79(2) : 383–393.

Brooke, A., D. Kendrick, and A. Meeraus (1988) *GAMS : A User's Guide*, South San Francisco : The Scientific Press.

Caldwell, J. C., P. H. Reddy, and P. Caldwell (1986) "Periodic High Risk as a Cause of Fertility Decline in a Changing Rural Environment : Survival

Strategies in the 1980-1983 South Indian Drought," *Economic Development and Cultural Change*, 34: 677-701.

Chavas, Jean-Paul, and M. T. Holt (1996) "Economic Behavior Under Uncertainty: A Joint Analysis of Risk Preferences and Technology," *Review of Economics and Statistics*, 78(2): 329-335.

Chayanov, A. V. (1923) *Die Lehre von der Bauerlichen Wirtschaft: Versuch einer Theorie der Familienwirtschaft im Landbau*, Berlin: Parey (磯辺秀俊・杉野忠夫訳『小農経済の原理』増訂版, 大明堂, 1967年).

Chenery, H., and T. N. Srinivasan (eds.) (1988) *Handbook of Development Economics, Volume I*, Amsterdam: Elsevier Science.

Cheung, Steven N. S. (1969) *The Theory of Share Tenancy*, Chicago: University of Chicago Press.

Coate, S., and M. Ravallion (1993) "Reciprocity Without Commitment: Characterization and Performance of Informal Insurance Arrangements," *Journal of Development Economics*, 40(1): 1-24.

Cochrane, John H. (1991) "A Simple Test of Consumption Insurance," *Journal of Political Economy*, 99(5): 957-976.

Crow, Ben, and K. A. S. Murshid (1994) "Economic Returns to Social Power: Merchants' Finance and Interlinkage in the Grain Markets of Bangladesh," *World Development*, 22(7): 1011-1030.

Dasgupta, Partha, and K. Mäler (1995) "Poverty, Institutions, and the Environmental Resource-Base," in Behrman and Srinivasan (eds.) (1995): 2371-2463.

de Janvry, A., M. Fafchamps, and E. Sadoulet (1991) "Peasant Household Behavior with Missing Markets: Some Paradox Explained," *Economic Journal*, 101: 1400-1417.

de Janvry, Alain, and P. Kumar (1981) "The Transmission of Cost Inflation in Agriculture with Subsistence Production: A Case Study in Northern India," *Indian Journal of Agricultural Economics*, 36: 1-14.

de Janvry, A., E. Sadoulet, M. Fafchamps, and M. Raki (1992) "Structural Adjustment and the Peasantry in Morocco: A Computable Household Model," *European Review of Agricultural Economics*, 19: 427-453.

Deaton, Angus (1990) "Saving in Developing Countries: Theory and Review," *World Bank Economic Review (Proceedings of the World Bank Annual Conference on Development Economics, 1989)*: 61-96.

――― (1991) "Saving and Liquidity Constraints," *Econometrica*, 59(5): 1221-1248.

――― (1992a) "Saving and Income Smoothing in Cote d'Ivore," *Journal of African Economies*, 1(1): 1-24.

――― (1992b) "Household Saving in LDCs: Credit Markets, Insurance and

Welfare," *Scandinavian Journal of Economics*, 94(2) : 253-273.
―――― (1992c) *Understanding Consumption*, Oxford: Clarendon Press.
―――― (1997) *The Analysis of Household Surveys : A Microeconometric Approach to Development Policy*, Baltimore: Johns Hopkins University Press.
Dervis, K., J. de Melo, and S. Robinson (1982) *General Equilibrium Models for Development Policy*, Cambridge: Cambridge University Press.
Dixit, A. K. (1996) *The Making of Economic Policy: A Transaction-Cost Politics Perspective*, Cambridge: MIT Press (北村行伸訳『経済政策の政治経済学——取引費用アプローチ——』日本経済新聞社, 2000年).
Doss, Cheryl R. (1996) "Testing among Models of Intrahousehold Resource Allocation," *World Development*, 24(10) : 1597-1609.
Easter, K. W., M. W. Rosegrant, and A. Dinar (1998) *Markets for Water: Potential and Performance*, Boston: Kluwer Academic Publishers.
絵所秀紀 (1997)『開発の政治経済学』日本評論社.
Eswaran, M., and A. Kotwal (1985) "A Theory of Contractual Structure in Agriculture," *American Economic Review*, 75(3) : 352-366.
―――― (1986) "Access to Capital and Agrarian Production Organization," *Economic Journal*, 96: 482-498.
Evenson, R. E., and L. E. Westphal (1995) "Technological Change and Technology Strategy," in Behrman and Srinivasan (eds.) (1995) : 2209-2299.
Fafchamps, Marcel (1992a) "Cash Crop Production, Food Price Volatility, and Rural Market Integration in the Third World," *American Journal of Agricultural Ecconomcis*, 74(1) : 90-99.
―――― (1992b) "Solidarity Networks in Preindustrial Societies: Rational Peasants with a Moral Economy," *Econonomic Development and Cultural Change*, 41(1) : 148-174.
―――― (1993) "Sequential Labor Decisions Under Uncertainty : An Estimable Household Model of West-African Farmers," *Econometrica*, 61 (5) : 1173-1197.
―――― (1997) "Rural Poverty, Risk, and Development," mimeo, Stanford University.
Fafchamps, Marcel, Christopher Udry, and Katherine Czukas (1998) "Drought and Saving in West Africa: Are Livestock a Buffer Stock?" *Journal of Development Economics*, 55(2) : 273-305.
Fafchamps, Marcel, and John Pender (1997) "Precautionary Saving, Credit Constraints, and Irreversible Investment : Theory and Evidence from Semi-Arid India," *Journal of Business and Economic Statistics*, 15(2) : 180-194.
Feder, G. (1980) "Farm Size, Risk Aversion and the Adoption of New Technology under Uncertainty," *Oxford Economic Papers*, 32(2) : 263-283.
Finkelshtain, Israel, and J. A. Chalfant (1991) "Marketed Surplus Under Risk :

Do Peasants Agree with Sandmo?" *American Journal of Agricultural Economics*, 73(3) : 557-567.
Foster, Andrew D., and M. R. Rosenzweig (1996) "Technical Change and Human Capital Returns and Investment: Evidence from the Green Revolution," *American Economic Review*, 86(4): 931-953.
Fry, Maxwell J. (1995) *Money, Interest, and Banking in Economic Development*, 2nd edition, Baltimore: Johns Hopkins University Press.
藤本彰三(1988)「土地制度の実態と小作経営」松田藤四郎・金沢夏樹編『ジャワ稲作の経済構造』農林統計協会: 95-133.
Fujimoto, Akimi (1994) *Malay Farmers Respond*, Tokyo: World Planning.
——— (1996) "Rice Land Ownership and Tenancy Systems in Southeast Asia: Facts and Issues Based on Ten Village Studies," *Developing Economies*, 34(3): 281-315.
藤田幸一(1993)『バングラデシュ農業発展論序説――技術選択に及ぼす農業構造の影響を中心に――』農業総合研究所.
——— (1995)「「緑の革命」と所得分配――バングラデシュの灌漑水市場の分析を通じて――」『農業経済研究』66(4) : 181-191.
——— (1999)「経済学の視点で南アジアを読む――バングラデシュ農村経済調査から――」『季刊南アジア: 構造, 変動, ネットワーク』2(2) : 24-29.
——— (2000)「バングラデシュの経済自由化と市場の変容」絵所秀紀編『南アジア経済の構造と変動』(文部省科学研究費・特定領域研究(A), 研究報告書 No. 4) : 161-177.
Fujita, K., and F. Hossain (1995) "Role of the Groundwater Markets in Agricultural Development and Income Distribution: A Case Study in a Northwest Bangladesh Village," *Developing Economies*, 33(4) : 442-463.
福井清一(1984)『互酬的刈分小作制度の経済分析』大明堂.
——— (1992)「刈分小作制度の多様性と理論化――タイ国の事例より――」山本裕美編『アジアの農業組織と市場』アジア経済研究所: 55-82.
Gavian, Sarah, and M. Fafchamps (1996) "Land Tenure and Allocative Efficiency in Niger," *American Journal of Agricultural Economics*, 78(2) : 460-471.
Gillani, Syeda Fizza (1994) "Evidence of Risk Sharing and the Role of Transfers and Loans: The Case of Rural Pakistan," unpublished Ph.D. dissertation, Department of Economics, Boston University.
——— (1996) "Risk-sharing in Rural Pakistan," *Pakistan Development Review*, 35(1) : 23-48.
Goletti, F., R. Ahmed, and N. Farid (1995) "Structural Determinants of Market Integration: The Case of Rice Markets in Bangladesh," *Developing Economies*, 33(2) : 185-202.
Grosh, Margaret, and Paul Glewwe (1998) "The World Bank's Living Stan-

dards Measurement Study Household Surveys," *Journal of Economic Perspectives*, 12(1) : 187–196.

Gupta, S., and R. Mueller (1982) "Analysing the Pricing Efficiency in Spatial Markets: Concept and Application," *European Review of Agricultural Economics*, 9(1) : 24–40.

Haddad, Lawrence, John Hoddinott, and Harold Alderman (eds.) (1997) *Intrahousehold Resource Allocation in Developing Countries : Models, Methods, and Policy*, Baltimore: Johns Hopkins Univeristy Press.

Hallagan, W. (1978) "Self-Selection by Contractural Choice and the Theory of Sharecropping," *Bell Journal of Economics*, 9(2): 344–354.

速水佑次郎(1995)『開発経済学』創文社.

Hayami, Yujiro, and T. Kawagoe (1993) *The Agrarian Origins of Commerce and Industry: A Study of Peasant Marketing in Indonesia*, New York: St. Martin's Press.

Hayami, Yujiro, and K. Otsuka (1993) *The Economics of Contract Choice : An Agrarian Perspective*, Oxford: Oxford University Press.

Hayashi, Fumio (1997) *Understanding Saving*, Cambridge: MIT Press.

Hicks, J. R. (1989) *Market Theory of Money* (花輪俊哉・小川英治訳『貨幣と市場経済』東洋経済新報社, 1993年).

Hirashima, S. (1978) *The Structure of Disparity in Developing Agriculture : A Case Study of the Pakistan Punjab*, Tokyo: Institute of Developing Economies.

――― (1996) "Asset Effects in Land Price Formation in Agriculture : The Evidence from South Asia," *Pakistan Development Review*, 35 (4) Part II : 963–976.

Hirashima, S., and W. Gooneratne (eds.) (1996) *State and Community in Local Resource Management : The Asian Experience*, Delhi : Har-Anand Publications.

寳劔久俊(2000)「中国農村における非農業就業選択・労働供給分析――河北省獲鹿県大河郷の事例を中心に――」『アジア経済』41(1): 34–66.

石田正昭(1996)「農家主体均衡」中安定子・荏開津典生編『農業経済研究の動向と展望』富民協会: 119–123.

石川滋(1990)『開発経済学の基本問題』岩波書店.

泉田洋一・万木孝雄(1990)「アジアの農村金融と農村金融市場理論の検討」『アジア経済』31(6/7) : 6–51.

Jacoby, Hanan, and E. Skoufias (1997) "Risk, Financial Markets, and Human Capital in a Developing Country," *Review of Economic Studies*, 64(2) : 311–335.

Jodha, N. S. (1981) "Role of Credit in Farmers' Adjustment to Risk," *Economic and Political Weekly*, 16(42/43) : 1696–1709.

Jones, William O. (1960) "Economic Man in Africa," *Food Research Institute Studies*, 1(2) : 107-134.

――― (1972) *Marketing Staple Food Crops in Tropical Africa*, Cornell : Cornell University Press.

Just, R. E., and R. D. Pope (1979) "Production Function Estimation and Related Risk Considerations," *American Journal of Agricultural Economics*, 61(2) : 276-284.

Kimball, Miles S. (1988) "Farmers' Cooperatives as Behavior Toward Risk," *American Economic Review*, 78(1) : 224-232.

――― (1990) "Precautionary Saving in the Small and in the Large," *Econometrica*, 58(1) : 53-73.

Knight, Frank H. (1921) *Risk, Uncertainty, and Profit*, Chicago : University of Chicago Press (Midway Reprint Edition published in 1985).

小林康平・甲斐諭・諸岡慶昇・福井清一・浅見淳之・菅沼圭輔(1995)『変貌する農産物流通システム――卸売市場の国際比較――』農山漁村文化協会.

Kochar, Anjini (1995) "Explaining Household Vulnerability to Idiosyncratic Shocks," *American Economic Review*, 85(2) : 159-164.

Krugman, P. (1993) "Toward a Counter-Counterrevolution in Development Theory," *Proceedings of the World Bank Annual Conference on Development Economics 1992:* 15-38.

黒崎卓(1992)「パキスタンにおける大土地所有者――農業政策との関係を中心として――」山中一郎編『パキスタンにおける政治と権力――統治エリートについての考察――』研究双書 No. 415, アジア経済研究所: 107-156.

――― (1993)「途上国の農家・家内企業と市場」『アジ研ニュース』1993年11月号: 16-19.

――― (1994)「発展途上国における農産物価格形成と政府介入――パキスタン・パンジャーブ州における小麦の事例――」『アジア経済』35(10) : 31-63.

――― (1995)「日本における発展途上地域研究 1986〜94・テーマ編・開発経済学: 農業――不完全市場下の最適化と経済発展」『アジア経済』36(8) : 29-41.

――― (1996a)「パーキスターン――用水路・地下水灌漑の経済分析――」堀井健三・多田博一・篠田隆編『アジアの灌漑制度――水利用の効率化に向けて――』新評論社: 357-388.

――― (1996b)「インド乾燥農業地域における農村のセーフティー・ネットと家計消費」佐藤宏編『南アジア諸国の経済改革と社会階層』調査報告書, 1996. 3, アジア経済研究所: 115-138.

――― (1996c)「特集: 開発経済学のタイム・トンネル――農業: 生産のリスクと農村の組織・制度――」『アジ研ワールド・トレンド』1996年11月号: 6-9.

――― (1997)「灌漑水市場の効率性――藤田幸一論文の分析モデルへの代替的提案――」『農業経済研究』68(4) : 207-214.

――― (1998a)「貧困とリスク――ミクロ経済学的視点――」絵所秀紀・山崎幸治

編『開発と貧困——貧困の経済分析に向けて——』研究双書 No. 487, アジア経済研究所: 161-202.
―――― (1998b)「農業と家計——個票データによる農村経済の総合分析」『アジ研ワールド・トレンド』1998 年 11 月号: 17-20.
―――― (1998c)「アジア農業における経済改革, 構造調整, 市場化——ハウスホールド・モデル・アプローチ——」山本裕美編『経済改革下のアジア農業と経済発展』調査報告書, 1998.3, アジア経済研究所: 239-270.
―――― (1998d)「貯蓄: 備えあれば憂いなし」山形辰史編『やさしい開発経済学』アジアを見る眼 No. 96, アジア経済研究所: 57-67.
―――― (1999)「パキスタン北西辺境州における貧困・リスク・人的資本」『アジア経済』40 (9/10): 91-114.
―――― (2000a)「農業発展と作付変化——パンジャーブ農村の 100 年——」『経済研究』51 (3): 193-208.
―――― (2000b)「パキスタン・パンジャーブ州米・小麦作地帯における有畜農家の価格反応」『アジア経済』41 (9): 2-26.
―――― (2000c)「ミクロ開発経済学の新しい流れ」『経済セミナー』2000 年 3 月: 17-21.
Kurosaki, Takashi (1995) "Risk and Insurance in a Household Economy: Role of Livestock in Mixed Farming in Pakistan," *Developing Economies*, 33 (4): 464-485.
―――― (1996) "Government Interventions, Market Integration, and Price Risk in Pakistan's Punjab," *Pakistan Development Review*, 35 (2): 129-144.
―――― (1997) "Production Risk and Advantages of Mixed Farming in the Pakistan Punjab," *Developing Economies*, 35 (1): 28-47.
―――― (1998) *Risk and Household Behavior in Pakistan's Agriculture*, Tokyo: Institute of Developing Economies.
―――― (1999) "Risk Sharing Arrangements and the Structure of Risk and Time Preferences: Theory and Evidence from Village India," IER Discussion Paper Series A No. 383, November 1999, Hitotsubashi University.
―――― (2000) "Consumption and Asset Structure in Village India 1975-84," *Proceedings of the International Conference: Economic Development and Quality of Life in South Asia, November 27-28, 1999, Hiroshima*, Institutions, Networks and Forces of Change in Contemporary South Asia Project: 51-73.
黒崎卓・澤田康幸 (1999a)「途上国農村における家計の消費安定化——研究展望とパキスタンへの応用——」IER Discussion Paper Series A No. 361, Hitotsubashi University.
―――― (1999b)「途上国農村における家計の消費安定化——パキスタンの事例を中心に——」『経済研究』50 (2): 155-168.
Kurosaki, Takashi, and M. Fafchamps (1998) "Insurance Market Efficiency

and Crop Choices in Pakistan," IER Discussion Paper Series A No. 358, November 1998, Hitotsubashi University.

Kurosaki, Takashi, and Anwar Hussain (1999) "Poverty, Risk, and Human Capital in the Rural North-West Frontier Province, Pakistan," IER Discussion Paper Series B No. 24, March 1999, Hitotsubashi University.

Lau, L. J., and P. A. Yotopoulos (1971) "A Test for Relative Efficiency and Application to Indian Agriculture," *American Economic Review*, 61 (1) : 94–109.

—— (1973) "A Test for Relative Efficiency: Some Further Results," *American Economic Review*, 63 (1) : 214–224.

Leland, H. E. (1968) "Saving and Uncertainty: The Precautionary Demand for Saving," *Quarterly Journal of Economics*, 82 (3): 465–473.

Lele, Uma (1971) *Food Marketing in India: Private Performance and Public Policy*, Cornell: Cornell University Press.

Lewis, W. Arthur (1954) "Economic Development with Unlimited Supplies of Labor," *Manchester School of Economics and Social Studies*, 22: 139–191.

Ligon, Ethan (1998) "Risk Sharing and Information in Village Economies," *Review of Economic Studies* 65 (4) : 847–864.

Ligon, Ethan, J. P. Thomas, and T. Worrall (1999) "Mutual Insurance with Limited Commitment: Theory and Evidence from Village Economies," mimeo, University of California, Berkeley, March 1999.

Lopez, R. (1984) "Estimating Labour Supply and Production Decisions of Self-Employed Farm Producers," *European Economic Review*, 24: 61–82.

Lucas, R. E. B., and O. Stark (1985) "Motivations to Remit: Evidence from Botswana," *Journal of Political Economy*, 97: 905–926.

Lund, Susan, and M. Fafchamps (1997) "Informal Credit and Risk-Sharing Networks: Evidence from the Philippines," mimeo, Stanford University.

Mace, Barbara J. (1991) "Full Insurance in the Presence of Aggregate Uncertainty," *Journal of Political Economy*, 99 (5) : 928–956.

丸山義皓 (1984) 『企業・家計複合体の理論』創文社.

Meinzen-Dick, Ruth (1993) "Performance of Groundwater Markets in Pakistan," *Pakistan Development Review*, 32 (4), Part II: 833–845.

—— (1994) "Private Tubewell Development and Groundwater Markets in Pakistan: A District-level Analysis," *Pakistan Development Review*, 33 (4), Part II: 857–869.

Morduch, Jonathan (1990) "Risk, Production and Saving: Theory and Evidence from Indian Households," mimeo, Harvard University, November 1990.

—— (1995) "Income Smoothing and Consumption Smoothing," *Journal of Economic Perspectives*, 9 (3) : 103–114.

Morooka, Y., and Y. Hayami (1989) "Contract Choice and Enforcement in an

Agrarian Community: Agricultural Tenancy in Upland Java," *Journal of Development Studies*, 26(1): 28-42.

中兼和津次(1993)「農民の経済行動と合理性——理論的整理と中国農村における実態調査にもとづく若干の分析——」『経済学論集』(東京大学) 59(3): 2-33.

中嶋千尋(1956)「労働者家計の均衡理論——小農経済の均衡理論序説——」『農業経済研究』28(2): 19-34.

——— (1983)『農家の主体均衡論』富民協会.

Nakajima, Chihiro (1969) "Subsistence and Commercial Family Farms: Some Theoretical Models of Subjective Equilibrium," in C. R. Wharton (ed.) *Subsistence Agriculture and Economic Development*, Chicago: Aldine Publishing: 165-185.

Newbery, David M., and Joseph E. Stiglitz (1979) "Sharecropping, Risk Sharing and the Importance of Imperfect Information," in J. A. Roumasset, J. M. Boussard, and I. J. Singh (eds.) *Risk, Uncertainty and Agricultural Development*, New York: Agricultural Development Council: 311-339.

——— (1981) *The Theory of Commodity Price Stabilization: A Study in the Economics of Risk*, Oxford: Clarendon Press.

Newman, J., and P. Gertler (1994) "Family Productivity, Labor Supply, and Welfare in a Low Income Country," *Journal of Human Resources*, 29(4): 989-1026.

西村清彦(1990)『経済学のための最適化理論入門』東京大学出版会.

大野昭彦(1988)「インド・ハリヤーナ州における農業発展と土地賃貸市場」速水佑次郎編『農業発展における市場メカニズムの再検討』アジア経済研究所: 59-96.

大塚啓二郎(1985)「分益小作制度研究における理論と実証」『経済研究』36(1): 75-84.

Palaskas, Thedosios B., and Barbara Harris-White (1993) "Testing Market Integration: New Approaches with Case Material from the West Bengal Economy," *Journal of Development Studies*, 30(1): 1-57.

Park, Albert (1995) "Household Grain Management and Precautionary Saving in China's Poor Areas," mimeo, Stanford University.

Paxson, Christina H. (1992) "Using Weather Variability to Estimate the Response of Savings to Transitory Income in Thailand," *American Economic Review*, 82(1): 15-33.

Pender, John L. (1996) "Discount Rates and Credit Markets: Theory and Evidence from Rural India," *Journal of Development Economics*, 50(2): 257-296.

Pitt, M., and M. Rosenzweig (1986) "Agricultural Prices, Food Consumption, and the Health and Productivity in Indonesian Farmers," in Singh et al. (eds.) (1986): 153-182.

Platteau, J.-P., and A. Abraham (1987) "An Inquiry into Quasi-Credit Constraints: The Role of Reciprocal Credit and Interlinked Deals in Small-scale Fishing Communities," *Journal of Development Studies*, 23: 461–490.

Quisumbing, Agnes R., and Maluccio, John A. (2000) "Intrahousehold Allocation and Gender Relations: New Empirical Evidence from Four Developing Countries," FCND Discussion Paper No. 84, April 2000, IFPRI.

Ranis, Gustav, and J. C. H. Fei (1961) "A Theory of Economic Development," *American Economic Review*, 51 (4) : 533–565.

Ravallion, Martin (1986) "Testing Market Integration," *American Journal of Agricultural Economics*, 68 (1) : 102–109.

——— (1987) *Markets and Famines*, Oxford: Clarendon Press.

Ravallion, Martin, and Shubham Chaudhuri (1997) "Risk and Insurance in Village India: Comment," *Econometrica*, 65 (1) : 171–184.

Ravallion, M., and L. Dearden (1988) "Social Security in a 'Moral Economy': An Empirical Analysis for Java," *Review of Economics and Statistics*, 70 (1) : 36–44.

Renkow, Mitch (1990) "Household Inventories and Marketed Surplus in Semi-subsistence Agriculture," *American Journal of Agricultural Economics*, 72 (3) : 664–675.

Rubinstein, Ariel (1982) "Perfect Equilibrium in a Bargaining Model," *Econometrica*, 50 (1): 97–109.

Rosenzweig, Mark R. (1988) "Risk, Implicit Contracts and the Family in Rural Areas of Low-Income Countries," *Economic Journal*, 98: 1148–1170.

Rosenzweig, Mark R., and H. P. Binswanger (1993) "Wealth, Weather Risk and the Composition and Profitability of Agricultural Investments," *Economic Journal*, 103: 56–78.

Rosenzweig, Mark R., and O. Stark (1989) "Consumption Smoothing, Migration, and Marriage: Evidence from Rural India," *Journal of Political Economy*, 97 (4) : 905–926.

——— (eds.) (1997) *Handbook of Population and Family Economics, Volume 1*, Amsterdam: North-Holland.

Rosenzweig, Mark R., and K. I. Wolpin (1993) "Credit Market Constraints, Consumption Smoothing and the Accumulation of Durable Production Assets in Low-Income Countries: Investments in Bullocks in India," *Journal of Political Economy*, 101 (2) : 223–244.

Sadoulet, Elisabeth, and Alain de Janvry (1995) *Quantitative Development Policy Analysis*, Baltimore: Johns Hopkins University Press.

Sadoulet, Elisabeth, S. Fukui, and Alain de Janvry (1994) "Efficient Share Tenancy Contracts under Risk: The Case of Two Rice-Growing Villages in Thailand," *Journal of Development Economics*, 45 (2) : 225–243.

Sadoulet, Elisabeth, Alain de Janvry, and S. Fukui (1997) "The Meaning of Kinship in Sharecropping Contracts," *American Journal of Agricultural Economics*, 79 (2) : 394-406.

Saha, A., C. R. Shumway, and H. Talpaz (1994) "Joint Estimation of Risk Preference Structure and Technology Using Expo-Power Utility," *American Journal of Agricultural Economics*, 76 (2) : 173-184.

Saha, Atanu, and J. Stroud (1994) "A Household Model of On-Farm Storage under Price Risk," *American Journal of Agricultural Economics*, 76 (3) : 522-534.

櫻井武司(1997)「サヘルの草地資源と旱魃保険の可能性——ブルキナ・ファソの農家家計調査より——」『農業総合研究』51(3): 1-63.

Saleth, R. Maria (1994) "Groundwater Markets in India : A Legal and Institutional Perspective," *Indian Economic Review*, 29 (2) : 157-176.

佐藤宏・荒井悦代(1995)「南アジアの都市化の特質」小島麗逸・幡谷則子編『発展途上国の都市化と貧困層』研究双書 No. 447, アジア経済研究所: 97-154.

Sawada, Yasuyuki (1997) "Human Capital Investments in Pakistan : Implications of Micro Evidence from Rural Households," *Pakistan Development Review* 36 (4) Part II: 695-712.

Schultz, T. W. (1964) *Transforming Traditional Agriculture*, New Heaven : Yale University Press.

Seabright, Paul (1993) "Managing Local Commons: Theoretical Issues in Incentive Design," *Journal of Economic Perspectives*, 7 (4) : 113-134.

Shah, Tushaar (1993) *Groundwater Markets and Irrigation Development : Political Economy and Practical Policy*, Bombay : Oxford University Press.

Shankar, Kripa (1992) *Dynamics of Ground Water Irrigation*, New Delhi : Segment Books.

Shetty, S. (1988) "Limited Liability, Wealth Differences and Tenancy Contracts in Agrarian Economies," *Journal of Development Economics*, 29 (1) : 1-22.

Singh, Inderjit, L. Squire, and J. Strauss (eds.) (1986) *Agricultural Household Models : Extensions, Applications, and Policy*, Baltimore : Johns Hopkins University Press.

Smith, Lisa C., and Jean-Paul Chavas (1999) "Supply Response of West African Agriculutrual Households : Implications of Intrahousehold Preference Heterogeneity," FCND Discussion Paper No. 69, Washington D.C. : IFPRI, July 1999.

Sonoda, T., and Y. Maruyama (1999) "Effects of the Internal Wage on Output Supply : A Structural Estimation for Japanese Rice Farmers," *American Journal of Agricultural Economics*, 81 (1) : 131-143.

Stiglitz, Joseph E. (1974) "Incentives and Risk Sharing in Sharecropping," *Re-

view of Economic Studies, 41 (2) : 219-255.

Stiglitz, J. E., and A. Weiss (1981) "Credit Rationing in Markets with Imperfect Information," *American Economic Review*, 71 (3) : 393-410.

Stokey, N. L., and R. E. Lucas (1989) *Recursive Methods in Economic Dynamics*, Cambridge: Harvard University Press.

鈴木光男 (1994)『新ゲーム理論』勁草書房.

Takayama, Akira, and G. Judge (1971) *Spatial and Temporal Price and Allocation Models*, Amsterdam: North-Holland.

田中修 (1951)「農家経済活動の分析」『農業経済研究』22 (4): 1-22.

―――― (1967)『農業の均衡分析』神戸経済学双書5, 有斐閣.

Taylor, J. Edward, and Irma Adelman (eds.) (1996) *Village Economies: The Design, Estimation, and Use of Villagewide Economic Models*, Cambridge: Cambridge University Press.

Townsend, Robert M. (1994) "Risk and Insurance in Village India," *Econometrica*, 62 (3) : 539-591.

―――― (1995a) "Consumption Insurance: An Evaluation of Risk-Bearing Systems in Low-Income Economies," *Journal of Economic Perspectives*, 9 (3) : 83-102.

―――― (1995b) "Financial Systems in Northern Thai Villages," *Quarterly Journal of Economics*, 110 (4) : 1011-1046.

Udry, Christopher (1990) "Credit Markets in Northern Nigeria: Credit as Insurance in a Rural Economy," *World Bank Economic Review*, 4 (3) : 251-269.

―――― (1994) "Risk and Insurance in a Rural Credit Market: An Empirical Investigation in Northern Nigeria," *Review of Economic Studies*, 61 (3) : 495-526.

―――― (1996) "Gender, Agricultural Production and the Theory of the Household," *Journal of Political Economy*, 104 (5) : 1010-1046.

―――― (1997) "Recent Advances in Empirical Microeconomic Research in Poor Countries: An Annotated Bibliography," *Journal of Economic Education*, 28 (1) : 58-75.

―――― (1998) "Efficiency and Market Structure: Testing for Profit Maximization in African Agriculture," mimeo, Northwestern University.

Vuong, Quang H. (1989) "Likelihood Ratio Tests for Model Selection and Non-Nested Hypotheses," *Econometrica*, 57 (2) : 307-333.

Walker, Thomas S., and James G. Ryan (1990) *Village and Household Economies in India's Semi-arid Tropics*, Baltimore: Johns Hopkins University Press.

Williams, Jeffrey C., and B. D. Wright (1991) *Storage and Commodity Markets*, Cambridge: Cambridge University Press.

World Bank (1993) *The East Asian Miracle: Economic Growth and Public Pol-*

icy, Oxford: Oxford University Press.
――― (1999) *World Development Report 1999/2000: Entering the 21st Century*, Oxford: Oxford University Press.
――― (2000) *World Development Report 2000/2001: Attacking Poverty*, Oxford: Oxford University Press.
山本裕美(1986)「農業：組織と制度の経済分析」『発展途上国研究 1978～85 日本における成果と課題』アジア経済研究所: 15-16.
Yang, D. T.(1997) "Education and Off-Farm Work," *Economic Development and Cultural Change*, 45(3): 613-632.
横山繁樹(1995)「農業の多様化と小作制度変化——西ジャワ天水農業の事例から——」米倉等編『不完全市場下のアジア農村——農業発展における制度適応の事例——』アジア経済研究所: 87-118.

索　引

欧　文

CARA (constant absolute risk aversion)　64, 64n, 203
CGEモデル (computable general equilibrium models)　29, 33, 233
CRRA (constant relative risk aversion)　64, 203
FIML (full information maximum likelihood)　92
FOC (first order conditions)　22
ICRISAT (International Crops Research Institute for the Semi-Arid Tropics)　14, 70, 206, 218
IDS (Institute of Development Studies, NWFP Agricultural University, Peshawar, Pakistan)　13, 122, 122n
IFPRI (International Food Policy Research Institute)　14, 41n, 212
IMF (International Monetary Fund)　4, 235
PERI (Punjab Economic Research Institute)　13, 84, 185, 209

あ　行

アジア通貨危機　74
アーンドラ・プラデーシュ州 (インド)　218
威嚇点　148
異時点間最適化　79
異時点間取引　45, 197
異時点間の均衡　178
異時点間の代替の弾力性　48n, 205
イスラーム教　127, 163n
一物一価の法則　169, 180, 188
一般化レオンティエフ利潤関数　34
インダス河　84, 238
インターリンケージ　68, 155-171, 194
インド　8, 135, 176n, 201, 218
インドネシア　120, 176n
インフォーマル信用　67, 171, 216, 225n
エージェンシー・モデル　104, 143, 150, 160
エージェント　103, 129, 143, 160
エンパワーメント　232
オイラー方程式　49, 54

か　行

価格裁定式　177
価格統合　179, 194
確率的優位性　70
カースト　7, 222
寡占　153
家畜　65, 72, 85, 94
カリブレート　32, 81
カルターナカ州 (インド)　201
管井戸　72, 86, 135, 136, 153
潅漑　72, 84-86, 123, 133-154, 217
完全情報最尤法　→FIML
完全所得　23, 23n
完備市場　18, 24, 46, 50
技術進歩・技術選択　231
偽装失業仮説　4
期待効用　39
期待利潤　40, 68, 95
規範的経済学　229
逆選択　119, 158, 200
教育　7, 9, 73, 222, 231
競争的均衡　175, 184

共同体　232, 234
共有地の悲劇　232
協力的バーゲニング・モデル　43, 134, 147, 150
金融抑圧論　157
空間的均衡　178
グレンジャー因果性　182
ゲーム理論　103, 134
ケーララ州(インド)　200
限界変形率　62, 88
講　67
恒常所得　46
交渉力　147, 150
構造推定アプローチ　80, 99
構造調整　4, 33, 157, 176, 235
個人合理性条件　107, 170
コートジボワール　200
コブ=ダグラス型関数　34, 117
雇用保障計画　217
コレクティブ・ハウスホールド・モデル　41

さ　行

最尤法　80
サブサハラ・アフリカ　10n, 158
参加制約条件　107, 145, 161, 170
シェパードの補題　25n, 26n
ジェンダー　9, 41, 42
時間制約式　23n
時間選好　50, 148n, 204, 209, 218
時系列モデル　182
市場欠如　28, 87
実証的経済学　229
シミュレーション　2n, 32, 50, 65, 69, 71, 80, 179
シャドー・プライス　18, 28, 31, 38, 79
主観的割引ファクター　202, 224
主観的割引率　47, 64, 202n, 220
主体均衡　18, 19, 38
状態依存貸付け　203n, 211, 216
状態依存債権　46, 59, 83, 203
状態評価関数　60

状態変数　47
消費平準化　46, 66, 197, 225n
情報の不完全性・非対称性　4, 6, 37, 43, 103
序数的消費選好　90
人口　8, 230
新古典派復興　4, 157
人的資本　4
信用制約　37, 79
信用割当　158
スィンド州(パキスタン)　212
スリランカ　8
スルツキー分解　25n
世界銀行　4, 8n, 235
遷移式　48
線形支出システム　89
戦略的行動　6, 103, 194
送金　201, 216, 225n
相互保険　207, 225n
双対原理　27, 79
ソーシャル・プランナー　20, 202
村落SAMモデル　233

た　行

タイ　121, 200
端点解　163
力関係　13, 106, 154, 164, 170, 220
逐次型モデル　24
チャヤーノフの小農経済原理　19
貯蔵費用　178, 190
定額地代小作　105
定額賃金　106
デュアリズム　4, 17
天水農業　123
動学的最適化　47, 60n, 71
等価変分　36
東南アジア　7
独占　136, 166, 184
土地　7, 65, 94, 104, 222
特化　195
トラクター　86, 118
取引費用　4, 21, 24, 28, 87, 103

な行

ナイジェリア　200
内生経済成長理論　3, 233
内点解　22
ナッシュ均衡　116, 147, 150
二重経済　3
2段階最小二乗法　130, 188
ニュメレール　105
根岸ウエイト　202
ネパール　8
農場管理努力　113
農村金融市場論　157

は行

パキスタン　8, 33, 69, 83, 122, 135, 184, 209, 212, 238
バナナ経済　198
パネルデータ　12, 84, 179, 209
ハリヤーナー州 (インド)　121
半乾燥農業地帯　70
バングラデシュ　8, 121, 135, 176n, 182
パンジャーブ (パキスタン・インド)　33, 69, 83, 118, 135, 184, 209, 212, 238
東アジア　7
非協力的バーゲニング・モデル　42, 134, 151
非分離性 (生産決定の消費サイドからの非分離性)　29, 38, 54, 63, 83, 166
非貿易財　20, 21, 28
貧困者比率　9
貧困の動学　71
フィリピン　121, 200
フォン・ノイマン＝モルゲンシュテルン効用関数　39, 89, 202
不完備市場　18, 28, 87
プリンシパル　103, 128, 143, 160
ブルキナファソ　41
プロビット・モデル　127
分益小作　13, 68, 104, 171
分離性 (生産決定の消費サイドからの分離性)　24, 50, 62, 82, 132
平価帯　183
ベルマン式　60
貿易財　20, 21
北西辺境州 (パキスタン)　122, 212
保険市場　37, 63, 66–69, 88, 113, 197
ボツワナ　201

ま行

マイクロクレジット　12
マクロデータ　228n
マーシャル非効率　104, 107, 118, 131, 140, 151
マハーラーシュトラ州 (インド)　217, 218
マルチ・マーケット・モデル　233
マレーシア　27, 121
ミクロデータ　2n, 12, 41, 228
緑の革命　118, 133, 156
ミャンマー　135
無限繰り返しゲーム　108, 151, 170, 199
モラルハザード　104, 113, 158, 200

や行

誘因両立性条件　107, 145, 232
有限責任　119
誘導型なアプローチ　79
輸送費用　178, 186
ユニタリー・ハウスホールド・モデル　41
用心深さ　64
予算制約式　21, 23n, 48
予備的動機の貯蔵　178
予備的動機の貯蓄　63–66

ら行

ライフサイクル　46
ラヴァリオン・モデル　181, 188
履行強制　6, 43, 103, 140
利潤効果　26, 27
利子率　49, 64, 159, 160, 190

リスク回避　　39, 63, 89, 94, 110, 178
リスク管理戦略　　66
リスク・シェアリング　　39, 67, 110, 197
リスク選好　　204, 209, 218
リスク対処メカニズム　　66
リスク中立　　39, 179

リスクと不確実性　　6n
利他主義　　42n
リバー　　163n
流動性制約　　53, 63–66, 155
労働監視努力　　113
ロワの恒等式　　26n

■岩波オンデマンドブックス■

一橋大学経済研究叢書 50
開発のミクロ経済学——理論と応用

2001 年 2 月 20 日　第 1 刷発行
2002 年 4 月 5 日　第 3 刷発行
2016 年 4 月 12 日　オンデマンド版発行

著　者　黒崎　卓
発行者　岡本　厚
発行所　株式会社　岩波書店
　　　　〒101-8002　東京都千代田区一ツ橋 2-5-5
　　　　電話案内　03-5210-4000
　　　　http://www.iwanami.co.jp/

印刷／製本・法令印刷

© Takashi Kurosaki 2016
ISBN 978-4-00-730384-5　Printed in Japan